SIN MIEDO NI EXCUSAS

LARRY SMITH

SIN MIEDO NI EXCUSAS

Todo lo que necesitas hacer
para diseñar tu carrera laboral

Empresa Activa
Argentina – Chile – Colombia – España
Estados Unidos – México – Perú – Uruguay – Venezuela

Título original: *No fears, no excuses – What You Need to Do to Have a Great Career*
Editor original: Houghton Mifflin Harcourt Publishing Company,
Boston, New York
Traducción: Martín R-Courel Ginzo

1.ª edición Septiembre 2017

ISBN: 978-84-92921-73-7
E-ISBN: 978-84-16990-55-9
Depósito legal: B-16.258-2017

Fotocomposición: Ediciones Urano, S.A.U.
Impreso por Romanyà Valls, S.A. – Verdaguer, 1 – 08786 Capellades (Barcelona)

Impreso en España – *Printed in Spain*

Este libro está dedicado a mis alumnos,
que tanto me han enseñado
y que tan a menudo han sido fuente de inspiración.

ÍNDICE

INTRODUCCIÓN

Pasión es una palabra que solemos utilizar cuando hablamos de nuestra vida amorosa, aunque rara vez cuando se trata de nuestra vida laboral. Cuando sientes pasión por tu trabajo, no existe una gran diferencia entre cómo te sientes el lunes por la mañana y lo que sientes el sábado por la mañana. Cuando sientes pasión por tu trabajo, tu lugar de trabajo no es una prisión destinada a encerrarte hasta que te hayas ganado tu libertad, y tu trabajo no es un medio para alcanzar un fin. Cuando sientes pasión por tu trabajo, no estableces unos límites estrictos entre la jornada laboral y el tiempo libre, porque el propio trabajo es tiempo libre. Cuando sientes pasión por tu trabajo, tu talento encuentra espacio para dilatarse y crecer.

A mi modo de ver, semejante pasión por el trabajo está al alcance de todos sin excepción. Puede que no sea una simple cuestión de encontrarlo y conseguirlo, pero aun así es accesible. Y cuando hayáis terminado de leer este libro, descubriréis cómo. ¿Por qué estoy tan seguro? Sencillamente porque he visto a muchos cientos de personas de muy diversa procedencia y con metas muy dispares conseguir grandes éxitos utilizando unas cuantas técnicas sencillas.

Desarrollo mi labor en el corazón mismo de la universidad y soy testigo de un enorme desperdicio de talento, condenado desde hace décadas a asistir a semejante derroche. Jóvenes de ambos sexos entran en mi vida cuando solo son estudiantes, pletóricos de energía y vitalidad y con la esperanza de acometer maravillosas aventuras. Entonces tienen ideas asombrosas y agudas intuiciones, ideas que yo jamás tuve a su edad. Son capaces de fabricar un ordenador o de hacer cantar a un violonchelo; pueden intuir soluciones a problemas matemáticos que soy incapaz de comprender; pueden contar un cuento o diseñar un armario que nadie haya visto hasta el momento. El suyo —no hay ninguna duda— es un verdadero talento.

Sin embargo, es también un talento en bruto. A menudo es ingenuo, incompleto, sin refinar, y está creado de forma tan caótica y precipitada que su efecto se debilita. El talento se encuentra a veces en un adolescente desaliñado de diecisiete años; de vez en cuando, en el porte refinado de un joven de veintisiete; hay ocasiones en que se observa en aquellos que serán los primeros de su familia en recibir una educación superior; alguna vez, en aquellos cuyas familias son más instruidas; y en otras más, en alguien que acaba de llegar al país. Pero aun así el talento está allí, si uno se toma la molestia de mirar.

Yo me tomo la molestia de mirar. Y me pongo a observar, esperando a que esos individuos talentosos le prendan fuego a los mundos que han escogido con su visión y compromiso.

Por desgracia, entonces se hacen adultos. Y al mundo de los adultos es adonde el talento va a morir.

Los adultos que conozco, ya sean antiguos alumnos o no, con harta frecuencia han acabado atrapados en nuestra cultura de abejas obreras. Las normas son claras: haz lo que se te dice y se te pagará; trabaja para vivir durante el fin de semana y te-

mer al lunes; espera con ansia la jubilación y confía en no acabar temiendo también ese momento; cuenta con que el placer o
la satisfacción en el trabajo es un premio excepcional.

Esta epidemia de expectativas descafeinadas se ha cobrado
muchas víctimas, dando lugar a la manida frase: *Tuve que ser
realista*. Pensad en la cantidad de personas que acaban sus días
en la barra de un bar o en la mesa del restaurante, quejándose
del jefe o del trabajo, y en cuántas permanecen sentadas en un
silencio cargado de frustración.

Mi preocupación ha ido creciendo con los años, y hasta
me ha llevado a grabar una charla TEDx en la Universidad de
Waterloo, de la que soy profesor asociado de economía y
orientador profesional. Esa charla se tituló: «Why you Will
Fail to Have a Great Career» [Por qué fracasarás en tener una
profesión fantástica]. No era mi intención transmitir un mensaje deprimente; solo trataba de contar la verdad tal como la
he experimentado, basándome en las más de 20.000 conversaciones que he mantenido sobre el éxito profesional. (Sí, en
realidad llevo cuenta y registro de mis conversaciones. Soy
economista; me encantan los datos.) El vídeo de TEDx repetía
las manidas excusas que he oído demasiadas veces. Pensé que
así quizá despertaría a unas cuantas personas y las impulsaría
a la acción.

Pero resultó que la charla fue vista por millones de personas, y mi preocupación se agudizó. El problema de encontrar
una profesión fantástica acuciaba a más gente de lo que yo pensaba. Algunos vieron el vídeo porque pensaban que necesitaban
el cariño exigente que prometía el título de la charla; otros,
porque estaban seguros de que el título era erróneo y sintieron
la necesidad de averiguar por qué. Fuera como fuese, me llegó
una increíble serie de mensajes a través del correo electrónico:

de agradecimiento, conmovedores, airados, curiosos, escépticos, desesperados y desconcertados. Provenían de padres, de adolescentes, de educadores, de jubilados, de estudiantes universitarios, de recién licenciados, de profesionales de mediana edad, de gente con doctorados, tanto hombres como mujeres. Los correos electrónicos procedían de Canadá, Estados Unidos, México, Gran Bretaña, Francia, Dinamarca, Portugal, Rusia, Croacia, Grecia, Turquía e India.

Para algunos mis palabras fueron fuente de inspiración; otros encontraron en ellas motivo para plantear objeciones; algunos más inventaron nuevas excusas; muchos solicitaban más orientación. Y no tuve más remedio que preguntarme si en realidad tenía más pautas que ofrecer. La profesión —el trabajo de tu vida— es demasiado importante para dedicarse a especular sobre lo que *podría* ser verdad o práctico. Así que decidí responder con este libro por tres razones.

En primer lugar, y a pesar de todos los obstáculos, he visto a multitud de personas de diversas procedencias crear fantásticas profesiones para sí, profesiones que les procuran una profunda satisfacción y generan un verdadero impacto en el mundo que los rodea. Tales personas son un orgullo para sus comunidades y un modelo a seguir por sus familias. Son felices. Así que sé que es posible.

Segundo, da la casualidad de que yo mismo soy una de esas personas felices con una profesión fantástica. Descubrí mi pasión a edad muy temprana cuando, siendo niño, me parecía que mis profesores no estaban haciendo una labor suficientemente buena. Mientras que los demás niños construían fortalezas en el jardín de sus casas, yo creé mi propia aula en miniatura, con alumnos imaginarios y todo. Así que supe que sería docente. Pero ¿qué enseñaría? Un profesor de historia del instituto tenía una colección de libros sobre temas financieros y económicos. Empecé a leerlos, y ya no paré nunca. Pero eso no significa que lo tuviera todo claro. Después de terminar la universidad, trabajé como economista, hasta que encontré un empleo seguro y estimulante en la Administración pública canadiense. Allí encontré espacio para crecer, me gustaba la gente con la que trabajaba y tuve la oportunidad de influir de manera efectiva en las políticas públicas. Resumiendo, era un buen trabajo, aunque para mí no era una profesión fantástica. Quería fundar mi propia consultoría, donde tuviera más libertad para ocuparme de mis múltiples esferas de interés, desde la física a la arquitectura. Sabía lo que quería y, sin embargo mi carta de dimisión siguió encima de mi mesa durante una semana antes de decidirme a entregarla. Miedo me da pensar en lo que me habría perdido si no hubiera seguido adelante con ella.

Esto no quiere decir que todo haya sido sencillo desde el día que decidí dedicarme a una gran profesión. Mi primer cliente como consultor resultó ser un delincuente que huyó del país y de la Real Policía Montada del Canadá por los pelos. Económicamente en apuros y avergonzado, la seguridad en mí mismo sufrió un buen varapalo. A mi modo de ver, no me quedaba más remedio que bajar la cabeza y seguir trabajando. No podía retroceder, así que era evidente que mi única alternativa era seguir adelante. Y eso hice.

Al cabo de un tiempo, estaba listo para incorporar a la mezcla mi amor por la docencia. Años antes, los profesores y demás consejeros de mi vida me dijeron que tendría que escoger: la investigación económica en el sector privado o la enseñanza universitaria. Podría retrasar la decisión, claro está, pero en última instancia tendría que escoger solo una. Ese consejo era bienintencionado, aunque decidí ponerlo en cuarentena. Para mí carecía de lógica: *Si te gusta hacer múltiples cosas*, pensé, *¿por qué no habrías de hacerlas?* Así que empecé a experimentar, dando solo un curso de economía en la Universidad de Waterloo, y treinta años después mi actividad docente es tan activa como mi empresa de consultoría.

Con la enseñanza y la economía definitivamente implantadas en mi actividad laboral, llegó el momento de incorporar una tercera pasión: la tecnología.

Yo me crie en el campo, en una granja, y como la mayoría de los niños, me sentía fascinado por la maquinaria agrícola que parecía (y seguramente lo era) cien veces más grande que yo. Mi abuelo utilizaba un mayal para separar el grano de la paja, la más arcaica herramienta agrícola que uno se pueda imaginar. Pero entonces apareció la segadora. Y más tarde el tractor, al que le siguió la cosechadora. La maquinaria, y el ritmo de la tecnología, no dejaron de asombrarme a medida que me hacía mayor.

Así que empecé a asesorar a algunos alumnos sobre la manera de poner en marcha sus empresas tecnológicas y a otros clientes sobre su trabajo con las nuevas tecnologías. No sé nada sobre programación y, sin embargo, contribuyo al avance en campos como la robótica asesorando a las empresas sobre sus estrategias de comercialización.

Si no dispusiera de un plan para mantener mi vida organizada me volvería loco, y de la puesta en marcha de los planes es algo de lo que oiréis hablar mucho en este libro. Resulta algo crucial. Pero también lo es la pasión. Porque es una sensación increíble el que te traiga sin cuidado que sea fin de semana o no; y sumamente estimulante el que estés ansioso por ponerte con tu trabajo y que ni siquiera pienses en la jubilación; ¿por qué habría de hacerlo? Lo que siento por mi profesión está al alcance de todos, con tal de que se sepa dónde y cómo mirar. Dejad que aclare lo que quiero decir con *pasión*. Una pasión es algo más que un interés, aunque al principio pueda asemejarse a este. Es fácil tener una idea interesante; cuando uno tiene una idea que suscita una pasión, no puede *dejar* de pensar en ella. Cuando se encuentra una materia que suscita pasión, uno quiere comprenderla completamente; de forma natural, se ven vacíos que deben llenarse, errores que han de corregirse e innovaciones que piden a gritos su creación. La pasión conlleva la inclinación inherente a actuar. Ninguno de estos elementos está necesariamente presente cuando encuentras algo «interesante».

La pasión nos invita a intensificar la atención permanente. Los intereses, por el contrario, van y vienen y en ocasiones se esfuman. Y sí, la pasión también evoluciona a medida que adquirimos experiencia, de manera que puede ampliarse o hacerse más profunda o bien extenderse a zonas aledañas. Y, por supuesto, uno puede tener más de una pasión o puede descubrir una nueva. Con la pasión, uno marcha viento en popa, como me ha ocurrido a mí desde hace tantos años.

Pero la razón más importante de que haya querido escribir este libro es quizá la más esencial. Me encuentro en una posición privilegiada para aprovechar la experiencia de miles de personas a las que he asesorado profesionalmente. De hecho, a lo largo de los años he reunido 30.000 testimonios profesionales. También deberíais saber algo sobre la Universidad de Waterloo: esta institución es un entorno único, con un programa de cooperación sin parangón, el más extenso del mundo. Esto implica que más de 19.000 de nuestros alumnos dedicarán semestres alternos de su educación a realizar trabajos remunerados. Tenemos más de 6.000 empleadores activos que visitan el campus y contratan a nuestros alumnos para realizar trabajos relacionados con sus carreras. Nuestros estudiantes adquieren así una experiencia laboral real antes incluso de que concluyan sus estudios.

Imagino que podéis daros cuenta de por qué las charlas sobre la carrera profesional son tan intensas en Waterloo. Mis alumnos trabajan en Goldman Sachs, Microsoft, en Hollywood y en pequeñas *startups* (empresas incipientes) de Estados Unidos, Canadá y Asia. Tendríais dificultades para citar una sola empresa grande o mediana de Norteamérica en la que no haya trabajado alguno de mis alumnos. Estos, que provienen de muy diversas culturas, acuden a mí en busca de asesoramiento cuando tienen diecinueve años y vuelven a presentarse en mi puerta a los treinta para informar de sus avances. En algunos casos, no siguieron mi consejo cuando eran más jóvenes, pero entonces sienten que están preparados. Si pensáis que llevo haciendo esto treinta años, os daréis cuenta de que lo que tengo en realidad es un minucioso estudio de larga duración.

Este libro no es, por consiguiente, una receta inventada a partir de la trayectoria particular de un individuo, famoso o no. Por el contrario, es un libro impulsado por el peso de la evidencia de que algunas estrategias profesionales funcionan y otras no. Tales estrategias han sido aplicadas a casi todos los tipos de profesiones, desde los oficios especializados y los proyectos creativos hasta los trabajos de doctorado, y han sido utilizadas por jóvenes y mayores, por tímidos y enérgicos, por gente preocupada y desenvuelta.

En este libro encontraréis muchas historias sobre mis alumnos y de aquellas otras personas a las que he asesorado. Algunos han consentido que se les identifique con su verdadero nombre; en cuanto a los demás, a fin de preservar su intimidad, he ocultado sus características, modificado algunas partes de su historia y, en algunos casos, creado un retrato robot a partir de varios alumnos. Aunque he optado por asignar a los alumnos nombres conocidos como «John» y «Trent», debería señalarse que muchas de las personas que figuran en este libro tienen distintas procedencias. Si me decidí por los nombres muy comunes fue para evitar la perpetuación de los estereotipos o que involuntariamente algún alumno pudiera ser reconocido. Sin embargo, todas las estrategias abordadas en este libro han sido convalidadas en situaciones laborales reales.

El planteamiento de este libro es sencillo. Lo que ofrece es la prueba de la experiencia, organizada en respuesta a las preguntas más frecuentes surgidas a raíz de la correspondencia que se generó por la charla de TEDx. El libro abordará preguntas como las siguientes: ¿No es una profesión fantástica algo como una gratificación? ¿No aprende sin más la mayoría de la gente a «amar» su trabajo? ¿Cómo puedo encontrar la pasión? ¿Cómo puedo reconciliar el ejercicio de una gran profesión con las responsabilidades familiares? ¿Puedo encontrar una profesión fantástica si no soy especial? ¿Y si mi pasión no me permite ganarme el sustento? ¿Cómo puedo superar mi miedo al fracaso? ¿No es suficiente el dinero para convertir en «fantástica» una profesión? ¿Qué es lo que convierte en «fantástica» una profesión?

Las respuestas quieren ser realistas, pero no son fáciles ni mágicas. Son el reconocimiento de que vivimos en un mundo hostil al ejercicio del talento. Pero si os decidís a aprender de la experiencia de los que ya lo han conseguido, tenéis una carrera fantástica al alcance de la mano.

Para comprobar que habéis entendido plenamente el mensaje de un capítulo, al final de cada uno os plantearé varias preguntas. Por favor, pensadlas bien y respondedlas con sinceridad; os ayudarán a prepararos para el siguiente capítulo. Al final del libro, comprenderéis lo que tenéis que hacer para tener una profesión fantástica, y por qué tenéis que hacerlo.

He de formular una advertencia: no siempre lo que tengo que decir será agradable de leer. Mi intención no es adormeceros con palabras amables, sino despertaros. Como Vitor, un señor de Portugal, escribió después de oírme hablar sobre la cuestión: «Juzgué [su charla] perturbadora, sumamente desagradable de oír, extremadamente ofensiva... y una descripción increíblemente precisa de toda mi vida hasta ese momento».

Lo que pretendo es perturbaros profundamente y que tiréis por la ventana vuestras viejas ideas y estrategias de la década de 1980. Porque tener una profesión fantástica es esencial. Y es vuestra si así lo deseáis.

LARRY SMITH
Otoño de 2015

PRIMERA PARTE

DESCUBRIR
LA PROPIA PASIÓN

1

Por qué un buen trabajo ya no es lo bastante bueno

John estaba seguro de que tenía la vida encarrilada. Tras terminar la carrera, con un título de informático en la mano, se había incorporado a una de las principales y más emblemáticas empresas de tecnología de la información del mundo. Pagaban bien, repartían generosos beneficios y tras cinco años de buenas evaluaciones de rendimiento, le habían ascendido a jefe de equipo. John estaba casado, vivía en una gran casa en un barrio de clase alta, y él y su cónyuge estaban contemplando tener hijos. John incluso había empezado a hacer aportaciones a un plan de pensiones.

Por su parte, la vida de Charlene mostraba un claro contraste con la de John. Aunque había sobresalido en ciencias y matemáticas en el instituto, había decidido estudiar sociología porque esta «trataba de la gente» y las matemáticas la «aburrían». Tras terminar la universidad, el único empleo que le ofrecieron fue en una central de llamadas. Cuando le dijeron que si trabajaba allí durante cinco años podría ser ascendida a jefe de equipo, rechazó el puesto y volvió a la universidad para continuar sus estudios de sociología. «Ante la duda, ve a la facultad» había sido su lema. A punto de obtener su segunda titulación, Charlene descubrió que sus opciones de empleo incluían la de profesora de instituto y poco más. (Lo ideal hubiera sido que hubiera investigado esto mucho antes, pero hablaremos más al respecto después.) Puede que Charlene no haya estado segura de qué quería exactamente, aunque sí sabía con toda certeza que no deseaba ser profesora de instituto. Para ganar tiempo, aceptó un trabajo en una oficina, archivando y haciendo recados.

En la actualidad, una de estas personas tiene una dinámica ascendente, éxito económico y seguridad; la otra está estancada y con escasas oportunidades de mejorar. Una tiene confianza; la otra está preocupada. Tal vez piensen que ya saben quién es quién. Pero están equivocados si piensan que Charlene es la condenada a tener problemas.

Por qué John tuvo problemas: la competencia y el fracaso del que trabaja solo para ganarse la vida

Si esto hubiera sucedido en la década de 1980, el agradable mundo de John habría estado garantizado. Pero nació demasiado tarde. Cuando un día su director general le dijo que quería verlo, John no tenía ni idea de que estaba en peligro. De hecho, tardó varios minutos en darse cuenta de que lo estaban despidiendo.

Era ilógico. Su empresa estaba creciendo y era rentable; sus informes de rendimiento eran favorables; no había cometido ninguna equivocación. El director fue impreciso en sus explicaciones, alegando prioridades de la empresa, y habló del finiquito. John seguía atontado cuando al día siguiente leyó en los periódicos que su empresa había despedido a cientos de empleados por considerar insuficientes sus aptitudes. Para entonces John estaba desconcertado; jamás había dejado de cumplir con las tareas encomendadas, así que ¿cómo le podían considerar un trabajador incompetente? En realidad, las razones de que se encontrara en esa difícil situación no eran muy misteriosas. La competencia externa le había dado un golpe bajo, y la tecnología le había pateado la cabeza. Las señales de peligro hacía mucho que estaban allí, solo tenía que haberse tomado la molestia de reparar en ellas. La prensa especializada llevaba años informando desfavorablemente de su empresa. Se había hablado mucho sobre la incapacidad de la empresa a la hora de incorporar los nuevos avances en la tecnología de la información, mientras que otras compañías ampliaban sus mercados. Se criticaba a la empresa por estar perdiendo su ventaja competitiva. En mi conversación con John quedó claro que él no había prestado atención a tales preocupaciones y que apenas había estado al tanto de ellas. «Seguimos siendo rentables», observó con acierto. (Y le mencioné que seguía diciendo «seguimos» cuando, de hecho, ya no formaba parte del equipo.) John insistió en que puesto que la empresa era rentable, las críticas de los medios de comunicación eran injustas.

—¿No podría ser —sugerí— que finalmente la empresa haya concluido que las críticas estaban justificadas? ¿Que los beneficios peligran en el futuro?

—Tal vez —dijo—. Pero sigue siendo ilógico. Si están preocupados por la competencia, ¿por qué me despiden, cuando tengo un montón de experiencia y siempre hago mi trabajo, y contratan a gente nueva con menos experiencia?

En la información de la prensa sobre los despidos, se había

hecho referencia a que la empresa se estaba deshaciendo de los empleados que «solo trabajaban para ganarse la vida». Le pregunté si tal descripción se le podría haber aplicado a él, y me respondió que ni siquiera sabía qué significaba eso. Era el momento de ser tajante; la verdad era ya lo único que le serviría. Así que le dije que la expresión era peyorativa y que sugería que los empleados que «solo trabajaban para ganarse la vida» solo dedicaban su tiempo a hacer el trabajo que se les asignaba, en lugar de ser dinámicos y agresivos a fin de abordar cualquier problema que pareciera importante.

—A la empresa no le gusta eso —respondió él con firmeza, refiriéndose a las personas agresivas y dinámicas. Pero quizás eso hubiera cambiado; quizás algunos de los ejecutivos «solo trabajaban para ganarse la vida» y también habían sido despedidos.

—John —dije—, ¿eres consciente de que, en diversos aspectos, tu antigua empresa está perdiendo terreno frente a otros competidores más ágiles?

La respuesta de John fue: «Puede ser», dando a entender que él no lo veía así. Por desgracia había dado por sentado que siempre tendría su empleo. Había escogido la informática como profesión porque estaba muy solicitada. Y tras haberse decidido por la informática, supuso que ya no había nada más de lo que preocuparse. Trabajaría mientras decidiera hacerlo. Pero examinad todos los factores que él había ignorado. ¿Son los factores que también estáis ignorando?

¿Cómo pudo —o podéis— menospreciar el hecho de que, durante gran parte de los últimos sesenta años, si eras una gran empresa con una posición dominante en el mercado podías esperar reinar durante décadas? Si eras General Motors, IBM, Sears, Kodak, U. S. Steel, Polaroid o Xerox, habría sido un suicidio para los competidores atacarte. Y entonces, con más rapidez de la que se podría haber imaginado, la importación de coches japoneses desestabilizó de la noche a la mañana el mercado del automóvil de las antiguas Tres Grandes [G. M., Ford y Chrysler]; a IBM la cogieron por sorpresa Microsoft e Intel; los avances tecnológicos marginaron a Kodak, Xerox y Polaroid; Apple sacudió el consolidado sector musical, de la misma manera que Uber desestabilizó el sector del taxi y las limusinas. Y estos ejemplos apenas son la punta del iceberg.

Y esto fue lo que sucedió a continuación: Microsoft se enfrentó de repente a la competencia de la informática en la nube y los dispositivos móviles; Google no tardó en encontrarse sometida a la presión de Facebook, que a su vez se vio presionada por los servicios de mensajería instantánea. Si uno no es capaz de entender la rapidez con que sucedió todo esto, entonces no puede entender lo apacible que fue el pasado. Se suponía que una posición de dominio tenía que durar muchas décadas, no solo unos pocos ni tan siquiera ocasionalmente uno nada más. La mayor parte de estas perturbaciones sucedieron cuando John ya había nacido, e incluso un conocimiento superficial del pasado le habría ayudado a ver el futuro.

Que no se me malinterprete, por favor, no estaba intentando hacer que John se sintiera mal consigo mismo. Ya se sentía bastante mal, y la confianza en sí mismo estaba gravemente deteriorada. Su seguridad todavía no se había venido abajo, pero me temía que lo haría cuando empezara a buscar trabajo. La conversación con él fue dolorosa, y he tenido más de una así. Muchas más que una.

Me parece que podéis ver por qué decidí que sería un error hablarle del éxito de Charlene. Todavía no estaba preparado para escucharlo.

Por qué Charlene prosperó: el cambio y el consumidor muy exigente

Charlene no había tenido necesidad de que nadie le hablara del poder de la competencia. Sabía que si iba a conseguir un trabajo como socióloga que no conllevara la docencia, se enfrentaría a una fuerte competencia. ¿O creéis que un licenciado en sociología aceptaría cualquier empleo medio decente que le ofrecieran? Podéis imaginaros a los preocupados padres de Charlene adoptando ese punto de vista, animándola a coger la fruta fácil, impacientes por que ella trabajara en su especialidad e iniciara una andadura para devolver sus préstamos de la universidad; ¿qué podía haber de malo en eso? Pero Charlene era ambiciosa; quería un gran trabajo, una profesión fantástica. Y por consiguiente se centró tanto en su meta como en los medios para lograrla.

Charlene descubrió que la historia del cambio social era fascinante. Todo lo que tenía que ver con eso le interesaba; los cambios tecnológicos le interesaban tanto como los movimientos en las normas sociales. A pesar del hecho de que no tenía nociones de programación, comprendió mucho mejor que John la fuerza transformadora de la informática y su potencial comercial y social. Eso le permitió dar el primer paso en su búsqueda de empleo. Si el cambio era su principal interés, entonces debía decantarse hacia el origen del cambio más visible: el sector tecnológico.

Para ella era evidente que el consumidor se estaba haciendo cada vez más exigente y que deseaba mejores productos y no solo más cantidad. Ahora la calidad era tan deseable como la cantidad. Tradicionalmente la gente ya era feliz con tener qué comer. Ya no: los alimentos deben ser frescos, sin pesticidas, elaborados o criados en el lugar, cultivados ecológicamente, y el 1 por ciento de los beneficios deben ir destinados a obras benéficas. Y en el apacible pasado un coche era un coche. Pero la competencia les dijo a los consumidores que podían demandar coches que durasen más, así que las garantías se alargaron. Luego, quisieron coches que ofrecieran asistencia en carretera. Más tarde, tenían que ser capaces de aparcar por sí mismos..., y así sucesivamente, por lo que respecta a todos los productos y servicios. Ya no se permite que los teléfonos sean tontos; han de ser capaces de oír y de hablar, de decirnos adónde tenemos que ir y cómo llegar allí; deben entretenernos y calentar nuestro tentempié de la tarde. Y nunca jamás nuestros productos deben aburrirnos. Ah, e incluso con todo esto, esperamos que nuestros productos sean económicamente asequibles.

Charlene vio el cambio con esta amplitud de miras, aunque a decir verdad ese no es el caso de la mayoría de mis alumnos. Si envías mensajes de texto, o de contenido sexual, tuiteas, navegas, exploras y te haces unas selfis, es fácil creer que eres un maestro de la tecnología. Pero lo cierto es que eso quiere decir que eres un maestro de la tecnología actual; ¿y qué hay de la de ayer? Comprender cómo era deviene esencial para comprender el impacto y el ritmo de la tecnología. Echemos la vista atrás para entender que la especialidad de Charlene era de hecho el camino hacia el futuro.

Acción frente a reacción

Charlene no vio jamás una oferta de trabajo para lo que ella quería hacer, así que no le quedó más remedio que esperar hasta... No, esperad, no; esa es una reacción del pasado.

En vez de eso, he aquí lo que hizo Charlene: actuó. Empezó a escribir sobre el cambio tecnológico y los consumidores, publicando blogs donde sus amigos del mundo tecnológico le sugerían. A esto le siguieron un par de artículos gratis en revistas. Charlene estaba al tanto de las actividades de intercambio tecnológico. Al final, una pequeña empresa cuyo material publicitario había sido criticado por su falta de «garra», la contrató a tiempo parcial para que les proporcionara «algo con gancho» que decir. Charlene hizo una descripción casi poética de su producto que despertó el deseo de los consumidores.

¿Y qué estaba haciendo John mientras Charlene estaba preparando el terreno para una gran trayectoria profesional? Reaccionando. En su antiguo trabajo, dedicaba su tiempo a la programación, preparando el terreno para escribir todavía más programas. Ahora que ya no tenía empleo, seguía sin estar lo bastante preocupado para actuar; todavía estaba en la fase de reacción. Lo que le había sucedido, a su modo de ver, era un bache injusto en el camino, pero puesto que era informático, debería ser razonablemente fácil conseguir otro empleo. Tardaría un par de meses como máximo, pensaba, y su cónyuge y sus ahorros los mantendrían a flote hasta que empezara a trabajar de nuevo.

Pero entonces la cosa se complicó. No podían permitirse poner en peligro el trabajo de su esposa, así que trasladarse a otra ciudad no parecía prudente a corto plazo. Aparte de la compañía en la que había trabajado, no había muchas grandes empresas tecnológicas en la zona. Se dirigió a todas, aunque de algunas se tenía noticias en el sector por sus quejas sobre las deficiencias en la tecnología de la información.

John realizó entrevistas, pero al final resultó que las empresas estaban buscando gente para las especializaciones más recientes, como la computación en la nube o la minería o exploración de datos. John hacía constar en tales circunstancias que sus aptitudes tenían una base amplia y que él era capaz de aprender cualquier especialidad que necesitara. Aunque los entrevistadores asentían y le decían que lo tendrían presente, John era perfectamente consciente de que en las recepciones un nutrido grupo de caras jóvenes de recién licenciados aguardaban su turno para ser entrevistados. Se tranquilizaba pensando que aunque aquellos nuevos licenciados hubieran realizado cursos de computación en la nube, carecían de la amplia experiencia que él atesoraba.

Lástima que no fuera la experiencia lo que importara. Peor aún, la realidad de su despido se cernía sobre las entrevistas. ¿Era un empleado que «solo trabajaba para ganarse la vida»? Si la gran empresa en la que había trabajado, que podría haber soportado cierto lastre, no lo quería, ¿por qué iba a arriesgarse con él un nuevo empleador?

Al final, le ofrecieron un empleo en una pequeña empresa de *software* por la mitad de su antiguo salario. Él siempre había juzgado su valía en función de sus ingresos, y se quedó desolado. Pero qué remedio le quedaba.

Mientras tanto, Charlene se había cambiado a una empresa tecnológica mediana, donde utilizó su formación como socióloga para ayudar a crear el conjunto de productos mediáticos de la compañía. Y también aquí, su formación dio sus frutos. Nunca era más feliz que cuando intentaba comprender por qué algunas prácticas culturales que llevaban siglos existiendo cambiaban en solo una generación. Por ejemplo, le interesaba mucho la manera en que las mujeres se habían incorporado al mercado laboral urbano en cantidades sin precedentes y en oficios en los que anteriormente habían estado prácticamente ausentes. Quería comprender por qué la lealtad corporativa había disminuido con tanta rapidez que los jóvenes ni siquiera sabían de su existencia. Aunque lentamente, Charlene se fue dando cuenta de que su interés en los cambios sociales se correspondía con otro gran cambio cultural en sí mismo: la creciente importancia de las redes sociales. ¿Y quién mejor para entenderlo y utilizarlo que Charlene? Así, veía que los cambios de la historia fluían hacia ella; mientras, John los veía alejarse de él.

La reeducación de John

John volvió a verme cuando estaba a punto de aceptar la rebaja del 50 por ciento de su salario; quería que le diera algunos consejos sobre el *networking* (redes de contacto para crear oportunidades de negocios) a fin de encontrar algo mejor. Entonces le sugerí que lo que de verdad necesitaba era hacer un replanteamiento estratégico.

—No, no es eso lo que necesito... Solo tengo que conseguir algo mejor pagado —dijo.

Al final, no tuve más remedio que decirle abiertamente que su problema con el empleo era sistémico y que a menos que estuviera preparado para afrontar este hecho, seguir hablando sería una pérdida de tiempo. Aquello pareció contrariarlo profundamente, aunque no hizo ningún ademán de marcharse.

Tenía que ofrecerle a John algún contexto, así que le dije que yo había pasado gran parte de mi primera infancia en una granja demasiado remota para tener electricidad. El entretenimiento nos lo proporcionaba una radio a pilas y el teléfono era una línea compartida con otra docena de familias. No había agua corriente, y mi madre y mi abuela cocinaban en una cocina de leña. John me miró con la misma expresión de sorpresa que si le hubiera dicho que yo era marciano.

—Cuando era niño —proseguí—, los coches se helaban en invierno, y las conferencias telefónicas eran tan caras que solo se hacían en caso de emergencia. La televisión, los aviones de reacción, los ordenadores centrales, los ordenadores personales, los trasplantes de órganos, la ingeniería genética, las pruebas de ADN, la fecundación in vitro, la animación por ordenador e Internet *fueron llegando* a medida que me iba haciendo mayor. Pero ¿por qué crees que te cuento todo esto?

—¿Para que sepa que ha sido testigo de muchos cambios? —sugirió John.

—No —respondí—. Te estoy contando esto porque serás testigo de cambios *aún mayores*.

El mercado de trabajo ha cambiado de forma muy espectacular, y esto también se lo expliqué. En mi juventud, tuve mis opciones de «buenos» trabajos. Cuando era joven, con una simple entrevista conseguías una oferta, puesto que el entrevistador realmente solo estaba interesado en ver si tenías alguna rareza evidente. Te ofrecían un salario adecuado, un trabajo de por vida a menos que fueras un fracasado absoluto y te jubilabas con un plan que garantizaba tus ingresos. Los mercados financieros eran apacibles y predecibles, así que todo lo que tenías que hacer era ahorrar y disponías de una manera fácil y segura de generar algo más de dinero.

En la actualidad, los empleos normales conllevan salarios que apenas suben, una carga de trabajo que deja tu vida personal reducida a chatarra y una tensión que aumenta a diario. Las probabilidades de encontrar una «buena» profesión se desvanecen con rapidez, y todo por culpa de la competencia económica. Puesto que soy economista, le recordé a John, de forma natural pienso bastante en la competencia. La presión de la competencia no para de aumentar y no dejará de hacerlo a lo largo del siglo. El número de países, empresas y trabajadores competidores sigue en aumento. Si por algún milagro el número de competidores dejara de crecer, el cambio tecnológico continuaría. Un único cambio tecnológico podría desbaratar un sector industrial entero y perjudicar rápidamente a sus empresas y empleados actuales. Lo cierto es que la competencia y la tecnología bailan juntas y a un ritmo cada vez más rápido; a John no le quedaba más remedio que bailar con ellas, y vosotros tampoco tenéis elección.

Una nueva estrategia

Aunque el dúo formado por la competencia y la tecnología es un rasgo definitorio de nuestra época, del que se habla mucho, la realidad es que las personas no hacen nada al respecto. El hecho no afecta a su manera de pensar ni a la manera en que enfocan sus carreras profesionales. Para John y muchos otros, la competencia, la tecnología y el ritmo vertiginoso del cambio no son más que palabras que se pronuncian despreocupadamente en un bar.

Era el momento de que hablara a John de Charlene.

Le expliqué los antecedentes de esta y observé que acababa de ser contratada para desempeñar un puesto de alto nivel en una empresa de redes sociales en rápida expansión. Como era de esperar, John me preguntó si le estaba recomendando que intentara conseguir un trabajo en los medios de comunicación social.

—¿Encuentras fascinantes los medios de comunicación social? —pregunté.

—No exactamente... no.

—Y sin ninguna formación ni experiencia relevantes, ¿podrías competir con Charlene y sus iguales?

—Bueno, no —respondió.

—Exacto. No te estoy recomendando que sigas la *elección* particular de Charlene, sino su *estrategia*.

Por primera vez desde que había entrado en mi despacho ese día, sonrió. Por fin, estaba preparado para hablar de la estrategia profesional.

Empezamos con un examen de lo que no funciona, lo cual abarca la mayor parte de las cosas que hace la mayoría de la gente. La clase de planes profesionales que veo estarían a la altura de los abuelos de John. La mayor parte de las personas se limitan a hacer lo que hacen los demás con el mismo trabajo en mente: reciben la misma educación, adquieren los mismos conocimientos, confeccionan el mismo currículo y dan las mismas respuestas a las preguntas de las entrevistas.

La estrategia empleada con mayor frecuencia es esta: adquiere una educación. ¿Más competencia? Adquiere más educación. ¿Más competencia? Adquiere alguna experiencia relevante. ¿Más competencia? Adquiere aún más experiencia. Pero todos están añadiendo experiencia al mismo ritmo. Creer que puedes avanzar en tu profesión celebrando otro cumpleaños exclusivamente, no parece una estrategia muy sofisticada para el siglo XXI.

Le pregunté a John cuál era el error de su enfoque. Comprendió que el principal problema era que casi todos los demás estaban haciendo lo mismo. La única manera de que la cosa pudiera funcionar es que sobreviviera a todo el mundo: una trayectoria profesional por resistencia.

—Piensa en las consecuencias —dije—. A medida que la situación se hace más competitiva, ¿te vuelves como todos los demás? ¿En qué mundo tendría sentido eso? Esencialmente te convertiste en una mercancía intercambiable. Y por el trabajador mercancía se paga el precio más bajo posible.

John se dio cuenta entonces de dónde venía su reducción de salario.

—Pues con toda seguridad yo no quiero ser una mercancía —declaró con rotundidad.

—Fantástico —respondí—. Hablemos de cómo te conviertes en una figura.

Antes de que entráramos en los detalles de una estrategia profesional mejor, John tenía que entender su meta: no era un trabajo, ni un buen trabajo, ni siquiera un trabajo fantástico. En vez de eso, debía aspirar a una carrera profesional fantástica.

Una profesión es fantástica cuando ofrece un trabajo satisfactorio que deja huella en el mundo, un salario adecuado y fiable y libertad personal.

Si John tuviera una profesión fantástica, en los términos que queda definida, no tendría que preocuparse de que le despidieran. Si pusiera sus aptitudes al servicio del trabajo que le satisficiera y fuera importante para él, no sería una pieza o mercancía reemplazable, sino un activo excepcional cuyas contribuciones no podrían copiarse. Estaría en una posición ventajosa.

Cierto, uno no se convierte en una figura así de la noche a la mañana. Pero jamás se convertirá en estrella si ni siquiera sabe que ese es su objetivo ni si todos los aspectos de su plan profesional no están enfocados a convertirse en excepcional.

¿Y qué tendría que hacer John para lograr una ventaja? Aunque trataré de lo que necesita la gente como John en los siguientes capítulos, todo comienza con una sencilla pregunta: ¿Se puede crear una ventaja significativa creíble sin un interés apasionado por el trabajo en sí? ¿Puede uno imaginar la consecución de tal ventaja, esa ventaja competitiva imponente que sobreviva a la propia vida laboral, *sin* semejante pasión? ¿Cómo se podría lograr la intensidad en el propósito y el compromiso que son necesarios sin la pasión? ¿Cómo competir con aquellos que sí sienten una verdadera pasión?

Los trabajos de Jake: elegir la propia aventura

Permitidme que os cuente una historia sobre mi buen amigo Jake, porque necesitáis embarcaros en vuestro viaje profesional con una saludable dosis de realismo, pero también con una buena dosis de clarividencia.

A Jake le encanta su trabajo, y su patrón está encantado con él. Es un empleado tan valioso que mientras quiera mantener el puesto tendrá el trabajo seguro.

Pero su trayectoria profesional no empezó de esa manera. De hecho, hubo un tiempo en que parecía que Jake acabaría siendo un desecho, un daño colateral de los brutales mercados laborales del siglo XXI.

Con independencia de lo que hubiera intentado en su profesión, nada le había dado resultado. Después de terminar la carrera, consiguió un trabajo excelente en una multimillonaria empresa de telecomunicaciones. Y no es que a él no le gustara el trabajo ni el campo de las telecomunicaciones; por el contrario, el trabajo estaba bien pagado y la aparentemente estable empresa estaba dispuesta a formarlo. ¿Tenía que pensarlo? No lo pensó. Aceptó el trabajo e inició un camino. (Se parece un poco a John, ¿verdad?)

Jake acumuló experiencia y recibió una amplia formación en la emergente nueva tecnología de las comunicaciones. Y hasta pasó a estar bajo la protección de un poderoso sindicato. Según parecía, tenía la vida resuelta.

Por desgracia, debido a la presión de los rápidos cambios tecnológicos y de los ágiles competidores, su empresa se tambaleó y finalmente se estrelló, llevándose a Jake por delante. Puesto que todo el sector de las telecomunicaciones estaba agitado, nadie contrataba personal. Así que la experiencia de Jake carecía de utilidad inmediata, y dada la velocidad a la que se movía la tecnología aquella no tardó en quedarse obsoleta. ¿Qué podía hacer?

No era una persona que se daba por vencida a la primera de cambio. Así que hizo inventario de sus aptitudes transferibles y consiguió un empleo en logística en el sector de productos envasados. En esta ocasión, el sueldo no era tan bueno, pero era un trabajo decente que ofrecía seguridad. Siempre necesitaremos la logística, ¿no es así? Bueno, no, no exactamente. Debido a la recesión económica y a la creciente presión competitiva, el sector de los productos envasados pasó por un proceso de fusiones, y Jake se encontró de nuevo sin empleo.

Aceptó un par de empleos basura, uno en un muelle de carga y otro en una empresa de mudanzas, mientras ponía al día sus conocimientos de informática. Echando mano del manual de estrategia profesional habitual, estableció una red de contactos y envió solicitudes a troche y moche. Entonces consiguió un empleo como jefe de logística en una empresa norteamericana que fabricaba un producto de calidad muy demandado. Por fin, Jake estaba seguro de volver a estar en el buen camino profesional.

Pero apenas un año después de que empezara a trabajar, los fabricantes chinos descubrieron el producto y entraron en liza con un precio mucho más bajo. La empresa de Jake se fue desmoronando a lo largo de los dos años siguientes, y al final volvió a quedarse sin trabajo.

Jake mantenía una carrera tanto contra la tecnología como con la competencia, y cada vez que se ponía por delante, lo volvían a poner en su sitio desconsideradamente. Tenía la sensación de que un monstruo lo perseguía.

Me cuesta imaginarme la presión que sentía como principal sustento de su familia. Sus ingresos se habían visto reducidos en más de un tercio. Así las cosas, ante él se abrían dos caminos.

En el Camino 1, Jake dice: «Al diablo con todo. Se acabó el seguir intentándolo. —Baja la cabeza—. Seré un simple auxiliar administrativo o lo que sea, y asumiré que jamás tendré una casa o un coche ni podré permitirme un capricho como una moto. Seré cuidadoso con el dinero, destinaré todo lo que gane al bienestar de mis hijos y de una forma u otra saldremos adelante». En otras palabras: se rinde a la competencia. ¿Qué clase de vida sería esa? Más gris que gris. Y, sin embargo, veo a muchas personas que escogen el Camino 1. El Camino 1 me produce un espasmo.

Me alegra decir que Jake escogió el Camino 2. Era un hombre ingenioso y reflexivo y, lo que es aún más importante, no se arredraba ante las dificultades. Lo primero que pensó fue en buscar un sector donde no hubiera competencia. No sería fascinante, pero sí seguro. Pero entonces cayó en la cuenta de algo. Su situación laboral supuso que pasara mucho más tiempo en casa durante ese período y viera mucho a sus hijos. Observó lo audaz que era su hija de nueve años, que lo probaba «todo», desde el *kickboxing* a la gimnasia pasando por las olimpiadas científicas. Y aunque fracasaba en algunas de esas actividades, no se inmutaba y seguía adelante. Era una niña intrépida y tenía capacidad de adaptación. Jake se preguntó entonces qué mensaje le estaría enviando a su hija si se limitaba a refugiarse en lo «seguro».

Aunque más que la influencia de su hija, fue el ser consciente de que no había ningún lugar donde esconderse de la competencia. En todas las áreas que exploró, se dio cuenta de que aunque fuera una zona segura en ese momento, no había nada que sugiriese que fuera a permanecer así; él sabía eso mejor que nadie. Siempre que huyera de la competencia, se percató, iba a perder. Así que en lugar de eso, correría *hacia* la competencia; la convertiría en un activo en vez de en el monstruo que lo acechaba constantemente.

Con esta nueva mentalidad, lo primero que se preguntó fue: *¿Qué es lo que siempre será importante en un mercado competitivo?* El arte de vender. Y dado que la competencia aumenta, necesitas a alguien que sepa vender mejor que los otros.

En segundo lugar se preguntó qué es lo que podría vender. Jake era un apasionado de los viajes, aunque no había podido viajar tanto como le habría gustado. Pero ¿cómo se vendía un viaje? Recordó que él y su esposa habían asistido en una ocasión a la presentación de una multipropiedad, y que no había sido capaz de dejar de hablar sobre lo que él habría hecho de forma diferente.

Una vez que tuvo la idea sobre lo que le gustaría vender, se preguntó por la clase de vendedor de multipropiedad que podría ser él. Nunca había vendido nada, aunque sabía que era una persona con un buen «don de gentes». A menudo recibía elogios por su facilidad de palabra, algo que él atribuía al hecho de que sentía un verdadero interés por las personas. Era un hombre cordial y divertido y miraba a las personas a los ojos cuando hablaba con ellas. Era la clase de individuo al que siempre se le pedía que hablara en las bodas. Todo esto también implicaba que se le daba bien facilitar la comunicación, salvo que ni siquiera se trataba de establecer redes, porque él se sentía atraído de forma natural hacia las personas que no conocía y le encantaba hablar con ellas.

Por último, Jake tenía que determinar la manera de conseguir un trabajo así. Por un lado, tenía una sólida red de amigos que podrían conocer a alguien que pudiera ayudarlo a entrar en el sector. También era consciente de que ventas es una de esas áreas en las que es relativamente fácil demostrar tu valía. Así que se puso a leer con voracidad para entender el mercado de los viajes y el turismo. Y entonces encontró a alguien dispuesto a considerar la idea de contratarlo y le dijo: «Déjeme intentarlo y júzgueme por mis resultados». Era una persona que creía en sí misma, así que se puso a prueba. Fue una estrategia brillante, y dio resultado. En la actualidad, la actividad de Jake se basa principalmente en las recomendaciones de antiguos clientes, los cuales, como cualquier empresario sabe, valen su peso en oro. Por otro lado, viaja a menudo para visitar zonas en las que sus clientes están especialmente interesados, de manera que pueda hablar de esos lugares con conocimiento de causa. Se ha especializado en la multipropiedad y las segundas residencias en las Islas Vírgenes Británicas, una parte del mundo que le encanta. Jake es ahora uno de los que más gana en su empresa, y aunque el mercado descienda, sobrevivirá a la mayoría de los competidores solo por ser tan bueno en lo que hace. Y si acaso lo necesita, sabe que siempre puede vender otra cosa. Porque, una vez más, en un mercado competitivo siempre habrá vendedores.

Al final, Jake obtuvo el trabajo que le gustaba y desarrolló una estrategia clara para mantener su éxito. También Charlene buscó un interés apasionado y fue recompensada con el éxito profesional. John, por el contrario, no buscaba más que un empleo y en consecuencia se encontró en dificultades.

Jake no vuelve a aparecer en este libro y, sin embargo, está en él por todas partes. La suya es una clásica historia de éxito en la consecución de una «profesión fantástica», historia que no tiene absolutamente nada que ver con la suerte y sí todo con un enfoque analítico, una acción metódica y la determinación. El resto del libro os enseñará cómo, aunque pudierais sentiros tentados de tomar el Camino 1 —el camino del mínimo esfuerzo—, es el Camino 2 el que os conducirá a una profesión fantástica.

Uno de mis primeros alumnos, Harout, me escribió recientemente sobre algunos cambios experimentados en su trabajo, y encontré en su correo electrónico un comentario oportuno para resumir el mensaje central del capítulo 1 y, en realidad, de todo el libro. «La empresa lleva años reorientándose hacia un modelo de externalización —escribía—. Pronto solo permanecerá el personal experto que examina y evalúa las ofertas [propuestas] externas... Creía que había encontrado un buen trabajo y una buena profesión, pero están desapareciendo. Ahora, me veré obligado a tener una fantástica.»

Preguntas difíciles, respuestas sinceras

1. Analizad el camino en el que os encontráis ahora. ¿Cómo llegasteis hasta ahí? ¿Fue porque era fácil o porque es donde queríais estar?
2. ¿Trabajáis solo para ganaros la vida? ¿Podrían pensar vuestros jefes que es así?

2

Por qué los empleos «seguros» son un mito

No hace mucho tiempo, asistí a una cena homenaje por la jubilación de un buen amigo que era juez. Aunque el ambiente era festivo, reinaba también cierta tristeza. Veréis, este amigo amaba su trabajo. Muchos de los asistentes a la cena también amaban sus trabajos, así que comprendían los pros y los contras de la jubilación.

—¿Qué va a hacer sin su trabajo? —preguntó una amiga sentada a mi mesa, y supe que no lo decía en el sentido de «¿Cómo va a llenar su tiempo?», porque el juez tenía programadas multitud de cosas interesantes. Pero el amor por su trabajo era tal que dejarlo suponía una verdadera pérdida. Lo creáis o no, procuro no soltarle un sermón a toda la gente que conozco, pero puesto que el tema era tan aplicable a la manera en que empleo mis días, añadí:

—Lo sé... su pasión por el trabajo es notable. Es esa clase de pasión que siempre les estoy diciendo a mis alumnos que deben alcanzar.

La mujer sentada a mi lado, a la que no conocía muy bien, se ofendió de inmediato.

—Ese es un consejo horrible y peligroso —dijo—. Ese es un consejo para dejar a los chicos sin trabajo.

Tan rápida y contundente fue su reacción que comprendí que probablemente tuviera un hijo o una hija que andaba buscando su camino y que quizá viviera en el sótano de la casa de la familia mientras trabajaba ocasionalmente en la pizzería del barrio. Sin duda la mujer estaba preocupada por el hijo y su mayor deseo era que el retoño se convirtiera en un miembro autosuficiente de la sociedad.

No me sorprendió oír su razonamiento, pues es uno de los habituales. Entre las cantinelas que oigo más a menudo figuran: *¡Perseguir la pasión es como perseguir un sueño irrealizable!* O *En esta economía no hay lugar para la pasión; todo es cuestión de conocimientos. Si adquieres unos conocimientos, te encantará tu trabajo.* Tuve el sentido común de no contribuir a la incomodidad de nuestros compañeros de mesa obligándolos a entrar en una discusión, por lo que me limité a sonreír a la mujer que tenía a mi lado, sugerí que veíamos la pasión de manera diferente y cambié de tema.

Así que en lugar de decir lo que pensaba esa noche, guardé todo lo que me habría encantado expresar para este capítulo. No puedo prever todos los razonamientos de mis detractores, pero hay unos cuantos que he oído lo suficiente para sabérmelos de memoria. He incluido algunos aquí, además de mis respuestas. Lo que fundamentaría todas mis contestaciones sería, claro está, la dolorosa verdad expuesta en el capítulo 1 de que en esta economía competitiva no hay una profesión «buena». Con esto a modo de nota grave, los razonamientos que siguen adquieren el sonido metálico de una única nota aguda fácil de doblegar.

Razonamiento n.º 1: toda profesión apasionada necesita un plan B

Si no fui demasiado duro con mi compañera de mesa en parte se debió a que entendí las razones de su inquietud. Los padres solo quieren lo mejor para sus hijos; no desean verlos sufrir ni que tengan problemas para encontrar empleo. Sin duda yo no querría eso ni para mis hijos ni para ninguno de los alumnos a los que he asesorado. En otras palabras: aquella madre y yo veníamos del mismo lugar: el del amor y el deseo de proteger a nuestros vástagos.

Pero es en cómo ocuparnos de preparar a nuestros hijos para que se enfrenten a las dificultades donde nuestros planteamientos divergen espectacularmente. Por ejemplo, hablemos del plan B. Incluso esos padres que contemplan la idea de que sus hijos encuentren su pasión son conocidos por dar este consejo: *Adelante, busca tu pasión, pero asegúrate de que tienes algo en lo que apoyarte.* Puede que esta sea la cantinela más habitual del cancionero paterno. Por «algo» se refieren a un oficio. Y por oficio, probablemente se refieren a algo «seguro», como odontólogo o contable.

Una vez más, este razonamiento es perfectamente comprensible. De la misma manera que cuando los hijos son todavía niños les sugieres que cojan un abrigo por si el tiempo empeora, cuando son mayores también quieres que estén preparados.

Pero el plan B no es equivalente a una capa más de ropa un caprichoso día de primavera. Veréis, el plan B, en realidad, retrasa al individuo en lugar de protegerlo o impulsarlo. Se trata de un rodeo, que además podría hacer perder el rumbo por completo a vuestros hijos.

Mantuve un debate sobre la cuestión con mi alumno Henry, cuyo plan consistía en especializarse a modo de plan B. En este caso, la especialización era la computación en la nube. Sin embargo, su pasión era ser escritor. Henry acudió a verme, frustrado, porque estaba sacando peores notas que los primeros de su clase de informática.

—Así que te apasiona la computación en la nube, ¿no? —pregunté.

—No lo sé. Es interesante.

—Ya. ¿Y vas a dedicarte a tu profesión de escritor mientras sigues también en el sector de computación en la nube? ¿O piensas dedicarte primero a la computación, y más tarde a escribir? —De nuevo, no estaba seguro, aunque se sentía inclinado hacia lo segundo.

—Deja que te haga una pregunta, Henry. ¿Cuánto tiempo tienes pensado vivir exactamente?

—Mmm... ¿Cómo?

—Estamos hablando de tu VIDA, ¿no es así? —Le dije que su plan, tal como me lo había explicado, podría llevarle mucho tiempo, realmente mucho tiempo—. ¿Y mientras, pretendes dejar en suspenso el resto de tu vida?

—No le entiendo —respondió.

Así que se lo expliqué. Podía verlo dedicarse a su oficio, la computación en la nube, y luego conseguir un empleo valiéndose de sus conocimientos. Pero entonces, cuando decidiera que tenía su plan B sólidamente establecido y que ya estaba listo para dedicarse a su pasión, la literatura, tal vez tuviera que volver a la facultad de letras. ¿Estaría realmente preparado para hacerlo? ¿Y si en el ínterin conocía a alguien con quien le gustaría casarse? ¿Estaría dispuesto a llevar adelante el matrimonio y su carrera de escritor al mismo tiempo? ¿La afortunada mujer estaría de acuerdo en que lo lograra? Suponiendo que ella le diera sus bendiciones para que él volviera a la universidad a fin de poder perseguir sus sueños, ¿qué haría Henry si decidieran tener hijos?

En pocas palabras, aunque en realidad no pienso que nunca se es demasiado viejo para empezar a dedicarse a nuestra pasión, es innegable que es más sencillo y más simple si se hace desde el principio. A medida que la gente se hace mayor, la vida se va complicando.

Lo que les sucede a muchos —y estaba seguro de que le sucedería a Henry— es que el plan de la pasión es eliminado y nunca más vuelve a aparecer. De hecho, me temía que Henry volvería a aparecer en mi despacho al cabo de algunos años, afligido y muy posiblemente deprimido porque su trabajo no le satisfacía y se sentía atrapado en él.

El plan B parece sensato, parece seguro, y en eso mismo radica su gran peligro. El plan alternativo es el espeso barro que se extiende entre uno y sus verdaderas pasiones. No pretendes quedarte atascado allí, y sin duda te harás más fuerte por intentar seguir adelante. Pero te quedas atrapado. Y lo que se suponía que tenía que darte seguridad solo ha servido para retrasar tu avance real.

Esto lo sé por la de veces que lo veo. Mi alumna Allie comenzó un programa de posgrado en biblioteconomía porque suponía que le gustaría. Una vez que se matriculó, se sintió atrapada. Ya en el primer semestre de clases se dio cuenta de que la biblioteconomía había sido una elección equivocada, aunque perseveró. «Bueno, lo empecé. Así que tenía que terminar», explicó. Cuando obtuvo el título, estaba cualificada para trabajar como bibliotecaria, y así lo hizo, aunque lo odiaba.

Por desgracia, son muchas las personas que toman la misma decisión: proseguir con algo exclusivamente porque lo empezaron. En efecto, este es el argumento que con más frecuencia me dan mis alumnos cuando les pregunto por qué terminaron algo que hacía mucho tiempo que sabían no era adecuado para ellos.

Un estudiante llamado Brad aprendió esta lección por las malas y me escribió para contármelo. Me explicaba que centrarse primero en la seguridad y el dinero con la esperanza de que la pasión y la felicidad lleguen más adelante en la vida provoca que encontrar la felicidad sea más complicado de lo que debiera. «No es lo mismo que coger un camino directo hacia tu pasión y tu felicidad —escribió—. Una cosa de la que no creo que la gente sea suficientemente· consciente, es que va a ser mucho más difícil encontrar una pasión si no te desvías jamás de la misma rutina. La mayoría de las personas son tan animales de costumbres y temen tanto salirse de su zona de seguridad, que jamás llegarán a exponerse a algo nuevo que pudiera conducir a una pasión.»

Vemos, pues, que aunque el plan B está lleno de buenas intenciones, conduce a la infelicidad con demasiada facilidad. Una joven llamada Sabrina que me vio hablar de este tema, escribió: «Escogí la siguiente parte de mi profesión basándome en una pasión por las célula madres que había reprimido y que mi padre había alimentado desde que yo tenía ocho años. Antes de ver su vídeo, dudaba si continuar con mi decisión, porque me sentía impulsada, como mis compañeros, a solicitar plaza en alguna escuela profesional, como la de odontología o la de optometría, exclusivamente en aras de la estabilidad laboral y la cuestión económica, aunque menuda vida sosa y aburrida me esperaría. Mi padre podría haberle sacado provecho a su conferencia hace veintiún años, porque escogió el camino de la cuestión económica, y ahora está pagando las consecuencias.

Suele describir su profesión como una especie de trabajo agotador, estresante, sumamente aburrido y explotador».

Lectores, permitidme que os haga esta pregunta: puesto que somos muy protectores con nuestros hijos, ¿por qué les proponemos un camino de aburrimiento y explotación?

Razonamiento n.º 2: ¡el mercado actual pide una alta cualificación, no pasión!

El razonamiento parece bastante claro: escojan una especialización que tenga demanda y adquiéranla mediante la educación, la formación y la experiencia. Nos tenemos que tomar este punto de vista con seriedad, porque es el de la mayoría de la gente. (Los defensores de la pasión como yo podemos hacer mucho ruido, pero los que anteponen la pasión a todo están en minoría.) Como observé en el capítulo 1, las presiones competitivas han aumentado y seguirán haciéndolo, a la par que el mercado laboral se va haciendo cada vez más difícil. El trabajo no especializado está desapareciendo casi por completo, trasladado al ámbito de los robots. Así que, por supuesto, la especialización parece el camino a seguir, y cuanto mayor sea la especialización, mejor.

Pero he aquí el problema con este razonamiento: muchas personas se centran en la competitividad del mercado laboral actual y no prestan ninguna atención al aspecto que tendrá el mercado dentro de quince años, y mucho menos dentro de cincuenta. Siempre que miro un rostro joven, *debo* mirar a los cincuenta años siguientes o más vale que mantenga la boca completamente cerrada, algo que nunca se me ha dado especialmente bien. Y cuando se mira a los próximos cincuenta años, se ve que el razonamiento de «primero la especialización» tiene poco sentido. Supongamos que busquéis unos trabajos especializados donde esté habiendo mucha contratación, como la tecnología puntera o la medicina. Esto debería significar que la especialización tiene una creciente demanda y que cuando terminéis vuestra formación habrá un puesto esperándoos, ¿no es así? Pues no, en absoluto. Tal planteamiento le ha estallado en la cara a la gente repetidas veces, porque lo que ahora está «de moda» mañana no lo estará. Pensad en estos ejemplos: un joven apenas consigue aprobar en el instituto, así que el centro le dice a los padres que al chico le gusta trabajar con las manos y que debería aprender un oficio. Le gustan los coches, así que decide ser mecánico de coches. Siempre habrá coches que reparar, ¿verdad? Así que empieza su formación como aprendiz, y piensa que tiene la vida resuelta. El joven es muy feliz: coches, chicas y mucho dinero. Se ha puesto en marcha. Pero luego, los fabricantes de automóviles empiezan a fabricar coches con un nivel de calidad mucho más alto que necesitan relativamente pocas reparaciones. Los componentes electrónicos sustituyen a los mecánicos. De pronto la escasez de mecánicos de coche desaparece, si es que alguna vez la hubo. A esto se le llama el *avance de la tecnología*.

Estamos en la década de 1990, en *los albores* de Internet. Hay escasez de ingenieros de telecomunicaciones, y las empresas del sector piden a las universidades que amplíen sus programas de estudios lo más deprisa posible, so pena de ralentizar el avance de la Red. Las aulas de las facultades de telecomunicaciones acaban de bote en bote. Entonces se produce la burbuja de Internet. Las empresas de telecomunicaciones están sobredimensionadas y con *exceso de personal*.

En todas partes se desprenden de los ingenieros de telecomunicaciones para que estos busquen oportunidades en otra parte. Tienen unos currículos asombrosos en materia de telecomunicaciones... y en nada más.

Todos habían apostado por especializarse en una tecnología, y tanto esta como el mercado avanzaban. La gente decía: *No te preocupes; solo espera. El mercado mejorará. Internet seguirá expandiéndose.* Sí, y eso sucede, pero tarda cinco años. Cinco años es mucho tiempo cuando tienes un hijo que mantener y una hipoteca que pagar. Además, cuando las cosas vuelven a recuperarse cinco años más tarde, los estudiantes de telecomunicaciones de finales de la década de 1990 se quedarán rezagados. Internet ha cambiado rápidamente, y es la nueva cosecha de licenciados de telecomunicaciones la que consigue la nueva ola de empleos.

Durante generaciones hemos creído que el trabajo de profesor de instituto era una elección cualificada y segura. Siempre necesitaremos profesores, ¿no es así? Pues no. En la mayor parte del mundo industrializado, y también en Estados Unidos, el índice de natalidad ha descendido de manera sustancial, y el crecimiento de la población se está frenando o empieza a disminuir. Esto significa que, a menor inmigración, el número de niños disminuirá. Y de pronto vamos a necesitar menos profesores porque hay menos niños.

Estoy seguro de que entendéis lo que quiero decir. La lista de trabajos de moda, de conocimientos de moda que de pronto dejan de interesar es sin duda larga. Los diseñadores de páginas web escaseaban al principio, y ahora un niño con el *software* adecuado es capaz de diseñar una página web. Los administradores de páginas web fueron sustituidos por los administradores de medios de comunicación social, que a su vez serán sustituidos por algo que ni siquiera conocemos todavía. Mientras escribo esto, hay escasez de especialistas en minería de datos. Pero ¿por cuánto tiempo?

En la búsqueda de los trabajos bien pagados y seguros, las familias inmigrantes en particular suelen conducir a sus hijos hacia lo que consideran la mejor elección posible: la de una profesión muy especializada y *regulada*. Con esto me refiero a médicos, abogados, ingenieros y contables, todos los cuales deben contar con un título universitario para poder ejercer, y cuyos trabajos son todos esenciales. Este camino les parece el ideal a los padres inmigrantes, que asumen considerables riesgos personales para mejorar las vidas de sus hijos, quienes ahora supuestamente *no tienen que asumir ningún riesgo en absoluto*. Dejando a un lado la inconsistencia del planteamiento (padres que se arriesgan y se sorprenden de haber criado a hijos que asumen riesgos), todas las profesiones tradicionales están siendo asediadas por la tecnología y la competencia global. La actividad jurídica y contable está siendo absorbida por el *software* o la externalización a países con salarios más bajos. Las regulaciones cambian y desplazan algunas de las labores de los médicos a los enfermeros y los farmacéuticos.

Puede que hayan oído hablar mucho de la llamada escasez de personal en las áreas STEM, que en su acrónimo en inglés hace referencia a las ocupaciones basadas en la ciencia, la tecnología, la ingeniería y las matemáticas. A menudo se apremia a los estudiantes a que elijan uno de estos campos, donde supuestamente hay empleos disponibles. Pero ¿son estos reales? ¿Está la biología tan demandada como la botánica? ¿Los científicos informáticos están tan solicitados como los licenciados en matemáticas puras? De hecho, el campo STEM es demasiado impreciso como para que tenga algún valor especial.

Cualquier conjunto de competencias puede volverse obsoleto inadvertidamente. Y cualquier asesor profesional que no considere las fuerzas tanto de la competencia como de la tecnología estará prestando asesoramiento para el momento, no para toda una vida.

Pongamos por caso que no os creéis mi razonamiento de que las profesiones del mañana son una incógnita, y acudís directamente a la mejor fuente de información laboral de Estados Unidos: la Oficina de Estadísticas Laborales de Estados Unidos (BLS). Da la casualidad de que este organismo intenta predecir el futuro. Así, el 8 de enero de 2014 estimaba qué ocupaciones crecerían más deprisa durante el período 2012-2022. Las primeras 20 ocupaciones son una sorprendente colección de empleos con una amplia variedad de niveles de especialización. Entre ellos figuran psicólogos industriales (#1), técnicos en aislamiento (#4), *auxiliar* de terapias ocupacionales (#8), *peones* electricistas (#15) y secretarias médicas (#19).[1]

Estos son los de crecimiento más rápido, pero ¿qué pasa con las ocupaciones que aportarán el mayor número de empleos absolutos durante el mismo período de tiempo? La lista incluye enfermeras tituladas (#2); vendedores al por menor (#3); trabajadores del sector de la preparación y suministro de alimentos, entre ellos la comida rápida (#5); representantes de atención al cliente (#8); conserjes y limpiadores (#9), y obreros de la construcción (#10). Esta lista no es precisamente un triunfo de los trabajos especializados. La mayoría ofrece un sueldo relativamente bajo. Y una vez más, esto se debe a que los «buenos» empleos están desapareciendo, y esta lista es lo que queda.

---

1. http://www.bls.gov/ooh/fastest-growing.htm

Además, aunque la BLS utiliza un modelo fiable para hacer estas predicciones, de manera explícita no incluye ninguna previsión de cambios tecnológicos perturbadores.[2] Y en los tiempos que vivimos, es difícil imaginar que no vaya a haber cierto nivel de cambio perturbador.

Todo esto significa que tenga que decirles a los jóvenes que viven en un mundo tumultuosamente dinámico, donde es difícil encontrar las viejas respuestas. Y tengo que recordarles que cuando estudiamos la historia de las ocupaciones, solemos observar un cambio constante. Ahora observamos unos cambios *acelerados*. Entonces, ¿ignoramos nuestra historia o intentamos negarla? Una cosa está clara, eso sin duda: si les decimos a los jóvenes que escojan una especialización para conseguir una profesión fantástica, debemos estar preparados para responderles cuando pregunten: «¿Qué especialización?» Y, como confío que entendáis ya, sencillamente no podemos hacerlo.

Razonamiento n.º 3: ¡estás perdiendo el tiempo buscando una pasión cuando deberías estar haciendo algo!

No sucumbas a la parálisis analítica, proclaman las numerosas personas que discuten mi punto de vista. Es necesaria la acción, no el pensamiento. *Empieza con lo que de verdad puedas empezar y al menos adquiere ciertas capacidades básicas.* Luego, continúa el razonamiento, esfuérzate, con disciplina e interés, y conviértete en un experto. En el camino, irás aumentando tu valor como empleado, y ese valor acabará reportando recom-

---

2. http://www.bls.gov/ooh/most-new-jobs.htm

pensas. Y como premio, puede que realmente acabes disfrutando del trabajo involucrado.

Todo esto parece verosímil... hasta que te paras a reflexionar sobre ello.

Así que seamos rebeldes y pensemos en ello. En primer lugar, ¿dónde vas a encontrar ese factor al alcance de la mano que iniciará tu lucha por conseguir la pericia? ¿Una materia que se te daba bien en el colegio? Eso es lo que muchos de mis alumnos —puede que la mayoría— han hecho. Pero ya tenemos un problema.

Las materias que se imparten en el instituto, como debe ser, proporcionan algunas capacidades fundamentales que son aplicables a muchas ocupaciones. Así que el que a uno se le dé bien una materia del instituto, o varias, abre un campo muy amplio de alternativas. Entonces, ¿por dónde empezar? ¿Por la materia con mejores notas? Eso significa que crees que las notas del instituto son mucho más precisas que incluso lo que creen los docentes. ¿Y qué hay de todas las materias que nunca se abordan en el instituto? A propósito, este mismo razonamiento es aplicable tanto a las facultades como a las universidades.

Es posible que uno empiece su lucha aceptando cualquier empleo que pueda conseguir gracias a su capacidad de persuasión o en el trabajo mejor pagado que pueda lograr. Esto significa que el punto de partida de la estrategia de especialización es casi aleatorio, lo que no tiene ninguna lógica para una decisión tan importante. Tal vez empiece en algún sitio medio razonable, pero ¿qué garantía tiene de haber empezado en el lugar que conduce al éxito con más rapidez o de la manera más fiable? No hay ninguna, y puedo oír rebotar la bolita en la ruleta de su vida. Por mucho que los defensores de la especialización critiquen la filosofía de la pasión por irresponsable, no puedo evitar pensar que ese girar aleatorio de la ruleta es mucho más insensato.

Este argumento siempre hace que me acuerde de Jack. Es hijo de una primera generación de inmigrantes y siempre supo que su pasión era el desarrollo de productos. Quería intervenir en la creación de algo, tener la oportunidad de utilizar su inventiva. Pero cuando acabó la carrera, se dejó seducir —al igual que sus padres— por un trabajo (no como creador) de alto nivel y con ingresos inmediatos. Al cabo de cinco años, me llamó y me dijo que se sentía atrapado. Examinamos la manera de que encontrara un trabajo que le permitiera ser innovador. Estaba comprensiblemente impaciente por cambiar. Había sido padre en fecha reciente, lo cual formaba parte de lo que le preocupaba. Y además tenía años de indicaciones paternas metidas en la cabeza. Pero su hijo recién nacido lo ayudó a tomar la decisión.

—¿Qué le dirás a tu hijo cuando se enfrente a una decisión crítica? —pregunté—. ¿Podrás decirle: hazlo como te digo? ¿O haz lo que yo hice?

Al verlo desde ese punto de vista, Jack supo que él no recomendaría el enfoque de la ruleta. Y, en consecuencia, decidió llevar su destino a otra parte.

Razonamiento n.º 4: si adquieres unos conocimientos fantásticos, entonces tu pasión te acompañará

Uno de los razonamientos más habituales a favor de adquirir primero conocimientos es que la pasión procederá del dominio de esos conocimientos. Por supuesto, algunas personas podrían realmente llegar a sentir pasión por su trabajo, aunque lo hubieran escogido buscando tan solo adquirir unos conocimientos. Pero eso no es algo seguro, y aquellos que encuentran su pasión de esta manera lo hacen accidentalmente. La suerte ha entrado en combate, y como ya iréis viendo, no soy partidario de confiar en la suerte. Resumiendo, estoy en absoluto desacuerdo con el planteamiento de «encuentra tu especialización y la pasión te acompañará».

Susan era una estudiante de instituto con un rendimiento superlativo. Participaba activamente en la comunidad escolar y era miembro del equipo de atletismo; tenía una buena cabeza y una disciplina admirable; y sobresalía en todas las materias académicas. Podría haber accedido a muchos programas diferentes para ampliar conocimientos, pero escogió contabilidad solo porque era donde había más dificultades para entrar. (Dicho sea de paso, esto es algo que veo permanentemente y que me saca de mis casillas. Estudiantes realmente buenos solicitan entrar en los programas más competitivos no porque les interese el tema lo más mínimo, sino porque suponen ingenuamente que, si los requisitos de admisión son los más elevados, las oportunidades laborales deben ser las mejores.) Como era de esperar, fue admitida. En la universidad, Susan siguió siendo la estudiante buena y diligente, de las primeras de la clase. Pero cuando vino a verme, estaba preocupada. Cada año, me dijo, le resultaba más difícil mantener la atención.

—¿Por qué? —inquirí.

—Sencillamente, la materia no me interesa —respondió.

¿Qué debía decirle a esta buena estudiante? «Redobla tus esfuerzos, ¡y un día mágico alcanzarás la dicha de la maestría! Y entonces... entonces, ¡te interesará!» No, no podía decirle semejante cosa. Sería como decirle que sus sentimientos no importaban, y que debía perseverar. Pero si el análisis financiero le traía sin cuidado, ¿por qué dominarlo habría de proporcionarle alguna satisfacción?

Reconozco que la sensación de dominio es algo bueno, y la mayoría disfrutamos teniendo la sensación de logro, del tipo que sea: una partida de golf bien jugada que deja boquiabiertos a nuestros compañeros de juego; una comida soberbiamente elaborada; una serie de informes financieros presentados sin una sola laguna. Todas estas tareas pueden verse recompensadas por esa sensación de dominio. Y puesto que la reparación casera más elemental me supone un verdadero reto, me siento revitalizado cuando consigo volver a pegar un trozo suelto de la moldura de la pared.

Pero ¿de verdad queremos comparar este sentimiento general de «No soy un absoluto desastre» con la profunda satisfacción de un logro valioso? Cuando realizamos un trabajo que nos preocupa, algo que sea importante para nosotros y los demás, este sentimiento sobrepasa la fuerza de la maestría aleatoria. (Debe ser importante para los demás o será un trabajo por el que apenas obtendrás una recompensa.) Si uno no aprecia la diferencia entre el placer del dominio casual de la satisfacción de la labor cumplida, entonces es que no ha experimentado esta última por sí mismo.

La argumentación en contra:
el fiel profesor pasa al ataque

Ahora que espero haber destrozado estos razonamientos más frecuentes, echemos un vistazo a por qué creo que la pasión *pro-*

tege, a por qué la pasión es esa capa extra de ropa para combatir el caprichoso tiempo primaveral.

Volvamos un momento a Susan, la estudiante de contabilidad. Cuando me dijo: «La materia no me interesa», ¿qué es lo que le dije? Pues le dije que debía tratar de sacarle el máximo rendimiento a su talento, y para conseguirlo, la desafié a que buscara el campo que le interesaba. Le dije que intentara ser lo *mejor* que pudiera, que encontrara un ámbito profesional y se asegurara de que su influencia fuera tan importante y de amplio alcance como pudiera. Dada su capacidad académica, era fácil creer que podía ser realmente muy grande. Y con toda seguridad no le dije que se conformara con menos de lo que estuviera a su alcance.

Advertid que no le dije que aspirara a un empleo concreto o a un resultado específico. Al final, Susan determinó que le fascinaba la política, y decidió hacer carrera en la Administración pública canadiense, donde le parecía que tendría la oportunidad de desplegar y utilizar sus talentos del modo más eficaz. Pero yo jamás podría haberla dirigido en esa dirección concreta. Veréis, la maldición del economista es verlo todo desde el punto de vista del coste de oportunidad; nunca es una cuestión de si una decisión produce resultados positivos o negativos. Preguntas tales como: *¿Dio resultado la inversión? ¿Funcionó la estrategia? ¿Salió bien el trabajo? ¿El producto tuvo fácil venta?* son inherentemente defectuosas. La única pregunta que importa es: «¿Has conseguido el mejor resultado?», y no solo un resultado bueno o aceptable. «¿La inversión obtuvo la mayor recompensa a tu alcance?» Si no es así, has fracasado.

Si os estáis preguntando qué tiene que ver esta perspectiva con el enfoque de primar la especialización, la respuesta es: *todo.*

No me malinterpretéis, la especialización es importante. Tiene su sitio. Pero este no es el del punto de partida para la mejor utilización del talento. Lo es la pasión, y la pasión hace posible las especializaciones más elevadas.

Llegar a ser excepcional

No soy tan rebelde como para discutir la afirmación de que más especialización es mejor que menos. Lo es. Entonces, ¿cómo se adquiere la maestría? Hay dos vías: la educación (que incluye la formación) y la práctica (también llamada *experiencia*). Ambas requieren esfuerzo, disciplina y perseverancia. La cuestión es si eso es suficiente.

Para un nivel medio de especialización, por supuesto. Pero a medida que la presión competitiva aumenta, el nivel de los resultados también aumenta... y no parará de hacerlo. En consecuencia, la brecha entre los especializados crece a diario: por un lado están aquellos que sin duda poseen alguna cualificación y que pueden hacer *ciertos* trabajos. Y luego están los destacados, aquellos que producen unos resultados excepcionales. Un mercado competitivo quiere a los destacados. Estos son las figuras. He observado esta distinción una y otra vez entre los meramente cualificados y los excepcionales.

Es difícil precisar qué aspecto tienen los excepcionales, porque mientras que los «normales» vienen en vainilla, las figuras vienen en muchos sabores. Para empezar, el excepcional suele tener un *amplio conocimiento de la materia*. Saben más de su materia en una gama más amplia de temas. Han leído más exhaustivamente y tienen más opiniones sobre su campo. Observé esto en mi alumno Samuel, que siempre hacía una pregunta en clase. Sus preguntas siempre eran agudas, y cada una se centraba en un aspecto diferente del curso. Siempre tenía alguna información previa que estaba intentando elaborar. Y estaba Melissa, que siempre hacía una pregunta provocativa que solía atacar directamente mi observación inicial. No era arrogante; solo tenía información previa en su cabeza que estaba intentando incorporar. ¿Dudaríais de que ambos tuvieran un gran talento? ¿Iban camino de convertirse en unas personas excepcionalmente especializadas?

Otra característica de los excepcionales es su *flexibilidad mental*, la capacidad que tienen para vagar entre temas divergentes y aspectos distintos del mismo tema. También son expertos en contextualizarlo todo, en ver las relaciones y las conexiones. Por ejemplo, después de hacer una referencia en clase al antiguo Imperio Romano y a la moderna política económica, dos alumnos me pidieron una explicación más detallada. Los dos seguían cursos diferentes, ninguno de los cuales era economía. Uno era un chino recién inmigrado. Tanto uno como otro habían leído bastante historia de la antigua Roma, y era este interés lo que les unía. Después de proporcionarles más información, empezaron una conversación sobre la antigua Roma en un inglés dificultoso. Cuando me marché del auditorio, seguían manteniendo una intensa conversación. Relacionados con unas culturas y experiencias vitales inmensamente diferentes, eran, pese a todo, almas gemelas. Lo que tenían en común trascendía con creces su fascinación por una sociedad largamente periclitada; era el excepcional talento que cada uno reconocía en el otro.

Parker era otro de estos alumnos. En una ocasión acudió a mi despacho para preguntarme sobre un aspecto concreto del mercado de trabajo. Una vez concluida la conversación, habíamos hablado —en una perfecta trabazón de pensamientos— de robótica, matemáticas de computación, inteligencia artificial, demografía, filosofía política y niveles de deuda internacional. ¿Que si me preocupo por las posibilidades de empleo de Parker, de si está accediendo a un campo de gran demanda? No, claro que no.

Los estudiantes excepcionales están todos enfrascados en *algo nuevo y creativo*. Les gustan las nuevas ideas y me agotan con sus comentarios sobre por qué deberían mejorarse las cosas, cómo podrían mejorarse, por qué no lo están ya y sus propios puntos de vista sobre las nuevas innovaciones. Sus cerebros parecen estar atascados en avanzar rápidamente, viviendo más en el futuro que en el presente.

Si creéis que la mayoría de las personas no son a todas luces excepcionales como Samuel, Melissa o los alumnos que estaban interesados en la antigua Roma, recapacita. Si creéis que la mayor parte de la gente no puede tener más que especializaciones comunes, reflexionad: hay otro rasgo fundamental común a todas las figuras. En prácticamente miles de conversaciones, todos los alumnos que eran excepcionales mostraron *un interés apasionado* por el campo del que estábamos hablando. No he encontrado un solo alumno que tuviera una formación fantástica que no sintiera también una pasión por el campo de batalla. Ni uno. Y digo esto después de dar clase a 23.000 alumnos.

El vínculo de la pasión con los conocimientos innovadores es evidente. La pasión aporta una intensidad en la atención que el esfuerzo, la disciplina y la perseverancia no pueden igualar. La pasión proporciona el impulso que provoca que la mente traspase las fronteras de los temas y las disciplinas. Y espero encarecidamente que mi compañera de mesa en la cena de jubilación lea esto, porque es la pasión la que sacará a su hijo del sótano y lo alejará de sus turnos en la pizzería.

Preguntas difíciles, respuestas sinceras

1. ¿Hasta qué punto la impaciencia y las presiones externas afectan a vuestras elecciones profesionales?
2. ¿Qué ideas tenéis acerca de lo que representa un trabajo «seguro»?
3. ¿Os parece que no sois y no podéis ser excepcionales? ¿Por qué?
4. Para los padres: ¿tenéis las esperanzas puestas en una profesión «segura» para vuestros hijos? ¿Cuándo fue la última vez que analizasteis vuestra opinión sobre lo que significa «seguro»?

3

Cómo la lógica y los hechos te ayudarán a encontrar el trabajo que amas

Siempre tengo diferentes versiones de la misma conversación con los alumnos. Tras explicar las razones de que los conocimientos no sean suficientes y de que la pasión sea esencial, llega el momento de la conversación en la que los alumnos dicen: «De acuerdo, profesor, lo entiendo. Tengo que sentir pasión por mi trabajo. Estoy de acuerdo con usted (o, al menos, por el razonamiento que expongo). Pero no tengo ni la más remota idea de cuál es mi pasión. ¿Cómo se supone que voy a seguir mi pasión si no soy capaz de encontrarla?» Dicho sea de paso, recordad que no solo son los jóvenes los que me dicen esto. Son las personas maduras y los viejos, las muy instruidas y las que lo son menos.

Esta es, efectivamente, una pregunta absolutamente válida. Y estoy de acuerdo. Si uno no sabe cuál es su pasión, realmente no puede ir tras ella.

—Dime cuáles son algunas de las cosas que te interesan —preguntaré yo. Por estereotipado que resulte, muchos de los jóvenes varones con los que trabajo dirán: «Los deportes».

—Muy bien —diré—. ¿Juegas en algún equipo?

—No.

—¿Ejerces de entrenador o de director deportivo?

—No.

—¿Apuestas?

—De vez en cuando.

Enseguida me queda claro que su «interés» consiste únicamente en ver en la televisión cómo sus jugadores favoritos desarrollan *su* pasión.

Las respuestas que obtengo de las alumnas solo son ligeramente más coherentes. Por lo general, me cuentan que les gusta ayudar a las personas, pero no hacen ningún trabajo de voluntariado, ni trabajan con gente ni hacen nada aparte quizá de servir a las personas en los restaurantes.

Si os parece que simplemente estoy enumerando estereotipos y lugares comunes, pues bien, tenéis razón. Pero informo de lo que veo y oigo, y efectivamente esta es la manera en que la gente piensa en su destino.

La respuesta a la más frecuente de las preguntas: —«¿Cómo voy a desarrollar mi pasión si no sé cuál es?»— es sencilla, aunque no siempre bien acogida: para encontrar tu pasión tienes que *trabajar*.

—Pero he estado *buscando* —insiste la alumna cuando sugiero que podría ser más diligente.

—¿Cómo? —pregunto.

—Pensando en ello —afirma.

—¿Ah, sí? ¿Y eso qué entraña?

—Ya sabe —dice—. *Pienso.*

Bueno, no es mi intención burlarme de esta estudiante, que al menos está invirtiendo alguna energía en el asunto. Pero su respuesta para encontrar su pasión parece consistir en mirar al vacío, esperando a que llegue una revelación. Eso tal vez le funcione a Sherlock Holmes, aunque probablemente no tanto a la gente normal del mundo real.

O está el hombre que me dice que lee para encontrar su pasión. Hasta ahí, estupendo.

—¿Y qué es lo que lee? —pregunto.

—Bueno, de todo.

Tras ponerme el disfraz de interrogador, insisto:

—Sí, bueno, pero ¿qué concretamente?

Pues resulta que lee una entrada de blog aquí y un comentario en las redes sociales allá. A veces hasta lee grandes y pesados libros, y le felicito por ello. Pero aun así le digo que está abordando todo el asunto de manera equivocada, que leer simplemente lo que casualmente le cae en las manos no es más sensato que esperar a que suene la flauta.

Una y otra vez, estos buscadores son incapaces de describir la frecuencia con la que investigan, dónde lo hacen y cuál es su estrategia de búsqueda. En el mejor de los casos, sus búsquedas son improvisadas, informales y en efecto solo aleatorias. No hay ni rastro de atención o perseverancia ni el menor indicio de creatividad. Deseo congregar a todas estas personas, mirarlas a los ojos y decir: «¿De verdad creéis que encontraréis vuestra pasión en un bar o en una página de un servicio de mensajería instántanea?»

La cosa se reduce a lo siguiente: un número muy elevado de personas parece creerse el eslogan publicitario de una antigua película titulada *Starfighter: la aventura comienza*: «Él no encontró su destino. Su destino lo encontró a él».

Seamos serios. Vosotros estáis buscando vuestro destino; estáis buscando el trabajo de vuestra vida; estáis buscando el campo de batalla en el que combatiréis; estáis buscando materializar vuestro talento; estáis buscando el epitafio para vuestra tumba. Eso es lo que es una profesión fantástica. El capítulo 3 os ayudará a encontrarla, pero si creéis que tal cosa no exigirá concentrarse en la labor, entonces estáis profundamente errados. Aunque os prometo lo siguiente: valdrá la pena.

El agobio

Es una labor abrumadora —incluso imposible— descubrirlo. En todas las conversaciones con mis alumnos, y en toda la correspondencia que mantengo con personas de todo el mundo, este es el sentimiento expresado con más frecuencia.

Dejad que empiece con alguna confirmación. Sí, es una labor abrumadora. Encontrar la propia pasión no es un proceso sencillo ni fácil. Es más o menos como encontrar a la pareja de uno. Por supuesto, algunas personas se dan de bruces con su compañero o compañera de manera accidental y se olvidan de todo, viviendo felices por siempre jamás. Pero esas son las personas con suerte. Y sí, estas existen. Sin embargo, la vida no es justa, y no todo el mundo tendrá suerte. Así que confiar en la pura casualidad es una invitación al desastre. La mayoría de las personas tendrá que luchar para encontrar su camino; tendrá que conseguirlo de una manera que los afortunados jamás terminarán de valorar. En efecto, para la mayoría el camino está lleno de vicisitudes. *Es difícil*. Pero ¿qué importa eso? Una vez más, lo importante es que merece la pena.

Además, hay dos razones muy legítimas para que sea tan abrumador. La primera es que, igual que en la elección de la pareja, cuando decidimos dedicarnos a una pasión, tenemos que prestar oído a las emociones y ser lógicos al mismo tiempo, aunque sin pasarse ni en lo uno ni en lo otro. La segunda razón es el elevado número de posibilidades disponibles.

Analicemos la primera razón. Por un lado, a nuestro aspecto emocional debe importarle sobremanera el trabajo. Tenemos que aceptar esa parte de nosotros y no despreciar nuestro amor por, pongamos por caso, el surf solo porque nuestra parte racional esté sopesando la improbabilidad de encontrar alguna vez un empleo montando olas en la playa. Por otro, si la carga emocional implicada es demasiado grande, tenemos un problema, porque no pensaremos con claridad. Uno puede pasar por todo un abanico de emociones acerca del trabajo que creemos amar, como la enfermería, y acabar tan seducidos por el romanticismo de todo el asunto —por imaginarnos que somos Florence Nightingale, por ejemplo— que dejamos atrás nuestra pasión. El mismo pensamiento emocional está presente —y con el mismo peligro— cuando se trata de una profesión que tenemos la certeza de *no* querer.

El Buscador Emocional dirá cosas como:

—Bueno, jamás podría ser agente inmobiliario. Es algo que no me atrae lo más mínimo. Sería incapaz de hacerlo.

—De acuerdo —responderé—. ¿Y eso por qué? ¿Acaso sabes cómo pasa la mayor parte de su jornada un agente inmobiliario? ¿Sabes cuáles son las aptitudes necesarias para ser un buen agente inmobiliario? ¿Y cuál suele ser su formación, y por qué?

El Buscador Emocional no sabe las respuestas a estas preguntas. Solo tiene la vaga noción de que un agente inmobiliario es alguien que anda por ahí con gente y que ve casas. El Buscador Emocional no se ha parado a considerar la destreza en la negociación, las habilidades sociales, el conocimiento de un mercado complejo y la creatividad para entender el potencial de una casa que solo necesita alguna mejora estética.

—Pero, profesor —dice el Buscador Emocional—, usted siempre nos está diciendo que seamos apasionados. Y si no siento ese chispazo cuando pienso en ser agente inmobiliario, ¿no debería prestar atención a ese sentimiento?

Ahora es cuando pongo los ojos en blanco. Esto no es *Romeo y Julieta*, donde las miradas se encuentran y el mundo se detiene. La pasión no son unos fugaces fuegos artificiales. Y cuando el Buscador Emocional me habla de chispazos, no puedo evitar pensar que está utilizando los sentimientos como excusa para no realizar la labor de reunir la información necesaria. Así que lo diré sin rodeos: ¡averigua los hechos! Entérate de qué estás buscando, y luego, si todavía crees que no es para ti, perfecto. Pero, al menos, estarás trabajando con todos los datos disponibles.

De la misma manera que los Buscadores Emocionales pueden pasar de largo su pasión, también están expuestos a comprometerse tanto con esta que ignoren todas las señales de peligro que les avisan de que es inapropiada. ¿Quién no conoce a alguien que se encuentra inmerso en una relación que no funciona, pero que deliberada y obstinadamente se niega a verlo? «Pero es que lo quiero», podría gemir tu amiga, mientras le haces una relación de todas las traiciones de su pareja.

En el otro extremo, tenemos al implacablemente racional Buscador Lógico. Este acabará tan obsesionado por acumular hechos y observaciones que se olvidará de que el objetivo es revitalizarse con su misión.

—¡Mire esta hoja de cálculo! —podría decir con algo parecido a la pasión—. A todas luces, y teniendo en cuenta mis notas y las áreas en las que he sobresalido hasta el momento, las perspectivas de empleo de este subconjunto de conocimientos, los porcentajes de ascensos y las tasas internas de rentabilidad de los títulos educativos, debería ser ingeniero de sistemas.

—Pero ¿amas eso? —pregunto—. ¿Crees que te dedicarías a eso aunque te tocara la lotería y no tuvieras que trabajar?

El Buscador Lógico es propenso a enzarzarse conmigo en una discusión sobre lo improbable de que le toque la lotería, lo cual sin duda no es la cuestión en absoluto. La cuestión es si escogería ser ingeniero de sistemas aunque no necesitara el sueldo.

Entonces, ¿cuál es la respuesta? Por difícil que sea, debemos utilizar tanto la emoción como la lógica de manera equilibrada. Utilicemos la emoción para orientar la búsqueda y la lógica para hacer la elección. El hecho y la emoción se potencian mutuamente; ninguno está subordinado al otro.

Tuve dos alumnos que estaban apasionadamente interesados en los asuntos políticos y en las políticas públicas. Ambos deseaban influir en su mundo. Uno decidió que buscaría un cargo público tan pronto como le fuera posible. Para ello, elaboró un plan general que empezaba con una candidatura al gobierno municipal y acababa en el cargo más elevado del país. Había centrado toda su investigación exclusivamente en las técnicas para ganar elecciones. Sin embargo, su plan era absurdamente ilusorio, dado que tenía un horizonte temporal de treinta años y daba por supuestas circunstancias que eran impredecibles. Era todo emoción y poca lógica.

El otro alumno sentía un interés igual de intenso por el bienestar público y la política. Pero las lecturas sobre la historia reciente le habían llevado a creer que la acción política era inútil. «No hay más que políticos desinformados que responden a votantes apáticos e ignorantes», se me quejó. Víctima de un gran desánimo, buscó refugio en una inacción cínica. Tanto un joven como otro habían cedido a la emoción, y cada uno había llegado a una conclusión distinta aunque equivalentemente inútil.

Ambos necesitaban una ducha fría... de lógica y hechos. El primero tenía que entender que estaba viviendo en el país de la fantasía; el cínico, que él era parte del problema.

Al final, convencí a los dos de que hicieran sus deberes, que leyeran mucho y buscaran maneras *prácticas* de satisfacer su pasión por la política. El primer alumno se está preparando ahora para convertirse en asesor político y trabajar entre bastidores, donde es posible que radique la mayor parte del poder. El segundo está trabajando en el análisis de datos para aumentar la participación de los votantes. Ambos se dedican a su pasión y tienen la oportunidad de realizar contribuciones útiles lo antes posible.

Volvamos ahora a la segunda razón de que buscar nuestra pasión resulte tan abrumador: el ingente número de posibilidades. Yo enseño economía y, en consecuencia, me seducen los números y las probabilidades más que al ciudadano normal. En realidad, soy un yonqui declarado de los números y, como tal, veo el reto de encontrar la pasión a través del prisma de la ciencia. ¿Cuántas profesiones hay? Cientos de miles, dependiendo de cómo se definan. El número total de ocupaciones está en un máximo histórico. Por cada ocupación que ha desaparecido, como mecánico de máquinas de escribir, han surgido muchas nuevas, como diseñador de páginas web y creador de dibujos animados por ordenador. ¿Cuántos campos del saber existen en los que uno podría estar interesado? Decenas de miles. De hecho, más de los que nunca se podrían aprender.

Nuestras mentes se apartan instintivamente de tales vistas infinitas. Así que una vez más, cuando las personas me dicen que se sienten abrumadas, admito que tienen un motivo justificable para sentirse así. Pero entonces tienen que dejar de lado la autocompasión y convertirse en lo que entiendo como un turista reflexivo. Al igual que el turista que explora una nueva ciudad, tenemos un mundo de ideas y profesiones para explorar. Al igual que el turista, también debemos admitir que no podemos explorar todo lo que se nos ofrece. Como el turista, debemos planificar nuestro planteamiento. Pero ante todo, debemos dedicar todo el tiempo que necesitemos para alcanzar el destino de nuestra profesión definitiva. Aceptemos que nuestro viaje puede ser largo.

Sin duda, tener alternativas ilimitadas es abrumador, pero ¡es algo bueno! ¿Acaso no sería preferible tener demasiadas alternativas a tener demasiadas pocas? Cuando es un muro de ladrillo el que nos mantiene fuera de la ciudad de nuestros sueños, sí, probablemente nos quedemos atascados. Pero si lo que entorpece nuestro camino es un frondoso e intrincado bosque, lo único que realmente necesitamos es un buen mapa y una estrategia bien perfilada para abrirnos paso a través de él.

Paso uno: empezar donde se esté

—No sé dónde empezar —diría el joven.

—Empieza donde estés. ¿En qué otra parte podrías empezar? —respondo siempre—. Difícilmente puedes empezar donde no estás.

—¿Y adónde iría?

—A donde no estás.

Este diálogo, que sería digno del Yoda y Luke Skywalker, delata la informalidad con la que muchos dirigen las exploraciones de sus opciones profesionales. Así pues, empecemos haciendo un inventario de lo que sabemos sobre las profesiones y nuestros intereses. Al principio, puede que no sea una lista de dos hojas a un espacio, pero anotar siquiera unos pocos asuntos ya es un comienzo. Empecemos relacionando a qué dedicamos el tiempo libre. ¿Hacia qué clase de libros nos sentimos inclinados? ¿Qué tipo de conversación con los amigos disfrutamos más? ¿Qué clase de proyectos emprendemos por gusto?

La mayoría de las personas pueden establecer unos pocos intereses, y muchos de estos van más allá de los deportes y de ayudar a la gente. Pero estas personas insisten en que sus intereses no están relacionados con la profesión. Por ejemplo, Gerald era un amante de los crucigramas, pero me costó mi buena media hora de interrogatorio sacárselo.

—¿Por qué no lo mencionaste antes? —comenté.

—¿Y a quién le interesa eso? Es algo irrelevante —respondió. Pero puesto que era evidente que a él le interesaba, sí que era relevante.

Gerald estaba cometiendo un error devastador que limitaría sobremanera su oportunidad de encontrar alguna pasión verdadera. Estaba en mi despacho hablando de su profesión e inconscientemente estaba eliminando cualquier interés que aparentemente, en su superficie, no estuviera dirigido a su profesión.

—¿Es que no lo ves? —pregunté—. Ser un fanático de los crucigramas guarda una estrecha relación con tu profesión.

Gerald dio la impresión de estar confundido.

—Profesor, ¿está sugiriendo que me convierta en crucigramista? Porque no creo que haya muchas oportunidades para ellos. —Su sarcasmo apenas me sorprendió.

Entonces, ¿qué sugería su interés por los crucigramas? Además de la de crucigramista, sugería profesiones tales como la de criptógrafo. En la famosa película, *Descifrando Enigma*, basada en la vida de Alan Turing, este seleccionaba a los aspirantes a criptógrafos evaluando su facilidad para resolver crucigramas. Pero Gerald podía hacer mucho más; podía ser especialista en seguridad informática, arqueólogo, investigador criminal, lingüista, diseñador de juegos, diseñador de juguetes, abogado criminalista, auditor y muchas otras cosas, gran parte de las cuales le relacioné en una lista.

—Nunca había pensado en esto —reconoció.

Mientras que Gerald estaba interesado en los crucigramas, Jodi lo estaba en la literatura. Pero, como tantos otros borregos, le echó un vistazo a su asignatura de lengua en el curso de ingreso a la universidad y decidió que solicitaría entrar en la facultad de derecho. Afortunadamente (y aquí es donde Jodi tuvo suerte), cuando un asesor revisó sus redacciones para ser admitida en la facultad de derecho, le dijo: «Todas tus redacciones tratan de lo mucho que te gusta escribir. ¿No deberías quizá considerar dedicarte profesionalmente a escribir?»

Jodi escuchó, sin desechar la literatura como una posibilidad irrelevante, y en consecuencia consideró no solo dónde se encontraba, sino dónde había estado. Recordó que había pedido una máquina de escribir al cumplir los seis años para poder escribir una novela. Al año siguiente, había escrito un libro infantil y un libro por capítulos para su profesora de tercero de primaria. Había llenado diarios y diarios con ideas y palabras.

Al explorar su pasado y examinar su presente, haciendo un balance de dónde estaba y dónde había estado, se hizo evidente el camino que se abría ante ella. En la actualidad, no es novelista, sino que trabaja en el mundo de la publicidad y escribe casi todos los días.

Pero ¿y si no se hubiera topado con aquel orientador? ¿Y si no hubiera reflexionado? Probablemente se habría convertido en alguien parecido a Jeff, un treintañero que se matriculó en la facultad de derecho después de terminar el curso de ingreso a la universidad, porque no sabía qué otra cosa hacer. No le gustaba el derecho, pero como había empezado, decidió que daría igual que siguiera hasta el final. Ahora trabaja como abogado y no le gusta absolutamente nada su trabajo. Pero los ingresos son buenos, y con treinta años le parece que está en un momento de su vida en el que no puede retroceder y ganar menos. Se siente atrapado.

No es que la de Jeff sea una historia trágica; al fin y al cabo, ¡solo tiene treinta años! Tiene mucho tiempo por delante. Pero ha de valorar dónde está, debe explorar su historia, buscar los hilos que han conectado sus intereses y no debe confiar sin más en lo que esté haciendo el rebaño.

También hay una manera completamente diferente de evaluar la situación. Jodi se dio cuenta de que su hilo era la escritura, Jeff no se había detenido a analizar el suyo, y luego estaba David. Este consideraba su hilo un punto débil. Y a decir verdad, no andaba desencaminado. En realidad, él era un modelo de pereza. Trabajaba lo suficiente para conseguir el número adecuado de créditos para licenciarse. Buscó con decisión un empleo poco exigente y escaso volumen de trabajo con un sueldo adecuado. Esto le proporcionaba tiempo libre para hacer lo que quisiera, que no era mucho. Consideraba que su principal contribución al planeta era la de ser un buen padre, y de hecho era un padre muy bueno.

Entonces, ¿dónde estaba el problema?, os preguntaréis. En ninguna parte, salvo que no era feliz. Estaba aburrido. Durante nuestras conversaciones, tuvo la revelación de que podía aprovechar su pereza para alcanzar un gran objetivo. Lo único que tenía que hacer era encontrar un asunto de vital importancia y encontrar la manera de que una persona perezosa pudiera terminarlo. Ser perezoso, comentamos, no era más que otra manera, bien que perversa, de manifestar la voluntad de ser eficiente. Así que le desafié a que convirtiera lo que algunos considerarían un defecto en una fuerza para lograr un cambio positivo. Medio año después, había asumido dos labores independientes en su empresa —contable y director de oficina— y las había convertido en una eliminando los pasos innecesarios y superfluos. El resultado fue un considerable ahorro de costes, y su patrón está contento. David no se aburre. Y por extraño que parezca, trabaja con el compromiso de convertirse en un experto en eficiencia. Como suele ocurrir a menudo, la pasión está más vinculada a un tipo de trabajo que a un oficio concreto. David relacionó dónde estaba y dónde había estado para centrarse en adónde podría ir.

Paso dos: pararse

Una vez que se identifican uno o más intereses o hilos vitales ya existentes, ¿qué hacer a continuación? Pues pararse, no sea que vayamos a cometer alguna tontería. Hay personas que están tan desesperadas por encontrar su gran pasión, que se meten de cabeza en la trampa de «probar» una profesión en su interés recién descubierto. Si Gerald hubiera dejado nuestra conversación sobre los crucigramas para apuntarse a un curso de criptografía, poco menos que me habría enfurecido con él. El valor de identificar el interés en los crucigramas más bien sugería una orientación general de por dónde continuar buscando. Dada la cantidad de posibilidades, ese era un gran valor. Pero no era una luz verde para tirarse por un acantilado y convertirse en el siguiente Alan Turing.

Las personas no paran de decirme que probaron esto, que probaron lo otro y que intentaron de nuevo otras opciones y que se aseguraron de darle tiempo a su nuevo empleo o programa académico para que «creciera dentro de ellos». Esta versión demente de la jardinería —consistente en arrojar semillas por doquier con la esperanza de que de alguna pudiera brotar una hermosa flor— no hace más que triturar muchos años de sus cortas vidas. Esta es la razón de que haya muchos a caballo entre los treinta y los cuarenta años con una docena de profesiones a sus espaldas y que todavía siguen buscando. Como es natural, su desesperación no ha hecho más que agudizarse, y ahora deambulan entre alternativas aún más especulativas mientras buscan su derecho divino a tener una pasión. Son clavados al jugador que pierde, que cada vez apuesta mayores cantidades en un intento de recuperar su fortuna. En general, estos caminantes desorganizados y arbitrarios dan mala fama a la pasión.

Por ejemplo, Bethany. Era una yonqui del cambio; le gustaba la variedad y seguía sus impulsos. Un año se dedicó a la música y trabajó para un sello discográfico. Al siguiente estaba en Hollywood, haciendo de niñera. A continuación, se pasó al mundo empresarial, donde trabajó en publicidad, hasta que sintió la llamada de su siguiente gran vocación. Un día descubrió con horror que muchos de sus amigos iban muy por delante de ella desde el punto de vista tanto de la profesión como de la vida. *Se suponía que no tenía que ser así*, pensó. Cuando menos era igual que ellos, y su situación actual se le antojaba injusta.

La situación la movió a actuar, lo cual, irónicamente, significaba pararse. En lugar de saltar de una cosa a la siguiente, se comprometió a permanecer en un lugar, lo cual le supuso un gran esfuerzo por su parte hasta que descubrió que mantener un trabajo no era aburrido. En lugar de actuar como aquel jardinero enloquecido, adoptó el planteamiento de reflexionar sobre sus opciones e investigar. Sin lugar a dudas no le resultó nada fácil; me contó que le dolía la cabeza y que tenía que reprimir sus impulsos de lanzarse a probar otro nuevo planteamiento. Por suerte perseveró, con alguna recaída, y consiguió desarrollar su labor hasta tener éxito, en esta ocasión como empresaria de conciertos. Y eso es exactamente lo que necesitaba: una recompensa a su paciencia. Recomendar paciencia nunca es tan efectivo como disfrutar de los beneficios que se recogen al final de una larga temporada de maduración.

¿Que esto suena demasiado «académico»? ¿Es académico saber lo que estamos haciendo? ¿Es académico estar informado sobre una de las decisiones más importantes de la vida de uno? Entonces sí, es académico. Y la Bethany rebelde y yonqui del cambio se alegra de haber asumido este enfoque, porque ahora, con la perseverancia en el empeño, ha conseguido grandes avances en la búsqueda de su pasión.

Para la mayoría de las personas, pararse resulta tan sencillo como, en fin, pararse. Si os sentís decepcionados porque no estáis haciendo progresos con vuestra profesión de interiorista y os sentís atraídos por algo como la gestión inmobiliaria, simplemente paraos. ¿Habéis hecho todo lo que podéis trabajando como interioristas? ¿Habéis probado diferentes caminos para tener éxito en esa profesión? ¿Habéis hablado con suficientes personas y estudiado suficientes opciones dentro del interiorismo? Reflexionad. Y relajaos durante una temporada.

Paso tres: el gran muestreo

Y ahora, dejad que me convierta de gurú de la estrategia en experto en táctica. Porque no creo que sea justo que me suba a un pedestal y proclame: «¡Buscad vuestros sueños! ¡Seguid al arcoíris!», entusiasmar a todos y luego largarme. No, deseo dejaros con algunas herramientas reales para avanzar. Da la casualidad de que los economistas poseemos una importante serie de herramientas, y en lugar de seguir los impulsos al azar, hacemos un muestreo en un amplio campo. Como cualquier matemático sabe, el muestreo es la única manera de conseguir controlar una amplia esfera de posibilidades.

Por malsano que sea, todos tenéis asumido que podéis morir antes de que podáis aprender todos los temas en los que podríais estar interesados. Así que: o a) lo dejáis en manos del azar, o b) os rendís o c) seguís el ejemplo de los economistas y realizáis un muestreo organizado. La decisión es vuestra, claro está, pero yo os recomendaría la opción c. Así es como hay que empezar.

Empezad con vuestros intereses actuales y seguid moviéndoos hacia fuera en espiral para sondear más intereses. ¿Y cómo? Es sumamente complicado, así que tened la libreta preparada:

Leed, hablad y pensad analíticamente.

¿Lo habéis cogido todo?

Leed

Leed, pero no cualquier cosa con la que os topéis casualmente en vuestro camino, como el joven del que hablé antes. Utilizad el camino que menciono más arriba como guía, y leed sobre muchos temas diferentes de muchas fuentes distintas. Leed libros de divulgación, de texto, ficción, ensayo, artículos, revistas, blogs, carteles, catálogos de museos y galerías, periódicos, recopiladores de noticias, documentos de conferencias, publirreportajes, etcétera.

Digamos, por ejemplo, que el interés que habéis identificado —y que creéis podría ser una pasión— es la gastronomía. Leed *Bon Appétit*, suscribíos a blogs de cocina, leed la autobiografía de Anthony Bourdain, leed *Como agua para chocolate*. ¿Listos? Fantástico. Ahora, salid del centro de vuestra espiral. ¿Estáis interesados en la creatividad que brinda la cocina? Leed sobre la gastronomía molecular. (¿Que no estáis seguros de qué es eso? Precisamente. Así que leed y averiguad cómo cocinar se está convirtiendo en algo extrañamente científico.) ¿Podríais estar interesados en los aspectos mercantiles de la gastronomía? Leed revistas especializadas en gastronomía y restaurantes. O puede que estéis interesados en los alimentos que nos representan históricamente. Leed libros como *Salt: A World History* [*Historia mundial de la sal*] o *Lesser Beasts: A Snout-to-tail History of the Humble Pig* [*Animales inferiores: historia del humilde cerdo de la cabeza hasta el rabo*]. El objetivo de estas lecturas es el de que os deis cuenta de si cada vez estáis más interesados o de si empezáis a sentiros ahítos. Si esta última es vuestra reacción, probablemente la gastronomía no sea vuestra pasión. Dejad que ponga otro ejemplo. Fred quedó cautivado por un artículo periodístico sobre los aspectos geológicos de un nuevo yacimiento minero. Le fascinó el hecho de que un descomunal depósito mineral fuera consecuencia del impacto de un meteorito acaecido hace millones de años. ¿Y qué tiene esto que ver con una profesión?, podríais preguntar. Pues resulta que mucho. Ahora Fred dirige una atracción turística orientada a la geología.

Bueno, ahora es cuando mi consejo podría sorprenderos: si un tema parece interesante en el sentido de que deseéis leer más al respecto, *no* lo hagáis. El objetivo actual es *realizar un muestreo*, no leer en profundidad. Cada asunto o tema sobre el que decidáis leer debería estar alejado del anterior. El tesoro se encuentra buscando tanto muy lejos *como* cerca. Cada asunto que leáis os parece más interesante o menos que los demás. Estáis sondeando, explorando, calibrando vuestro grado de interés en el objetivo. En consecuencia, aunque hubierais podido encontrar que leer sobre astronomía era cada vez más interesante, luego os disteis cuenta de que la astrofísica lo era aún más. De hecho, la astronomía podría haber reunido condiciones como pasión, pero descubristeis que vuestro gran amor es la astrofísica. Al ampliar el campo de vuestras lecturas, y evitar leer más sobre astronomía, no os engañasteis pensando que ese es vuestro destino. Al maximizar el ámbito de las lecturas, aumentaréis las probabilidades de encontrar más intereses, puede que más pasiones, y en última instancia, descubriréis que una de ellas será vuestra pasión primordial.

Bajo ninguna circunstancia imitéis la actuación de un motor de búsqueda, que dice: *¡Si estás interesado en esto, entonces también podrías estar interesado en esto otro!* Como todo el mundo sabe, alguien que busca un juguete en Internet recibirá a partir de entonces anuncios de todos los productos relacionados con la infancia que haya por ahí. Tales motores lo que hacen es paralizar esencialmente vuestros intereses y hacen más fácil venderos algo, hasta que estáis tan aburridos que apagáis el ordenador y os vais a dar un paseo. En el Gran Muestreo, estáis tratando de *encontrar* algo, no de *venderos* algo. Si os ceñís al terreno familiar, leyendo y explorando solo las áreas relacionadas, en realidad os estáis vendiendo la ilusión de una acción meditada.

Una y otra vez alguien me cuenta cómo un libro, un reportaje o un simple artículo en una revista cambió el curso de la vida de alguien. Una persona con la que hablé leyó el artículo escrito por un piloto sobre el placer de volar. En su favor he de decir que siguió leyendo y explorando diferentes caminos, pero su cabeza siempre volvía a la felicidad de volar. Entonces lo supo; tenía una base para poder comparar. Volar le atraía más que muchas de las demás empresas que había considerado. Así que podía dedicarse, y así lo hizo, a convertirse en piloto con total seguridad.

Alguien más que conocí estaba explorando la prensa económica y por casualidad vio un artículo sobre las empresas en quiebra. La cosa le pareció interesante y, tras más lecturas y conversaciones, llegó a fascinarle. ¿Y quién podría encontrar interesante analizar las empresas muertas?, podríais preguntar. Pues él. Aprendió la manera de poder salvar empleos recuperando activos. Y también aprendió que la quiebra daba al empresario una segunda oportunidad y al mismo tiempo servía como eslabón esencial en el flujo crediticio. Eso fue lo que le motivó.

¿Creéis que tuvo suerte al encontrar aquel artículo? Tal vez. O puede que el hecho de que dedicara dos años a leer de manera amplia y voraz sea la verdadera razón. Había empezado leyendo sobre cuestiones generales del mundo de los negocios, y descubrió que los temas empresariales en general le interesaban. Pero ese era un campo muy amplio, así que acotó sus lecturas a los procesos mercantiles, la contabilidad como herramienta de gestión empresarial y la legislación mercantil. Esto último lo llevó a la quiebra. Había encontrado su destino.

Hablad

Además, debéis hablar con personas que posean un amplio campo de intereses, experiencias y formación. Hablo por la importante experiencia adquirida al respecto; la única razón por la que presumo de poder brindar alguna orientación es la de que mis alumnos me han enseñado más de lo que nunca llegaré a enseñarles a ellos. Me han dado clases sobre los logros asombrosamente diversos de la humanidad; me han enseñado lo que da resultado y lo que no. Da igual que seáis habitualmente el profesor: sed siempre alumnos, y lo que aprenderéis es asombroso.

Si no tenéis la suerte de disponer, como es mi caso, de un suministro constante de estudiantes universitarios circulando por vuestro despacho, para empezar puede que os preguntéis cómo encontrar a tales individuos. No hay problema. Buscad sin más. Buscad en vuestra facultad, en vuestro trabajo, en vuestro centro social; buscad en las ferias, en las exposiciones, en los actos públicos y en cualquier comunidad de intereses, virtual o real. ¿Es fácil acercarse a los extraños? No, a veces las personas son imbéciles, ¿y qué? Seguid buscando con renovados bríos. Y me jugaría una buena cantidad de dinero a que la mayoría de las personas se sentirán halagadas por que alguien muestre interés por la historia de sus profesiones. A la gente le encanta hablar de sí misma.

Como con la lectura, no busquéis solo cerca de casa, pero tampoco descuidéis hacerlo. Hablad con vuestros familiares y amigos; cuando menos, tenéis acceso a ellos.

—Hablo con mis familiares y amigos —oigo con harta frecuencia—. Pero no saben más de lo que sé yo.

—Su experiencia está desfasada —dirá el estudiante—. Quiero analizar mi futuro ahora, no el pasado de otro.

Disculpas de un humilde canadiense, pero tales excusas son absurdas. Si vuestros familiares y amigos son mayores que vosotros, o si tienen una experiencia distinta, entonces saben más que vosotros a ese respecto. La siguiente excusa, por favor.

Todo este libro se basa de forma directa en las experiencias pasadas de un gran número de personas, algunas se remontan a hace muchos años. Y esa es exactamente la cuestión: la misma estrategia para identificar vuestra pasión lleva funcionando desde hace mucho tiempo y es probable que lo siga haciendo durante mucho más en el futuro. Repetidamente, oigo cómo una simple conversación abrió una esclusa de posibilidades profesionales. Una y otra vez, he oído cómo una simple conversación cambió la vida de alguien.

Tal vez el problema surja no de la imposibilidad de hablar con los familiares o los amigos, sino de la manera en que discurren tales conversaciones. Una conversación constructiva no conlleva que os quejéis de las decepciones derivadas de vuestra búsqueda, de la suerte de los demás o de que lloriqueéis en general. Y una conversación productiva no implica hacer preguntas vagas tales como: *¿Qué crees que debería hacer?* En vez de eso, haced preguntas sobre la otra persona, sobre sus intereses, y preguntad cómo descubrió su pasión. Da resultado, os lo prometo.

Un joven llamado Ben estaba profundamente desanimado por la búsqueda de su pasión, y entonces conoció a alguien que amaba intensamente su trabajo. En la corta vida de Ben, aquello supuso una novedad; jamás había encontrado a alguien que estuviera enamorado de su trabajo. Todas las demás personas que conocía —familiares y amigos— consideraban el trabajo solo como una manera de ganar dinero. Eso era lo que uno hacía si no le tocaba la lotería. Pero si tenías que trabajar, el objetivo último era asegurarse un trabajo en el que pagaran mucho para poder jubilarse cuanto antes. Así había sido para los padres de Ben, y también para sus abuelos.

Pero un día conoció a un amigo de su padre, un ebanista. Ben cometió el error de preguntarle si el trabajo era duro. El ebanista consideró sin duda que aquella era una pregunta idiota y le soltó casi un sermón sobre las maravillas de la ebanistería. El hombre acarició el acabado de una mesa que tenía cerca e hizo que Ben hiciera lo propio. No se trataba, tronó, de la dureza del trabajo, sino de si el trabajo le alimentaba el alma a uno. Ben se quedó desconcertado. Jamás había considerado buscar su pasión, pero la charla con el ebanista le hizo cambiar de idea. En realidad, Ben no estaba interesado en la ebanistería, aunque quería que sus ojos refulgieran como habían brillado los de aquel hombre. Ben se puso a trabajar para encontrar su pasión; deseaba creer que un día él mismo podría reprender a alguien por preguntar: *¿Es duro este trabajo?*

O veamos la historia de Tammie, que conoció a un empresario de pompas fúnebres que le enseñó que una salida digna de esta vida era tanto una reafirmación como un importante momento para empezar el duelo. A la sazón, Tammie estaba en la escuela de enfermería y no podía dejar de rememorar una y otra vez la conversación. No tenía ningún interés en dedicarse a las pompas fúnebres, aunque por otra parte, jamás había comprendido la promesa o profundidad del trabajo. Aquello hizo que ampliara su enfoque de la enfermería y se sintiera atraída hacia la atención de moribundos y enfermos terminales, donde vio la influencia que podía ejercer en una familia sobre la inminente pérdida y quizás ayudarla a darle más sentido a esta.

Si sois sumamente tímidos, si la idea de hablarle a los extraños os aterroriza, lo primero que me siento obligado a deciros es que si queréis tener éxito, debéis superar vuestra timidez. Lo segundo es que, a falta de personas con las que hablar, debéis leer acerca de cómo otras personas han encontrado su camino. No tenéis que tener aspiraciones políticas para que encontréis valioso *Truman*, una biografía escrita por David McCullough, por ejemplo, ni practicar ningún tipo de religiosidad para sacar ideas de la autobiografía de la Madre Teresa. Leed sobre la manera en que otras personas encontraron el camino a seguir; sacad provecho de los ejemplos de aquellos que cambiaron el mundo.

Pensad analíticamente

No podéis limitaros a leer o hablar. También debéis tener la mente funcionando a tope. Tenéis que entregaros en cuerpo y alma, leyendo y pensando con un fin. En relación con cualquier libro, dato, razonamiento o persona que esté a mano, debéis preguntaros sin parar: *¿Por qué? ¿Por qué hicieron esto? ¿Por qué no hicieron lo otro? ¿Y si hubieran hecho esto? ¿Y si hubieran hecho algo completamente diferente? ¿Por qué no hacen algo diferente ahora?* Si las respuestas empiezan a llegar rápidamente, puede que vuestra pasión esté acechando cerca. Pero esas preguntas deben ocupar toda vuestra atención. Sí, es intenso. Pocas personas están entrenadas en el arte del pensamiento crítico, sea cual fuere su nivel de estudios.

Pero jamás encontraréis vuestra pasión si os limitáis a explorar o a navegar por Internet. Sed conscientes de la superficialidad implícita en estas palabras —*navegar* y *explorar*— y en nuestro mundo impaciente e irreflexivo. Tendréis que luchar contra la tendencia de la cultura popular para encontrar vuestras pasiones, y esa no es una tarea sencilla.

Alex, por ejemplo, era el privilegiado heredero de una rica familia cuya fortuna se había ido consolidando a lo largo de varias generaciones en el negocio de la extracción de recursos naturales. Su familia sabía que ellos tendrían que acometer grandes cambios en el futuro y confiaban en que la siguiente generación se encargara del cambio en el siglo XXI. Pero la familia de Alex fue lo bastante lista para dejarle que encontrara su propio camino, apoyando sus objetivos profesionales siempre que lo hiciera de forma reflexiva y aplicara su talento. Aun así, le insinuaron que les gustaría que se dedicara al negocio familiar. El problema es que a Alex le intimidaba el peso de la fortuna que dirigiría. Quería utilizarla con eficacia, aunque se sentía dividido entre los intereses familiares y los suyos. Su comprensiva familia empeoraba las cosas de una manera un tanto perversa; si le hubieran empujado en una dirección, él se habría defendido y hecho lo contrario. En ese momento tenía que decidir por sí mismo. En este caso, como en muchos otros, nuestra conversación versó sobre las numerosas alternativas y la manera de clasificarlas. De hecho, fue una conversación sobre el dominio de la estrategia. Cuando él lo vio así, y se vio a sí mismo como un organizador, sus primeras medidas fueron decisivas. Se incorporaría al negocio familiar, pero tenía claro que primero quería trabajar para otros, a fin de obtener conocimientos que complementasen lo que iba a hacer con el negocio familiar y de adquirir experiencia desde la perspectiva de los empleados. Se puso unas metas y unos plazos e informó a su familia de sus intenciones. La conclusión es que pensar analíticamente funciona... incluso entre los ricos.

El Gran Muestreo es la estrella de mis herramientas. Pero habrá muchas personas que quieran más herramientas. Querrán exámenes, cursos, listas de control u otras técnicas que les ayuden a detectar sus intereses. Muchas de esas herramientas existen: algunas son sin duda fiables y hay investigaciones que las respaldan; otras no lo son.

Muchas de tales herramientas pueden ser muy útiles, aunque deben ser consideradas como un mero paso en la investigación, no como un atajo. No por haber obtenido, repito, no por haber obtenido resultados que os orienten ligeramente hacia una profesión en el área financiera os matriculéis de inmediato en un curso de contabilidad. Eso es el equivalente a tomar pastillas para adelgazar; tal vez puedan haceros sentir que tenéis todo bajo control, pero al final, no es una solución duradera. Tenéis que hacer el esfuerzo de leer, de hablar y de pensar analíticamente. Tenéis que hacer el trabajo importante del Gran Muestreo.

Así que considerad las herramientas adicionales solo como eso, unas asistentes que os ayuden en vuestro esfuerzo. Ellas pueden aumentar el número de puntos de partida para vuestra exploración continuada y pueden reducir el peligro de que se os pase considerar una línea de investigación potencialmente fructífera. Así que, por supuesto, comprobad algunas si lo deseáis; solo aseguraos de que hay investigaciones que las avalan. Y no olvidéis en ningún momento que ninguna herramienta puede deciros cuáles son vuestros intereses; una herramienta solo puede indicaros cuáles «podrían» ser. Encontrar vuestra verdadera pasión es demasiado importante para confiar en un cálculo automatizado, y no existe ningún sustituto para vuestro esfuerzo e investigación.

Paso cuatro: identificar vuestra pasión (frente a un interés)

Imaginad a un hombre que quiere pedirle a la novia con la que lleva saliendo varios años que se casen. Así que la lleva a un precioso acantilado sobre el mar. Hacen una comida campestre, beben champán y luego, cuando ella se levanta para sacudirse algunas migas de la falda, él se pone de rodillas. «Cariño —dice él—, en los años que hemos pasado juntos apenas ha habido conflictos entre nosotros. A mi modo de ver nos compenetramos bien. Me resultas muy interesante. Y me parece que deberíamos pasar la vida juntos, si aceptas casarte conmigo.»

Ay, pobre hombre. Si es lo bastante afortunado para que ella no lo arroje por el acantilado, como mínimo lo abandonará. Eso sería sin duda una decisión inteligente, porque es evidente que él no la ama apasionadamente. Simplemente está «interesado» en ella.

La regla de la pasión es simple: la mente no puede parar de pensar en lo que ama. En un momento dado estás leyendo con la esperanza de encontrar un tema de gran interés; al siguiente descubres que estás leyendo y que no quieres parar. Casi parece que no *puedas* parar. O te encuentras manteniendo una conversación y empiezas a hablar con entusiasmo de una idea o una posibilidad. O te encuentras inmerso en una actividad y pierdes la noción del tiempo mismo, pues estás sumido en un estado de «flujo», o en la «zona de genio», como lo han denominado diferentes autores.

Para algunos, la toma de conciencia es repentina. Aunque no mágica. Se basa en la consecución de un volumen importante de experiencia, de manera que esa toma de conciencia emerge y se fusiona formando una visión completa e irresistible. (Dejad que un economista elimine toda la magia de la revelación, ¿de acuerdo?) Para otros, se trata de un lento proceso en el que cada pieza aparece por separado hasta que el dibujo queda al descubierto.

Si os encontráis atascados dudando de si vuestro interés es una pasión, podéis pensar en la historia de la petición de mano. Esto es, si vuestro interés se concretara en una persona, ¿cómo le propondríais matrimonio? También podéis observar atentamente los problemas que rodean a vuestros intereses. ¿Estáis fascinados por ellos? Por ejemplo, a mí me interesa la biología. Las complejidades e interrelaciones de los sistemas biológicos me parecen maravillosos. Pero no tengo el menor interés en resolver los misterios de la biología. No se trata únicamente de que no tenga los conocimientos suficientes para hacerlo, lo cierto es que no quiero aprender tanto como para hacerlo. Y esto nos lleva a otro indicador de la pasión: la Norma del Profesor.

Los profesores saben que los mejores estudiantes aprenden con facilidad porque les encanta la materia. «Con facilidad» no significa con rapidez; «con facilidad» no significa sin frustración y equivocaciones. Lo que significa es que esos estudiantes se sienten impulsados a encontrar respuestas, a superar cualquier obstáculo que surja. Aprenden sus materias porque *tienen* que hacerlo.

Pero si no media la pasión por aprender, entonces no hay ningún tipo de pasión. Así que poneos a prueba. Una vez que hayáis encontrado un candidato para vuestra pasión, buscad un manual introductorio y averiguad si *queréis* enseñaros algo. (Sí, supongo que esto es lo que esperaríais que os sugiriese un profesor. Pero eso no lo hace menos cierto.)

Paso quinto: seguir buscando

Ahora que habéis identificado una pasión, no empecéis a preocuparos de si podría ser o no una profesión. Esa es una cuestión prematura. En cuanto un interés reúne las condiciones necesarias, o parece reunirlas, como pasión, hacedla a un lado y seguid buscando *otra* pasión.

Llegados a este punto, es probable que penséis que no estoy siendo razonable. Pero solo porque hayáis encontrado a vuestro amor, no significa que hayáis encontrado al *mejor* de vuestros amores. Por falta de paciencia, podríais pasar inadvertidamente junto a vuestro destino. Así que seguid buscando e inclinad las apuestas aún más a vuestro favor. Igual que el señor que se sintió cautivado por el artículo del piloto sobre el placer de volar volvió a retomar su interés, vosotros también regresaréis a vuestra verdadera pasión. Y entonces estaréis aún más seguros de que se trata de la profesión adecuada. ¿Os acordáis de Jodi, la aspirante a jurista que quería ser escritora? Después de que identificara su pasión, dio algunos rodeos. Cuando los empleos en publicidad no menudeaban, probó en la sanidad pública y experimentó con el trabajo social. Y aun así volvió a la literatura, todavía más convencida de que, aunque el camino para hacer lo que amaba podría resultar difícil, era lo que amaba por encima de todo.

Demasiadas pasiones

—Profesor, me parece que me sentiría igual de feliz siendo el próximo Einstein que el próximo Beethoven. —La preocupación del joven era evidente.

—¡Excelente! —respondí. Tener múltiples pasiones es algo maravilloso, no una desventaja por la que haya que preocuparse. Sin embargo, este joven no es una excepción en verlo como un dilema. Yo diría que la única razón para que se vea como un problema es la de que vivimos en un mundo lineal y carente de imaginación. Vivimos en un mundo que te pide que taches una única casilla para lo que quieres hacer.

¿Y si en lugar de tachar una casilla, escribes todo un párrafo explicando tu trabajo? Eso no es lo que el mundo te pide que hagas, aunque es lo que deberías hacer. Aquellos que son lo bastante afortunados para tener muchas pasiones deberían intentar combinar todas las que puedan dentro de una profesión integral. Por ejemplo, he conocido ingenieros que trabajan en el sector del espectáculo, utilizando sus conocimientos en ingeniería de formas insólitas. Como exponía en la introducción, yo soy otro ejemplo; me dedico a la docencia, sí, pero también soy economista; la economía es otro de mis amores. Me apasiona la tecnología, y asesoro a los alumnos sobre sus iniciativas tecnológicas. Me he forjado mi propio camino que me permite integrar lo que más amo en mi trabajo; y aunque ha precisado de esfuerzo y requerido creatividad, no he hecho nada que cualquier otra persona no pudiera hacer. Si sois capaces de huir de las restricciones limitadoras del convencionalismo —y en esto la clave radica en que no os sintáis obligados a tachar ninguna casilla—, entonces podréis combinar varias pasiones para crear la profesión que queréis. (Profundizaré en esto mucho más en el capítulo 12.)

También está el individuo al que le cuesta decidir cuál de sus pasiones debería ser la base de su sustento, y cuál debería quedarse para su placer personal. Por ejemplo, una abogada de mediana edad pasaba todos los fines de semana del invierno esquiando. En cuanto el tiempo enfriaba en noviembre, consultaba obsesivamente las informaciones sobre esquí buscando señales de nieve fresca. ¿Significaba eso que no debía ser abogada?, ¿que en su lugar estaba realmente predestinada a formar parte de una patrulla de esquí de montaña?

En absoluto. La cuestión que nos ocupa aquí es si vivía para esperar los fines de semana o disfrutaba de su trabajo. En este caso, le encantaba su trabajo, y el esquí encajaba perfectamente en su vida. Era una persona polifacética, que llevaba una vida perfectamente equilibrada, y no hay nada que yo pudiera recomendar más.

¿Cuánto tiempo?

«Siento interés por algo... durante un tiempo —escribió Summer—. Incluso me obsesiono por las cosas... durante un tiempo. Y luego, me aburro. Tal vez la clase de personalidad que tengo no es capaz de sentir pasión por una profesión. Quizás esté usted sermoneando a las masas anodinas sobre lo que solo un ínfimo porcentaje es realmente capaz de mantener.»

«Mi pasión no es muy concreta —escribió Barbara—. A menudo me he entusiasmado al empezar a crear cosas o comprender algo en diferentes campos... Mis ideas de lo que haría descansan en esas vagas sensaciones de "creación" y "aprendizaje"... Pensé que si me esforzaba lo suficiente para incorporar la creatividad y el aprendizaje, acabaría enamorándome de cualquier trabajo a mi manera, pero no es así... Ahora me he quedado buscando aquello para lo que estoy destinada y tengo que sobreponerme a todas esas voces externas e internas que me dicen: "Para y decide".»

He oído preocupaciones como estas muchas veces, y también otras: ¿durante cuánto tiempo debería prolongarse la búsqueda de los intereses? ¿Cuándo paras, cuando tienes suficientes pasiones donde escoger tu gran amor? ¿Dejas de buscar si todo lo que puedes encontrar son intereses y no verdaderas pasiones? ¿Cuando te conformas con una profesión que solo se basa en un interés?

Todas estas son preguntas válidas. Y claro que tengo respuestas, pero primero es importante reconocer la tendencia natural de la mente a resolver la dolorosa incertidumbre precipitándose a decidir... incluso a decidir que es el momento de rendirse. Sed conscientes de vuestros prejuicios y de cómo vuestra mente podría estar yendo en contra de vosotros y de vuestra capacidad para tener paciencia.

No creo que haya ninguna clase de personalidad que sea incapaz de encontrar una pasión sostenida. Los 23.000 alumnos con los que he trabajado a lo largo de treinta años son prueba de ello, y contrariamente a la sugerencia de Summer de que me dedico a sermonear a las «masas anodinas», la mayoría de las personas —y no un «ínfimo porcentaje»— es capaz de encontrar su pasión. Y de forma bastante sencilla, como he podido comprobar. Imagino que Summer está rodeada de personas que parecen vencidas por su trabajo. Así que a ella le parece que uno tiene que ser notablemente excepcional, y estar tocado por el dedo divino, para disfrutar de su trabajo. Pero sé que no es así.

Lo sé porque he visto a un pequeño ejército de personas encontrar sus pasiones. Unas la encontraron en los campos del esoterismo, otras trabajando con sus manos; algunas, en las esferas más exigentes, otras más, en tareas sumamente artísticas; en labores solitarias, algunas, y en equipos descomunales, otras. Procedían de todas las culturas, inmigrantes y nacidas aquí; acomodadas y que apenas podían pagar el alquiler. Estaban representados todos los tipos de personalidad. Algunas personas eran tímidas, y otras bulliciosas; las había decididamente seguras, y también medrosas. Lo único que las unía era su pasión. No es excepcional que las personas encuentren sus pasiones, ni es algo reservado para unos pocos escogidos. Pero sí diré que la inmensa mayoría de estas personas buscaron metódica y decididamente para alcanzar sus metas.

En cierto sentido, sí, hay un límite en cuanto al tiempo que deberíais investigar y a la extensión que debería tener vuestro Gran Muestreo. Aunque eso siempre será un juicio personal, disponéis de algunos parámetros para orientaros.

En primer lugar, la decisión está influida por la edad. Si se es joven, uno se puede permitir el lujo de una búsqueda más larga, tal vez de varios años. Si se es mayor, habrá que parar antes, aunque debería durar por lo menos un año. ¿Significa ello que haya que dedicar todas las horas de vigilia a eso? En absoluto. Esa es la razón de que el factor clave no sea la duración sino la *intensidad* de la búsqueda. Si se asiste a la universidad o se tiene un trabajo, deberían invertirse un par de horas a la búsqueda la mayor parte de los días. Con este índice de intensidad, una búsqueda completa durante un año debería abarcar mucho territorio y tener muchas probabilidades de éxito. Dos años con esta intensidad es aún mejor. (Para que no penséis que soy más que un tirano desfasado, es evidente que no todos podrán invertir un par de horas al día. Por ejemplo, un padre con hijos pequeños seguramente avanzará más lentamente.) Sabréis que habéis tenido éxito con el Gran Muestreo si este tiempo produce al menos un par de intereses o pasiones fuertes.

No obstante, la cuestión de cuánto tiempo debería dedicarse a la búsqueda es en sí misma engañosa. Es simplemente una cuestión de táctica más que de estrategia. Si se es joven, hay que buscar mientras se pueda, antes de que las exigencias de la vida le impongan a uno aceptar un empleo del tipo que sea. Pero aceptar un empleo no significa dejar de buscar; solo implica que se busque de manera intermitente.

Los caminos de la vida son sumamente variados. Infinidad de circunstancias pueden enviarnos por caminos tortuosos. Enfermar o tener que cuidar de un familiar enfermo puede distraer nuestro tiempo y nuestra atención. Encontrar al amor de nuestra vida puede ser tan apabullante que la profesión desaparezca de la vista durante un tiempo. Los accidentes imprevistos de la vida pueden por consiguiente desplazar la búsqueda de los intereses y la pasión profesional. Es comprensible que alguien pueda encontrarse casado y «trabajando para vivir», sin un interés o una pasión definidos. En tales circunstancias, uno no puede buscar enérgica o continuamente. Pero, no obstante, se puede buscar, siempre que se pueda y de la manera que sea.

Alec era un mecánico con un buen sueldo que estaba profundamente aburrido. Todas las noches se quejaba a su mujer de la monotonía de su trabajo. Al final, ella le dijo que dejara de lloriquear o que hiciera algo sobre su descontento. (Bendito el cónyuge que sabe cuándo ser comprensivo, y cuándo montar una bulla.) Así que Alec se matriculó en un curso nocturno de literatura y se sorprendió a sí mismo cuando vio que le iba bien. Seis años después, está lejos de donde estaba: da clases de último año de inglés en un instituto privado. Y no podría ser más feliz.

Flora, tras haber abandonado los estudios en el instituto para pasar de un trabajo ingrato a otro, era una madre soltera que a duras penas conseguía pagar sus facturas trabajando como auxiliar administrativo. Pero era una luchadora, una mujer callada y constante que pensaba que merecía algo mejor. Así que experimentó, leyó y habló con sus amigos y familiares sobre cómo habían encontrado ellos sus caminos. Al final, ahí estaba: un trabajo digno de su talento e intereses, una mezcla casi perfecta de sus intereses, personalidad y aptitudes. Por fin, es feliz como asistente de veterinaria trabajando todo el día con los animales que ama y utilizando su experiencia y don de gentes para sobresalir. Un modelo de conducta mejor para su hijo sería difícil de encontrar.

Así que, ¿cuánto tiempo debéis buscar? En la búsqueda de vuestra pasión, buscad mientras tengáis que hacerlo. Y mientras buscáis, al menos tenéis la esperanza de que mañana vuestro talento encontrará su verdadero hogar.

Es más, una vez que lo hayáis encontrado, y conseguido, estad abiertos al cambio. Todos cambiamos, y el mundo cambia. Las prioridades se desplazan, y pueden surgir nuevas oportunidades y crisis. Aunque debáis perseguir vuestra pasión para daros cuenta de vuestro talento, hay una necesidad similar de estar siempre alerta. En otras palabras, si lo hacéis bien, la búsqueda nunca debería concluir.

Preguntas difíciles, respuestas sinceras

1. Haced un inventario de vuestros intereses a lo largo de vuestra vida. ¿Qué patrones observáis?
2. ¿Hasta qué punto la emoción está dirigiendo vuestras elecciones profesionales? ¿Hasta qué punto lo hace la lógica? ¿Hay un equilibro saludable entre ambas?
3. Si os tocara la lotería y no tuvierais que trabajar, ¿seguiríais queriendo hacer lo que sea que estéis haciendo?

4
Los errores profesionales más habituales

La primera norma de invertir es no perder dinero.

De igual manera, la primera norma de la vida profesional es dejar de cometer errores.

Así que vamos a echar un vistazo a los siete errores más frecuentes que comete la gente «después» de encontrar su pasión. La mayoría de quienes se dedican al asesoramiento profesional procuran utilizar un tono estimulante, y a menudo son reacios a dedicar mucho tiempo a hablar sobre lo que no funciona. Aunque yo también quiero enviar un mensaje optimista, lo que deseo es enseñaros *cómo* tener una profesión fantástica y no simplemente animaros a que la tengáis.

Esa es la razón de que el capítulo 4 analice los errores con sangre fría; lo que necesitáis es ver lo que *no* hay que hacer. Sí, hay muchos pasos dinámicos que hay que dar para conseguir una carrera fantástica, pero lo primero es salirse del propio camino.

Error n.º 1: ¿se ha convertido vuestra pasión en una obsesión peligrosa?

Desde luego, la pasión tiene que ver con la emotividad, y así debe ser. Las emociones, por definición, impulsan a la gente a la acción. Pero la emotividad es, con demasiada frecuencia, enemiga del pensamiento.

Pensad en el caso de Jason, que es un jugador apasionado. Descubrió los juegos de ordenador siendo joven y se quedó fascinado, igual que muchos otros jóvenes. Pero él sentía una verdadera pasión, no era un simple adicto a la fiebre de los juegos. Le fascinaban todos los aspectos del juego por ordenador: la tecnología, sus argumentos, su historia, los aspectos creativos y el potencial comercial. Entonces diseñó un proyecto profesional para convertirse en una parte importante de esa industria. Adquirió conocimientos que le permitieran garantizarse un empleo como creador técnico en una empresa fiable.

El problema radicó en que cuanto más se iba abismando en la materia, menos espacio quedaba en su cabeza para todo lo demás. El juego se convirtió en todo su mundo. Su círculo de amistades se vio reducido a aquellos con los que jugaba y que estaban igual de embelesados que él, jugadores apasionados que se concentraban hasta alcanzar un estado casi obsesivo. Si le hablabas a Jason sobre algo no relacionado con los juegos obtenías como respuesta una mirada perdida. Si el tema de conversación era, por decir algo, el cine, de lo único que sabía hablar era de qué juego podría convertirse en una buena película. Como es natural, cada vez se fue aislando más.

Entonces, su profesión dio un giro a peor. Jason ya era consciente de que su función técnica no se había desarrollado para permitirle una aportación creativa, ni ninguna otra clase de aportación en absoluto. Él se limitaba a programar, como se le ordenaba que hiciera. Si hacía una sugerencia a sus superiores, esta no iba a ninguna parte, lo cual no era de sorprender, puesto que no estaban por la labor de mantener ninguna conversación prolongada con él. Incluso entre los demás empleados era conocido por su desmesurado fervor por los juegos y nada más. ¿Quién sabía si sus ideas eran buenas o no? Nunca se habían puesto a prueba. Su descontento al respecto dejo de tener importancia cuando finalmente se deshicieron de él. Las ventas estaban disminuyendo en el supercompetitivo mercado de los juegos, y el puesto de Jason fue suprimido. Fue uno de los primeros en ser despedido, puesto que su utilidad se limitaba a la programación, una función fácil de reponer si las ventas volvían a aumentar.

Puesto que la pasión de Jason era tan fuerte y real, se quedó absolutamente desconcertado. ¿No era la pasión la clave para que uno triunfara profesionalmente? ¿Es que no lo había hecho todo bien? Uno podría suponer que había aprendido que *no* lo estaba haciendo todo bien. Pero cuando nos reunimos, fue incapaz de hablar de otra cosa que no fuera lo mucho que amaba su trabajo y su sector. ¿Por qué los demás no eran capaces de ver lo fantásticas que eran sus ideas?

Me gustaría decir que le ayudé. No fue así. Jason no estaba preparado para aceptar que estaba cometiendo un error. Y en consecuencia, creía que tenía que seguir insistiendo. En la actualidad, sigue trabajando en los niveles inferiores de las empresas del juego, pasando de un puesto de principiante a otro, con la esperanza de que el siguiente empleo sea *el definitivo*. Pero aunque no fui capaz de ayudarlo, tal vez su ejemplo pueda ayudaros a vosotros.

Jason dejó que su pasión gobernara sus pensamientos. Se olvidó de pensar, de elaborar un plan o de encontrar aquello que lo diferenciaba. La pasión es sin duda una poderosa motivación, pero al igual que un poderoso dragón, tan apreciado por los jugadores, ha de ser contenido. Contenida, vuestra pasión puede levantar el vuelo hacia grandes aventuras. De lo contrario, el dragón podría reduciros a cenizas.

Error n.º 2: ¿estáis utilizando vuestra pasión como excusa?

La pasión de Martha la condujo en una dirección diferente. Persona con una gran curiosidad, también era, como me dijo, de naturaleza apasionada. Le importaban mucho muchas cosas. También era muy lista y culta y había recibido una educación excelente. Por tanto, era capaz de hablar fluidamente de sus muchas pasiones, explicando con precisión por qué eran tan importantes para ella y la sociedad. Sus razonamientos eran casi siempre muy convincentes. Además, tenía multitud de conocimientos que le brindaban una diversidad de oportunidades laborales. ¿Qué podía torcerse?

Por desgracia, y al igual que Jason, Martha no tenía el menor sentido de la disciplina mental. Comenzaba en un empleo con un arrebato de entusiasmo apasionado que, por lo general, impresionaba a su patrón... aunque solo durante unos pocos meses. Entonces, sus lecturas e intereses encontraban de pronto una nueva pasión en una nueva dirección, en la que comenzaba a pensar casi de manera constante. Así las cosas, empezaba a distraerse tanto que el rendimiento en su trabajo cotidiano se resentía.

Cuando tal cosa sucedía, acababa sintiéndose insatisfecha con su empleo del momento y llegaba a la conclusión de que su pasión inicial por aquello no era tan fuerte como había pensado. Pero eso estaba bien, puesto que tenía una pasión «mejor», y salía a buscar otro trabajo. Y con su preparación, lo conseguía. Pero, cuando otra pasión más sustituía a la segunda, volvía a suceder lo mismo. Y después, otro tanto de lo mismo. Como es natural, su historial laboral empezó a parecer dudoso. Martha estaba desconcertada. ¿Cómo era posible que una persona como ella, con tantas auténticas pasiones, tuviera una trayectoria profesional que se acercaba a un vertedero?

—No te olvides de que una profesión fantástica exige que obtengas resultados —le dije—. Y para obtener resultados en cualquiera de tus pasiones, debes perseverar en ellas una por una.

—Profesor, ¿me está diciendo que prescinda de la pasión? —preguntó, mostrando una amplia sonrisa que decía: «¡Le pillé!» Pensaba que me había cogido en una contradicción.

No tuvo esa suerte. Porque aunque la pasión es esencial para configurar una profesión fantástica, no es suficiente.

Mi alumno Elliott cometió un error similar. Totalmente convencido de que podía confiar exclusivamente en su pasión para triunfar, planeaba seguirla y alcanzar sus sueños. Esa era la consideración más importante: lo demás era solo un detalle menor, y en consecuencia su pasión se convirtió en su protectora. Estaba loco por los edificios ecológicos y su diseño. Consiguió un socio y decidió empezar a construir edificios verdes. Escuchaba pacientemente a preguntones analíticos como yo, soslayando todas las cuestiones prácticas con soluciones absolutamente fantasiosas. Según parecía, las autoridades ayudarían concediendo subvenciones; supuestamente, él sería capaz de abreviar los períodos convencionales para las pruebas de seguridad.

Bueno, Elliott era una persona lista y bien informada; no era un iluso. Pero estaba completamente enamorado de su idea y ciego a cualquier objeción. Cuando su plan no tuvo éxito, se lo tomó a mal.

Lo que Elliott y Martha aprendieron por las malas es que la pasión no es una justificación para desactivar la mente. Si estáis buscando una respuesta sencilla que sea fácil de ejecutar («¡Pasión es lo único que necesito!»), no estáis buscando una respuesta que realmente dé resultados. Pero si lo que estáis buscando es una respuesta de verdad que sea polifacética y funcione, seguid leyendo.

Error n.º 3: ¿estáis descuidando vuestros deberes?

El error más frecuente que cometen quienes tienen una pasión disciplinada es no hacer sus deberes. Aunque puedan tener una pasión definida que se hayan comprometido a seguir, muchas personas, como Jason, Martha y Elliott, siguen considerando la pasión como un escudo, como si esta les fuera a proteger de las malas decisiones. Así que estas almas imprudentes se lanzan hacia delante sin tener un plan realista.

La pasión de Harry se había intensificado y definido. Había empezado con un interés generalizado en la ciencia que fue restringiendo a la biología y que finalmente centró en la biología molecular. Para seguir adelante, necesitaba un título de posgrado, el cual estaba impaciente por terminar. Eso le permitiría dedicarse a la investigación en un importante campo que le tenía fascinado. Hasta aquí, perfecto.

Estuvimos hablando de los cursos de posgrado que estaba considerando hacer, y le sugerí encarecidamente que, siempre que fuera posible, se pusiera en contacto con diversas facultades para asegurarse de encontrar la opción que más le conviniera. Pero entonces se puso a trabajar, y ni siquiera encontraba tiempo para ir a las facultades que estaban a un par de horas en coche. Más tarde le sugerí que consultara los listados de publicaciones de los investigadores con quien podría trabajar, todos los cuales estaban disponibles en Internet.

—Ya lo he hecho —afirmó—, y todos los investigadores tienen publicaciones en mi campo.

—Bien. ¿Y las publicaciones son aplicables a tu ámbito y te resultan interesantes?

—No las he mirado con *tanto* detalle —reconoció—. Todas son de facultades importantes. Estoy seguro de que habrá algo de interés para mí.

—Eso me parece muy arriesgado, Harry —comenté. Porque él no *sabía* si habría algo interesante; solo lo *suponía*.

Pareció desconcertado y un poco apagado.

—Aunque estoy siguiendo mi verdadera pasión —dijo—. Dará resultado. —Abandonó la conversación sintiendo probablemente que yo no era comprensivo o que era beligerante por el mero hecho de serlo.

Por desgracia, el pobre Harry acabó con un condenado supervisor en la facultad que había elegido, dirigiendo la investigación en un área en la que no tenía ningún interés especial. Todo lo que consiguió en el posgrado fue un título fiable y una experiencia como investigador que no le fue de ninguna utilidad cuando se puso a buscar un empleo. De hecho, la investigación era tan poco ambiciosa que ni de lejos reflejaba su pasión. Harry se encontró en el peldaño más bajo de una escalera muy alta. A título ilustrativo, uno de sus compañeros, un adicto al trabajo carente de imaginación cuyos padres habían escogido su especialidad por él, ya estaba varios escalones por encima de Harry.

Cuando volví a verlo, estaba preparado para escuchar. Afortunadamente, aunque su pasión estaba magullada, por lo demás permanecía intacta (lo cual no siempre es el caso cuando una profesión descarrila). Hablamos de la manera de que volviera a recuperar su impulso y de las tácticas que le permitieran alcanzar sus metas. Pero tenía que empezar de nuevo.

Otra alumna, Sandy, vino a verme porque quería cambiar su planteamiento universitario por los oficios especializados. Le encantaba trabajar con las manos, y sentarse a una mesa en un despacho profesional se le antojaba algo muy parecido a lo que ya había hecho como estudiante; y sabía que eso no era para ella. Su decisión estaba bien razonada y podía conducir a un trabajo que fuera tan satisfactorio como, en general, bien pagado. Hasta ahí, todo perfecto.

Pero entonces empezó a comportarse como Harry.

—¿Y en qué oficio estás pensando? —pregunté.

—En cualquiera —afirmó.

—Eso es un poco como ir a la universidad y decir que solo asistirás a cualquier clase —repliqué—. Los oficios especializados son muy diferentes unos de otros. La formación es distinta, porque lo es la naturaleza del trabajo y las mismas condiciones laborales. El trabajo de un albañil es muy diferente al de un electricista.

—Pero ambos trabajan con las manos, ¿no es así? —repuso—. Así que disfrutaría con cualquiera de los dos.

Toda la estrategia de Sandy se basaba en ese único elemento, y aunque fuera una buena justificación para acercarse a los oficios, todavía tenía muchos deberes que hacer antes de pasar a la acción.

Al final, Sandy envió solicitudes para todo tipo de empleos de aprendiz y en prácticas. Entonces, escogió uno simplemente porque le pareció el «mejor». En pocas palabras, no hizo sus deberes. Ahora, curiosamente, vuelve a estar con la vista clavada en la pantalla de un ordenador, en la misma clase de trabajo que más había deseado evitar.

Donald completa mi trío de haraganes de los deberes. Su pasión era la meteorología.

—¿Qué tal son las condiciones laborales de los meteorólogos? —le pregunté.

—Creo que bastante buenas —respondió.

Percibiendo que no había investigado debidamente, insistí:

—¿En dónde exactamente trabajan? ¿Cuántos trabajan en un determinado lugar? ¿Cuántas ofertas de trabajo suele haber?

—Profe, ¿por qué está intentando desanimarme?

Esa fue su primera y en realidad única respuesta. La pasión había cambiado hasta tal punto su mente que hacer una pregunta sobre su decisión profesional era considerada desalentadora. ¿Os dais cuenta de lo peligroso que era este impulso para Donald? Su mente había cogido vacaciones.

—Donald, no estoy tratando de desanimarte en absoluto —le aseguré—. Solo quiero esa información para que podamos hablar de los siguientes pasos que has de dar.

—Mire, profesor, las condiciones laborales realmente me traen sin cuidado. Estoy decidido a hacer esto y lo haré, cueste lo que cueste.

No sabría decir la cantidad de veces que he oído esta frase, ¡la planificación profesional decidida por la determinación estereotipada!

Como es natural, la intención de mis preguntas era averiguar la magnitud de los obstáculos, de manera que él pudiera planear cómo superarlos. En vez de eso, Donald tenía prisa. Y la caída sin duda iba a ser dura.

He visto una y otra vez a muchas personas apasionadas correr tras sus sueños con la vista nublada por la niebla de la pasión. Corren a toda velocidad sin conocer la información más elemental sobre sus objetivos, desde la escala retributiva y los requisitos de entrada hasta el número potencial de empleadores.

La culpa no es de la pasión. Lo es sencillamente de la ausencia de deberes y de la disciplina para hacerlos.

Error n.º 4: ¿os cuesta informar de vuestra pasión?

Toni quería trabajar en publicidad. Ella me explicó con sumo detalle por qué lo encontraba tan fascinante. Había trazado un plan educativo sumamente adecuado, que demostraba una comprensión clara del mercado laboral una vez que terminara la carrera.

El problema consistía en que la chica tenía pobres dotes de comunicación. Empleaba demasiadas palabras para exponer sus argumentos, se repetía con frecuencia y a veces costaba seguir el hilo de su razonamiento. Y yo sabía por nuestras reuniones previas, que varias de sus entrevistas de trabajo para el verano no habían salido bien. Así que amablemente expuse este punto y le pregunté si había considerado que su capacidad de comunicación podía ser un obstáculo.

—Sí, claro —admitió—. Esa es la razón de que esté tan contenta de haber encontrado por fin mi pasión.

Esperé a que continuara. Estaba tan contenta porque...

Pero no tenía más que decir; esa era toda la extensión de su respuesta. A medida que seguimos hablando, sus ideas se me fueron aclarando: puesto que había encontrado su pasión, pensaba que la gente encontraría sus palabras más contundentes, más persuasivas. Reconocí el razonamiento, puesto que hubo un tiempo que yo mismo creía en él.

Cuando era demasiado joven para ser sensato, había dado por supuesto que si te ponías a hablar de un tema en el que estuvieras apasionadamente interesado, las palabras fluirían de forma natural. Después de todo, estarías hablando desde el corazón. Pero cuando empecé a enseñar, aprendí que había muchas cosas que podían estropearse en el largo camino que va del corazón a la boca. Sí, a mí me encantaba la economía tanto como la docencia, pero me ponía tan nervioso que balbuceaba. Eso y mi timidez me entorpecían gravemente. De hecho, tales defectos podrían haberme impedido sencillamente que alcanzara mis metas. Así que tenía que solucionar esos problemas o rendirme.

Decidí solucionarlos. Comprendí qué era lo que estaba haciendo mal, y redoblé mi preparación. Recordé lo que me había gustado en los profesores cuando era estudiante. Dejé de subirme al pedestal como si fuera una estatua. A base de muchas rectificaciones de carácter personal y mucha práctica, fui mejorando gradualmente. Por desgracia, conozco a muchas personas que o bien son incapaces o no están dispuestas a dedicar un esfuerzo parecido. Quizá crean que no pueden. Los profesores son notablemente culpables de no resolver sus problemas de comunicación. Son muchos los que aman profundamente las materias que imparten, aunque sus alumnos se sorprenderían de oír tal cosa. Esos docentes están en pie delante de la clase con un aire entre aburrido y desinteresado. Pero no lo están;

simplemente no son capaces de expresar adecuadamente su entusiasmo, y a causa de eso sus alumnos empobrecen.

Un profesor quizá podría salir bien librado con este defecto, pero Toni, que se encaminaba hacia el sector de la publicidad, no lo lograría. La profesión que había escogido le exigiría ser muy elocuente al hablar de sí misma y de sus ideas, tanto delante de su patrón como de sus clientes. Antes de que pudiera triunfar, necesitaba aprender a comunicarse con mucha más eficacia. Es más, para todos aquellos que siguen sus pasiones, la comunicación es esencial.

Si dudáis de lo que digo, pensad en la historia de Moe. Estaba enamorado de la creación de *software*. Para él la programación era como poesía, y hacía que sonaran todas las canciones que quería. Cuanta más compleja la función que tenía que resolver, más feliz era. Al menos, lo era en los «inicios» de su profesión. Accedió al mercado laboral con multitud de ofertas muy bien remuneradas.

Moe estaba tan enamorado del desarrollo de *software* que rebosaba de nuevas ideas. De hecho, ser innovador suele ser una característica de los apasionados y uno de sus rasgos más valiosos. Recordad que no son capaces de dejar de pensar en lo que aman. Pero fue ahí donde empezaron los problemas. Por desgracia, Moe tenía limitaciones en su capacidad para explicar con claridad, eficiencia y persuasión el porqué de que debiera ejecutarse su nueva idea. Daba igual que esta tuviera un objetivo amplio o restringido, puesto que de todas formas era incapaz de plantear el caso de manera convincente. Como es natural, su frustración fue aumentando gradualmente.

—Me pregunto si no habría sido mejor empezar siendo un simple programador —dijo en mi despacho un día, refiriéndose a los programadores de códigos de productos básicos que eran, por supuesto, absolutamente prescindibles.

Sabía que ese día se sentía especialmente decepcionado y que estaba tratando de ser provocativo, pero aun así la idea no debía de haber estado nunca en su cabeza. Había aprendido dolorosamente que la pasión no era suficiente para conseguir que sus ideas fueran tomadas en serio. Moe admitió que le «parecía saber» que tenía ese problema de comunicación.

—Pero no estoy seguro... —dijo—. Me cuesta imaginar que pueda quitarle tiempo al trabajo que amo, solo para entrenarme y practicar la conversación.

—¿De verdad te importa la innovación del *software*? —le presioné—. Porque si es así, harás lo que sea necesario.

El problema no era su pasión; lo era la disciplina necesaria para corregir sus puntos débiles a fin de llevar su pasión a un nivel superior. En este caso, me alegra informar que Moe se tomó muy a pecho mis comentarios y adoptó una serie de medidas destinadas a fortalecer su capacidad de comunicación. Ha sido ascendido varias veces, y su frustración ha menguado considerablemente. Ahora es capaz de expresar con toda facilidad las ideas que suenan en su corazón y su cabeza y expresarlas con elocuencia.

Una de mis historias favoritas de siempre sobre el tema de la comunicación es la de mi antiguo alumno Ryan. Este deseaba de todo corazón una profesión fantástica y quería que todo el mundo le tomara en serio. Así que se tomaba a sí mismo muy en serio. Entre otras cosas, no sonreía jamás. Curiosamente, tenía facilidad de palabra, era amable y te miraba a los ojos. Era hasta simpático... bueno, lo parecía. Pero jamás sonreía.

Vino a verme cuando empezó a recibir informes de rendimiento desfavorables, en los que se le calificaba de incapaz de trabajar en equipo. Ryan se quejó de que eso no era cierto.

—Siempre intento participar —me aseguró, y le creí porque lo conocía bien.

Cuando comenté que quizá sus compañeros entendieran su actitud como desdén, declaró que él era así y punto. Desde luego, si hubiera crecido en una familia disfuncional, quizás hubiera podido tener una excusa para mostrar un rostro tan sombrío. Pero no era el caso. Así que no me quedó más remedio que decirle que hacer un gran trabajo no era suficiente, y que era su obligación acercarse a su equipo. No, él no tenía que ser el alma de la fiesta, sino dedicarse a forjar una marca personal mejor para el mundo en el que vivía.

Era indudable que tenía problemas con esta cuestión, aunque estaba decidido a tener una gran profesión. Su novia lo entrenó. Y aprendió a sonreír… o casi. Se esforzó sobre todo en desarrollar una manera de conversar más simpática, que le asegurara que los miembros de su equipo entendieran que a él le gustaba trabajar con ellos, porque le gustaba. Muy de vez en cuando, trataba incluso de ser divertido. Fundamentalmente, se aseguró de que no se le malinterpretara, y claro está, los ascensos empezaron a llegar. Ya veis: ¡no todas las historias son tristes!

Error n.º 5: ¿os limitáis a seguir al rebaño?

Billy quería ser abogado, un objetivo que era reflejo de su pasión. Le atraían tanto la intrincada y monumental estructura de la ley como su capacidad para proteger al vulnerable. Súmese a lo anterior que la naturaleza contenciosa de la práctica legal le iba como anillo al dedo a su naturaleza competitiva. Así que ingresó en la facultad de derecho feliz y contento. Fue entonces cuando le conocí y fue entonces, me temo, cuando le hice desgraciado.

Le pregunté por su plan, y este era exactamente lo que uno hubiera esperado. Obtener una formación jurídica, realizar la pasantía exigida, aprobar el examen de entrada al Colegio de Abogados y solicitar empleo. Sabía que cuanto mejor fueran sus notas, mayores serían las probabilidades de recibir una oferta de un bufete importante. Estaba preparado para considerar realizar la pasantía en un despacho de abogados más pequeño, puesto que eso podría brindarle una mayor variedad de problemas jurídicos interesantes. Billy conocía a la perfección el camino fijado para ejercer la profesión jurídica y parecía decidido a conseguirlo. Pero tenía que informarle de lo competitiva que se estaba haciendo la práctica jurídica y que, en muchos lugares, un número cada vez más elevado de licenciados estaba saturando el mercado.

—¿Qué plan tienes para afrontar la naturaleza competitiva de tu profesión? —le pregunté.

—Estudiaré más, y así sacaré mejores notas que los demás —respondió.

—Ah, ¿y qué harán tus condiscípulos?

Admitió que harían lo mismo.

—Entonces —proseguí—, ¿te propones sacar mejores notas en tus exámenes que ellos?

—Sí, espero que sí.

Bueno, cualquier cosa que tenga que ver con la «esperanza» —la hermana más atildada de la suerte— me estresa, así que a mi vez pasé a estresar a Billy. (¿Por qué debía ser yo el único estresado?)

Le pedí que admitiera que estaba confiando en la suerte para tener éxito en su profesión, con la *esperanza* de que haría la carrera con unos condiscípulos casualmente menos comprometidos, menos inteligentes, menos atentos y menos disciplinados que él.

—Toda una serie épica de suposiciones, ¿no?

Entonces sí que se sintió desdichado.

—Pero ¿qué puedo hacer?

En primer lugar, por supuesto, tenía que dejar de ir tras el rebaño. Había sido bien asesorado sobre la manera de hacerse abogado, pero nadie le había hablado realmente sobre el competitivo mercado laboral del derecho. De manera razonable, Billy había hablado con varios abogados antes de solicitar ser admitido en la facultad de derecho, me dijo, y todos le habían animado. Pues claro que lo habían hecho, ¡ellos ya tenían un empleo!

Aunque, de hecho, Billy tenía cierta idea de lo competitivo que era el campo; yo no había sido el primero en decírselo. «Intento no pensar en la competencia porque es muy deprimente», admitió. También vosotros podríais ser más felices si yo no os recordara tan a menudo esta cuestión. Pero lo que es aún más deprimente que pensar en la competencia es ser derrotado por no pensar en ella. Al ir tras su profesión de la misma manera que todos los demás, al seguir al rebaño de los demás estudiantes de derecho, Billy se estaba poniendo en peligro. Tenía que buscar una ventaja.

Dado que el derecho sigue un camino prescrito, Billy no podía omitir ninguna de las etapas normales; solo tenía que añadir algunos ingredientes extras para hacer que su plan fuera algo más que una esperanza. Por ejemplo, en cuanto empezara a estudiar, tenía que decidir dónde haría sus prácticas y comenzar a presionar para conseguir un empleo. ¿Cómo? Podía entablar relaciones personales con abogados de los bufetes escogidos. ¿Cómo? Podía ser creativo. Quizá pudiera concentrarse en bufetes pequeños y buscar a un profesional solo que estuviera buscando una sucesión escalonada. Había una larga lista de posibilidades. Pero en realidad, Billy no había reflexionado seriamente sobre esta cuestión.

En otras palabras, Billy tenía que venderse con agresividad desde el principio, cuando sus condiscípulos se limitaran a estudiar en la biblioteca de la facultad. Afortunadamente, su naturaleza competitiva terminó por entrar en juego, y en su cara se dibujó una sonrisa bastante malvada. Billy terminó dándose cuenta de que había que librar batallas *fuera* del juzgado, y que estas podían empezar inmediatamente. Parecía y se sentía mucho más feliz.

Cualquiera que acceda a un ámbito competitivo —lo que ahora mismo son casi todos los campos y de aquí a nada, todos— tiene que dejar de hacer lo que el resto de los estudiantes estén haciendo. Y esta misma necesidad es aplicable a la capacidad de controlar las propias condiciones laborales, entre ellas el compromiso de tiempo, y la consecución de un ascenso después de tener el empleo.

Lo que quiero decir es esto: si vuestras pasiones os conducen a estar en un campo competitivo, cuanto antes empecéis a pensar en la manera de que podáis destacar o distinguiros del resto de la competencia, mejores y más felices y afortunados seréis. Esto no significa necesariamente que seáis los primeros de vuestra clase. Se trata más bien de encontrar la oportunidad perfecta para que apliquéis vuestras aptitudes de una forma que os permita seguir realmente vuestra pasión.

Algunos descubren esta realidad cuando no les ascienden más. De hecho, fue la cuestión de los ascensos lo que tan desconcertada tenía a mi antigua alumna Josie, que trabajaba para una empresa que fabricaba ordenadores. No se daba cuenta de hasta qué punto estaba corriendo sin avanzar lo más mínimo. Cuando vino a hablar conmigo, se sentía decepcionada porque una y otra vez no había podido conseguir ascender.

—No lo entiendo —me explicó—. Hago todo mi trabajo con eficacia, eficiencia y cumplo los plazos. Trabajo bien con todos los miembros de mi equipo. Mis informes de rendimiento son buenos, y sigo cualquier sugerencia que me hace mi jefe para mejorar. Pero aun así, nada. No me ascienden.

—¿Haces más de lo que se te pide? —pregunté.

—¡Sí! —contestó—. Pero el problema es que mis compañeros también.

Como era lógico, eso significaría que ella tendría que subir el listón un poco más. Era evidente que Josie estaba en una empresa bien dirigida donde las exigencias eran altas para todos. Tendría que hacer algo más para sobresalir, no solo trabajar más, sino trabajar mejor. Tenía que discurrir una sugerencia, alguna manera de innovar que ayudara a su empresa.

A Josie no le gustó nada este consejo, y me recitó una letanía de razones de por qué no le gustaba.

—La innovación no estaba en la descripción de mi puesto de trabajo. Si hubiera estado, no habría aceptado este empleo. Yo no soy creativa; hace siglos que lo sé.

Respondí a sus protestas con silencio, así que continuó hablando.

—Además —dijo—, mi innovación podría fracasar, ¿sabe?, y luego estaría peor. Y no es como si la empresa nos formara para que innováramos o algo parecido, así que es evidente que no lo valoran. Vaya, que nadie más lo hace.

Nadie más lo hace. De todos los argumentos cuestionables de Josie, este era clave. No quería hacer nada que sus compañeros de trabajo no hicieran.

—¿Por qué estás tan segura de que nadie más lo hace? —pregunté—. Puede que sea así como algunos consiguen los ascensos.

—Es poco probable —replicó en tono burlón.

—De acuerdo. Entonces, ¿por qué consiguen ser ascendidos y tú no?

Se encogió de hombros.

—Ni idea.

—Josie —le dije—, trabajas para una empresa fabricante de ordenadores. Tu empresa no para de presentar nuevos productos; por supuesto que están interesados en la innovación. Tienen que estarlo.

—Sí —se apresuró a decir—, pero no en mi división. —Se cruzó de brazos.

Era evidente que algo le sucedía a Josie, y se me hizo evidente que se sentía sumamente incómoda haciendo algo distinto a los demás. Se sentía más segura ciñéndose a la norma y, en consecuencia, jamás destacaría. Concluyó que tendría que esforzarse más, sin que ofreciera ninguna definición de lo que eso significaba. Se aferraba a seguir lo que consideraba eran las normas de su lugar de trabajo, y ahí se acababa todo. Si hubiéramos estado en la serie de la década de 1950 *Leave It to Beaver*, a Josie le habría salido bien. Pero no era así, y no le saldría bien.

Recordad que si queréis avanzar, vais a tener que hacer algo o crear alguna cosa que os permita destacar del rebaño. Así es como tendréis éxito. Abordaremos este aspecto más extensamente en el capítulo 6.

Error n.º 6: ¿sois alérgicos a la planificación?

Sé que la palabra *plan* no es atractiva; no evoca imágenes excitantes, liberadoras o animosas. Incluso admitiré que podría sonar un poco aburrida, algo que uno esperaría fuera recomendado por, digamos, un serio profesor canadiense de economía. Y efectivamente, creo tan profundamente en una planificación profesional bien meditada que toda la segunda parte de este libro está dedicada al tema.

Pero antes de que lleguemos allí, deberíais saber que nunca ha dejado de sorprenderme cuán profundamente negativa puede ser la reacción a elaborar un plan. Para muchos, la idea de un plan resulta palmariamente dolorosa, cuando no aterradora.

No estoy seguro de cómo esta palabra ha llegado a verse unida a semejante bagaje. Tal vez se deba a que la gente tiene tantas ganas de creer que su destino es cosa del azar y que está fuera de su control, que se siente amenazada por la mera idea de tomar las riendas. ¿Os imagináis que uno diseña un plan para alcanzar una meta importante y fracasa? El fracaso cae entonces de lleno sobre uno y a uno le pertenece. Por otro lado, si uno no trazó un plan, solo podrá ser alguien sin suerte, y por ende, una víctima. Y todo el mundo se compadece de una víctima, ¿verdad?

Cuando les pregunto a mis alumnos, tanto actuales como pasados, por sus planes profesionales suelo recibir una de estas tres respuestas: 1) «¡Tengo un plan!» (o eso dicen, cuando las más de las veces no es verdad), 2) «No necesito ningún plan» (pero ¡vaya si lo necesitan!) o 3) «No soy capaz de trazar un plan» (pero, naturalmente, sí que son capaces). Veamos estas respuestas por turno.

«¡Tengo un plan!»

Bob fue uno de los que dijo tener un plan, y resulta que estudiaba planificación urbana. Así que, por supuesto, tenía un plan; la palabra no le asustaba lo más mínimo. El plan era el siguiente: Paso 1: adquirir los conocimientos adecuados, Paso 2: realizar algunas buenas prácticas mientras continuaba con los estudios y Paso 3: buscar empleo de manera agresiva.

¿Disponía su plan de la flexibilidad para adaptarse a un cambio o a una evolución en sus intereses? ¿Describía de qué manera se distinguiría de sus compañeros de clase? ¿Describía cómo iba a escoger y ponerse en contacto con los empleadores prioritarios? ¿Incluía la posibilidad de realizar algún estudio de posgrado? ¿Qué puntos de referencia estaba utilizando para decidir si su plan iba por el buen camino? ¿Cómo reaccionaría a licenciarse en plena recesión y no encontrar ningún empleo disponible?

No tenía respuestas para ninguna de estas preguntas, y sin embargo un buen plan profesional aborda más cuestiones que esas. Bueno, en realidad, sí que tenía una respuesta.

—Profesor —dijo—, si sucede alguna de esas cosas, le haré frente.

Hacer frente a una circunstancia cuando sucede es lo opuesto a la planificación. Un plan te indica *por adelantado* lo que harás en las diversas situaciones y garantiza que estés preparado.

Así que le dije que se estaba exponiendo innecesariamente a un peligro. También le dije que cada vez que la economía se ha debilitado en las últimas décadas, me he visto literalmente asediado por estudiantes que buscaban orientación. A menudo los consejos que doy implican llevar a cabo una acción que ya deberían haber ejecutado. Pero dado que esperan demasiado tiempo, a veces lo mejor que podemos hacer es controlar los daños, asegurándonos de que su progreso profesional no se ralentice todavía más.

Desarrollemos esto. Durante estas crisis, muchos estudiantes infieren de pronto, a menudo con acierto, que deberían ir a matricularse en un posgrado. Entonces necesitan cartas de referencia, pero ninguno de sus profesores los conocen porque no han mantenido el contacto. Faltan solo unos días para que termine el plazo de solicitud; empiezan a moverse como locos, en ocasiones obligando a alguien a que les dé una referencia genérica, en lugar de una carta ad hoc personalizada que sería más eficaz. En su apresuramiento, con frecuencia escogen una universidad que no es la ideal y pierden las becas para las que podrían haber estado cualificados.

Crisis económicas aparte, también me encuentro con estudiantes cuyos intereses han cambiado a lo largo de su educación. Pero puesto que nunca imaginaron que pudiera darse semejante posibilidad, se encuentran encerrados en un programa de estudios del que no pueden liberarse sin un gran costo. Por supuesto, yo intento ayudarles a que realicen el cambio, pero a menudo eso sale más caro en tiempo y dinero que lo que habría sido en otras circunstancias. Y a veces el coste hace que el estudiante renuncie a sus sueños recién descubiertos.

Le expliqué todo esto detalladamente a Bob, el urbanista, y terminé diciendo:

—Bob, ¿quieres correr ese riesgo?

Concluyó que no quería. Con evidente desgana, se comprometió a elaborar un verdadero plan. A decir verdad, parecía que estuviera a punto de que le arrancaran una muela. Pero al menos estaba dispuesto a hacerlo.

Betty era otra supuesta planificadora. Hasta ese momento lo había hecho bastante bien, ya que había trabajado en una profesión que llevaba disfrutando desde hacía diez años. El único problema que veía era que el volumen de trabajo era muy elevado, y que su vida personal se estaba resintiendo. Le pregunté cómo planeaba solucionarlo.

—Estoy siguiendo unos cursos y tratando de trabajar de manera más eficiente —respondió.

—¿Y cómo te ayudarán esos cursos con la cuestión del volumen de trabajo? —inquirí.

—Ah, bueno, la empresa nos anima a que nos sigamos formando. —Cuando dijo esto, arrugó el entrecejo, como si se diera cuenta de que realmente no había reflexionado sobre la cuestión—. Supongo que la relación con que aligere mi volumen de trabajo no está del todo clara.

Asentí.

—Si eres más eficiente trabajando, ¿no podría ser que la empresa acabara dándote más trabajo?

—Es posible —admitió.

Seguí con mi bombardeo de preguntas, algo que ella se tomó de buen grado. Le pregunté si su plan tenía en cuenta los objetivos más estratégicos de la empresa. ¿Abordaba su plan los problemas más importantes y acuciantes de la empresa? ¿Describía cómo crearía y vendería ella su marca personal? Una vez más, las respuestas concretas brillaron por su ausencia. Así que, en efecto, no había ningún plan, solo algunas vagas iniciativas. Esto es mejor que no hacer nada, pero no mucho más. Betty reaccionó de manera dinámica a esas preguntas, y rápidamente empezó a elaborar un plan que contemplaba la utilización de su excepcional conjunto de conocimientos y su perspectiva para afrontar de manera estratégica los principales desafíos de la empresa, colocándola en una posición mejor para defender las horas y el volumen de trabajo que deseaba.

«No necesito ningún plan.»

Hay muchas personas que afirman no *necesitar* un plan. ¿Por qué? Porque su profesión está bien encaminada hacia el éxito. Sin ningún problema a la vista, suponen que no hay necesidad de un plan.

Obviamente, esto es tanto como suponer que jamás les ocurrirá nada malo. Acechando tras esta afirmación, me barrunto, se esconde la superstición de que, si se planea un desastre, sin duda el desastre se producirá. Por ende, si uno hace un testamento, habrá muerto antes de que acabe la semana.

Soy muy quisquilloso con los desastres derivados de los contratiempos profesionales inesperados debido a la cantidad de personas que acuden en mi busca cuando se producen. A veces, soy capaz de convencer a la persona satisfecha de sí misma de que elabore un plan sólido. A veces, no.

¿Se acuerdan de John, del capítulo 1, que fue considerado alguien que trabajaba solo para ganarse la vida y despedido sumariamente? En un principio, John era uno de los audaces que creían que no necesitaban un plan, ya que, a la postre, todo iba a ir fantásticamente bien. Entonces, de buenas a primeras se encontró sin trabajo. Había dejado mermar sus contactos, y su economía se encontraba atrapada en un alto nivel de gastos, entre ellos una gran hipoteca. Su esposa tenía un empleo excelente, y por consiguiente las decisiones de John estaban limitadas por su deseo de permanecer donde estaba. Sus conocimientos eran muy especializados y no le permitían realizar fácilmente ningún trabajo fuera de su órbita de acción.

Entre los dos improvisamos un plan para él, y gracias a un gran esfuerzo por su parte, logró otro empleo razonable, próximo a su pasión. Ah, pero ¿he mencionado que invierte todos los días una hora y media en ambos sentidos para ir y venir al trabajo? Vuelve a estar cerca de hacer lo que le gusta, pero alejado de una vida ideal.

¿Qué lección extraemos de aquí? Diseñad un plan.

«Soy incapaz de trazar un plan.»

Los que pertenecen a esta categoría y dicen que no son capaces de planear, aunque vean la necesidad de tener que hacerlo, están representados por Ella, una estudiante con la que me reuní solo una vez. Es fundamentalmente una fatalista; ya saben, ¡qué será, será!

Aunque puede que esta sea una buena letra para una canción, como elección vital es terrorífica. Sí, Ella es capaz de alegar todo tipo de razones y lugares comunes para justificar su categórico rechazo a hacer planes. «La vida es caótica.» «Nunca sabes lo que va a pasar a continuación.» «Hay demasiados factores en los que pensar.» «Lo mejor que se puede hacer es apañárselas.» Aunque me entusiasma mantener un buen debate y aprecio las diferencias de opinión que los desencadenan, la realidad es que Ella y yo no tenemos nada que decirnos el uno al otro. Cuando se encuentre sin trabajo, seguramente comprará un décimo de lotería en lugar de pedir una cita para verme.

Como pueden imaginar, no soy un gran aficionado a ese enfoque de la vida, y me parece que las personas como Ella cometen errores muy graves.

Error n.º 7: ¿estáis perdiendo de vista vuestro plan?

Si habéis trazado un buen plan profesional, debéis manteneros fieles a él. Al igual que con una dieta de adelgazamiento o cualquier tipo de plan. Por desgracia, incluso aquellos que elaboran buenos planes acaban, sin embargo, improvisando su camino hacia el futuro, porque a menudo carecen de disciplina para perseverar. Cambian de deseo con la misma rapidez con que se cambian de ropa. O bien se refugian en lo fácil cuando empiezan a surgir dificultades en el camino.

Si os sorprende ver cuántas veces menciono planificar y disciplina en este «edificante» libro sobre la trayectoria profesional, no os sorprendáis. Mi deseo va más allá de inspiraros. Quiero asegurarme de que tengáis éxito.

En este capítulo os he contado algunas historias que no han tenido el más feliz de los finales, aunque son historias que todavía no han terminado. Pero si habéis estado prestando atención y habéis respondido a las preguntas de este capítulo con sinceridad para con vosotros mismos, podéis eludir estos errores e ir derechos al enfoque positivo. He aquí algunas cosas que «debéis hacer» para que actúen como antídotos de lo que «no debéis hacer»:

- Mantened equilibrada vuestra pasión y vuestra vida.
- Tened claro que aunque la pasión es necesaria, no es lo único que se necesita: investigad y haced vuestros deberes.
- Presentaos a vosotros mismos y a vuestra pasión de una manera atractiva para los demás.

- Preguntaos a todas horas: «¿Qué están haciendo los demás para ir de A a B y cómo puedo hacerlo de una manera diferente?»
- Considerad la planificación como lo más atractivo del mundo. Luego, tened la disciplina de ateneros a lo planeado.

Con esa finalidad, los capítulos siguientes cambian de curso, pasando de los errores a hablar de lo que hay que hacer. Y es mucho lo que hay que hacer.

La primera parte de este libro ha pretendido limpiar el desorden y preparar el terreno para poder hacer un trabajo más pormenorizado. Después de todo, antes de pintar se necesita limpiar y alisar las paredes; y antes de pasar a tinta las ilustraciones primero tienen que dibujarse a lápiz. Y para hacer jarabe de arce, primero hay que apilar la leña, limpiar ollas y recipientes y el estado de los árboles antes de poder recolectar la savia. Si pensáis que hacer jarabe de arce parece complicado, estáis en lo cierto. Imaginad cuánto más difícil debe ser el éxito profesional. Así que ahora que hemos realizado todos los preparativos necesarios, pringuémonos las manos y pongámonos a trabajar. Y eso es lo que vamos a hacer a lo largo de lo que queda del libro.

Preguntas difíciles, respuestas sinceras

1. Cuando pensasteis en las siete preguntas planteadas en este capítulo, ¿respondisteis «sí» a alguna de ellas?
2. ¿Cuál es vuestro plan para evitar esos errores? ¿O sois de los que sienten aversión por los planes?

SEGUNDA PARTE

LA ELABORACIÓN
DEL PLAN PROFESIONAL

5
Preparativos

Pensad en lo siguiente durante un momento: gran parte de nuestra vida está planificada, ya sea analógica o digitalmente. Escogemos el camino más rápido para ir al cine o de compras, tomando en consideración la hora del día, el tiempo que hace y el patrón de tráfico consiguiente. Planeamos nuestras vacaciones, reservando plaza con mucha antelación en hostales y hoteles en los destinos más famosos y en las épocas de mayor concurrencia. Nadie aparecería en Nueva Orleans para pasar el Mardi Grass sin una reserva, y no me puedo imaginar que haya mucha gente que aterrice por las buenas en Vancouver para asistir a los Juegos Olímpicos de Invierno sin un lugar donde alojarse y entradas para una prueba. A medida que nos hacemos mayores, hay muchas cosas que planeamos cuidadosamente, desde nuestra boda hasta la propiedad de la casa y la jubilación. Y, sin embargo, irónicamente, ni de cerca nos dedicamos a pensar tanto en planificar nuestra profesión, la cual es uno de los aspectos más cruciales de nuestra vida y una parte importante de la que se derivan muchas otras cosas.

Os pido —incluso os suplico— que reconozcáis cuán importante es trazar un sólido plan profesional, un plan que tenga en cuenta vuestras esperanzas y sueños personales además de la economía competitiva, y un plan que se mantenga abierto a los ajustes que realicéis a medida que avanzáis. Un plan bien elaborado os protege de los peligros y errores que he descrito en el capítulo anterior. Y un plan os permite recoger eficazmente las oportunidades que se os abran.

Determinar la meta

No paro de encontrarme a personas que son absolutamente incapaces de describir sus metas con exactitud. «Ser feliz... sentirme realizado... contribuir con algo... cambiar las cosas.» Ninguna de estas afirmaciones, por sincera que pueda ser, es algo más que un punto de partida para establecer las propias metas. Son demasiado genéricas e imprecisas en su alcance para sostener un plan y no proporcionan ninguna forma de establecer prioridades, medir los avances o evaluar las tácticas.

Heather lo entendió. Iba camino de convertirse en contable, y estaba muy contenta por ello. Consideraba la contabilidad una profesión fascinante, donde, con una serie relativamente pequeña de números, podía predecir el futuro y a partir de ahí modelar el resultado de las decisiones empresariales importantes. En otras palabras, ella y un balance general cambiarían el mundo. Con su pasión claramente identificada, empezó a aclarar sus demás metas. Puesto que el trabajo iba a constituir una parte tan considerable de su vida, quería que su profesión y su vida estuvieran integradas desde el mismo comienzo. Quería ser feliz.

Su prioridad personal más inmediata era viajar por el mundo. Heather estaba absolutamente ansiosa por visitar y explorar tantos países, geografías y culturas como fuera posible. Y quería unos ingresos que la permitieran viajar por todo lo alto. La vida del mochilero global no la atraía lo más mínimo. No quería dormir en aeropuertos ni en dormitorios comunitarios con docenas de personas más, y quería degustar las cocinas locales y no subsistir a base de bocadillos de queso. Por último, «en el momento oportuno», estaba segura de que desearía formar una familia.

Así que la meta profesional de Heather incluía lo siguiente:

1. Un trabajo como contable que le permitiera poder tener una influencia importante.
2. Unos ingresos altos.
3. La oportunidad de viajar por el mundo al principio de su trayectoria profesional.

Al igual que Heather, Trent también empezó con el plan que consideraba le haría más feliz. Quería ser consultor de gestión y tenía la formación necesaria para un empleo a nivel de principiante. Concretamente, deseaba ayudar a las empresas a conseguir mejoras revolucionarias en la productividad. Detestaba viajar y quería vivir en el centro de una gran ciudad. Quería una vida social activa y tener citas. No quería trabajar muchas horas. Su principal necesidad económica era tener los ingresos suficientes para permitirse un piso en el centro de la ciudad. También pensaba que entre las mujeres con las que saliera, al final una podría cumplir los requisitos para ser su esposa. Como podéis apreciar, a su manera era tan ambicioso como

Heather. Para expresarlo de una forma organizada, sus objetivos incluían:

1. Un empleo como consultor de gestión, orientado a la productividad.
2. Vivir en el centro de la ciudad.
3. Y una jornada laboral razonable y sin tener que viajar.

¿Piensan quizá que Trent y Heather son extremadamente ilusos? Quizá sí, quizá no. Pero los dos tienen razón al empezar con sus deseos más preciados y luego tratar de acercarse todo lo posible a ellos. Imaginaos que se tratara de un inmueble: nadie que busque casa inicia el proceso de compra sin el punto de partida de una lista de casas ideales que incluyan todo lo que quiere. Ese es un ejercicio eficaz.

Por otro lado, observad cuántas personas empiezan con la meta absolutamente modesta de conseguir solo un empleo básico relacionado con el principal. Luego, si lo consiguen, piensan en qué otra meta podrían incluir. ¿Os sorprende que si empiezas simplificando tus metas hasta reducirlas a casi nada, acabarás luchando por llegar a ninguna parte? Sé que en este mundo competitivo y difícil a menudo los veteranos del sistema os dicen que hay que ser práctico. Con eso generalmente se refieren a que deberíais tener unas expectativas bajas y a que os vayáis olvidando del sueño de encontrar pasión en vuestro trabajo. Pero recordad que la competencia es la verdadera razón por la que tenéis que encontrar una profesión que os apasione. Quiero ser muy práctico al respecto. Soy economista, y los economistas somos los profetas del pragmatismo. Planificar la profesión es la respuesta del trabajador apasionado a la necesidad de ser práctico. Y debéis empezar con la mejor meta posible.

Ricardo tenía una gran resistencia a fijar metas para su profesión, ya no hablemos de su vida. Era hijo de inmigrantes, y estaba tan satisfecho por formar parte de la primera generación en un nuevo país, que parecía estar sumamente dispuesto a aceptar cualquier empleo razonable a su alcance. Y así lo hizo, como director en un banco. Avanzamos rápidamente unos cuantos años, y todavía seguía allí. No, no le gustaba su trabajo, pero pensaba que de todas maneras trataría de tener la mejor vida que pudiera.

Aunque Ricardo había definido una pasión: el negocio inmobiliario. Para él, un empleo en una inmobiliaria habría sido como si le tocara la lotería, tanto desde el punto de vista de la felicidad que le reportaría como de la improbabilidad de que fuera a ocurrir alguna vez.

¿Tiene Ricardo más probabilidades de triunfar debido a sus alternativas más restringidas? ¿Es prudente por no tentar al destino siendo demasiado ambicioso?

La pura verdad es que Ricardo y su situación hicieron que me distrajera. Detesto cualquier clase de pérdida, y eso es lo que aprecié en el caso de Ricardo. Vivimos en un mundo en el que se desperdicia muchísimo talento porque la gente rebaja sus expectativas nada más comenzar y consideran que todo lo demás es un extra. No me habría molestado tanto si Ricardo no tuviera un talento tan grande. Cuando hablaba de los proyectos inmobiliarios que se habían estado construyendo, los veía plagados de errores. Pero por encima de eso, veía muchas oportunidades para mejorarlos y un sinfín de oportunidades perdidas para aumentar la rentabilidad de un proyecto. Y cuando hablaba de lo que «podría» construirse, sus ideas eran sencillamente admirables, sensibles con sus entornos y a menudo diferentes a cualquier cosa que él o yo hubiéramos visto.

Lamentablemente, podía verle pasar los siguientes veinte años en su puesto en el banco, ayudando a la gente a conseguir préstamos para comprar casas u otras propiedades que eran mucho menos interesantes que lo que él podría haber creado. Y con este enfoque vital aparentemente tan poco agresivo, podía verle a él mismo viviendo en una casa mediocre, con una esposa e hijos normales, sin buscar la excelencia en ninguna de las cosas que emprendiera. ¿Y qué hice yo en mi frustración? ¡Le dije a gritos que fuera utópico!

Fue una pelea en toda regla, pero al final terminó pensando de forma parecida a Heather y Trent y admitió más o menos que quería ser promotor inmobiliario. Y sí, quizás hubiera fantaseado sobre tener una gran familia y vivir en el campo. Ahora teníamos algún lugar para empezar. Su meta se estaba empezando a aclarar.

Vosotros también deberíais poneros unas metas, como han hecho Heather, Trent y Ricardo. Y luego preguntaros si vuestra meta, aunque pueda ser elevada, es también flexible. En otras palabras, ¿tenéis vuestra meta establecida en un punto? No es eso lo que queréis. Si estáis completamente seguros de para qué empresa exactamente queréis trabajar, vuestro objetivo es un punto. Si estáis absolutamente inmersos en una oscura área de estudio, como las armas del siglo III, entonces vuestra meta es un punto. Ampliad vuestro campo.

Es posible que estéis pensando: *Pero me acaba de decir que sea preciso.* Y es verdad, eso dije. Pero utilizad el sentido común: una meta tan amplia como: «Quiero ser feliz» no tiene sentido, y una tan estrecha como: «Quiero hacer *este* trabajo en *este* sitio» solo os va a preparar para el fracaso.

Es sensato tener una meta, pero dada la incertidumbre del mundo, tenéis que concederos un margen de maniobra para dar cabida a los cambios. El mercado podría cambiar; *vosotros* podríais cambiar. Empezad con una gran diversidad y no penséis en «estrecharla» tanto como en «investigar». A medida que os dediquéis a investigar, la claridad surgirá por sí misma.

Diferenciar las prioridades

Tras decidir qué es lo que les haría felices, Heather, Trent y Ricardo tuvieron que establecer prioridades para sus metas principales. Ese fue el primer paso hacia el pragmatismo. No todo podía ser posible al mismo tiempo. Un vez más, esto se parece a buscar piso. Puede que deseéis una chimenea, pero en vuestra lista de deseos, ¿qué lugar ocupa? ¿Podríais vivir sin una si tuvierais que elegir? ¿Podríais incorporar una chimenea más tarde? De la misma manera, cuando se trata de la planificación profesional, cada elemento debería contar con un conveniente grado de flexibilidad.

Heather identificó los factores que tenían menos importancia para ella y llegó a la conclusión de que, de la gran variedad de labores que podía hacer como contable, podría destinar gustosamente sus energías mentales a la mayor parte de ellos siempre que tuviera una influencia importante en el resultado. Así, al menos, minimizaría una de las limitaciones. Además, aunque aspiraba a unos ingresos relativamente altos a lo largo de su trayectoria profesional, un salario alto de partida era menos importante que la oportunidad de viajar. Y si tenía que hacerlo de mochilera, lo haría.

Trent hizo lo mismo y decidió que estaba dispuesto a trabajar en las formas de mejorar la productividad y en nada más, si tenía posibilidades de hacerlo. Le pareció que estaba siendo flexible al no preocuparse de en qué *tipos* exactamente de productividad trabajaría. También llegó a la conclusión de que podría estar dispuesto a viajar un poco y a trabajar más horas de las que deseaba, al menos al comienzo de su profesión. Pero la vida en un piso del centro de la ciudad era muy importante, solo por detrás de su trabajo.

¿Pensáis que Heather y Trent siguen siendo demasiado ilusos? Si es así, ¿no os parece que hacen mejor en averiguar lo que es factible y lo que no, en lugar de suponerlo?

Ricardo y yo seguimos con nuestra batalla sobre el asunto de las prioridades, porque, aunque le había convencido para que me dijera adónde le gustaría llegar en última instancia, daba por sentado que nada de eso tenía visos de ser realmente posible. Fueron necesarias muchas conversaciones, en las que le hacía preguntas como: «Si tuvieras que corregir o retrasar alguna parte de tu sueño, ¿cuál sería esa?» Y Ricardo me respondía impasible cosas como: «Cualquiera de ellas, profesor. Como le dije, puedo seguir trabajando en el banco el resto de mi vida sin que pase nada». Y así una y otra vez. Volveré a hablar de Ricardo dentro de un rato, porque al final llegamos a un punto en que dejamos de movernos en círculos y logramos algunos avances verdaderos en relación con su plan.

Así que ahora podríais tratar de intentarlo con este ejercicio, y por favor, utilizad a Heather y Trent como modelos, no a Ricardo. ¿Cómo clasificáis vuestras metas? ¿En qué podríais mostraros más flexibles si tuvierais que hacerlo? ¿Qué es lo que es innegociable para vosotros?

Identificar las barreras concretas
para alcanzar las metas

Ahora que habéis empezado a definir vuestros objetivos más deseados y a pensar en dónde se sitúan desde el punto de vista de la importancia que tienen para vosotros, el siguiente paso consiste en identificar los obstáculos que se interponen en el camino. Las metas agresivas, por su propia naturaleza, os obligan a pensar detenidamente en los obstáculos. Aquellos que podríais haber imaginado inamovibles no lo son; y podéis no haber reparado en algunos verdaderos obstáculos, hasta que os aplastan.

Heather no tardó mucho en reconocer las principales barreras para alcanzar sus metas. En primer lugar, los trabajos de contabilidad suelen estar arraigados en un lugar, en una oficina o en una ciudad. En segundo lugar, al principio ni se acercaría a los expedientes de gran repercusión; como contable principiante, le tocaría hacer el trabajo menos interesante, las cosas aburridas. Y aunque sus ingresos fueran razonables, estos no le permitirían «viajar a lo grande». De todos modos eso no era importante, porque en los primeros años los días de vacaciones de Heather serían modestos en el mejor de los casos. Con el tiempo, sus vacaciones, ingresos e influencia mejorarían, aunque para entonces confiaba en tener hijos, y con unos bebés en brazos, viajar por el mundo solo resultaría más difícil.

Trent también se encontraba en una situación aparentemente imposible. Con un empleo de principiante, tendría poca capacidad para decidir qué trabajo haría, al menos hasta que fuera más viejo, como, pongamos por caso, cuando tuviera cuarenta años (lo cual se le antojaba algo muy lejano). Además, la asesoría de gestión generalmente implica trabajar muchas horas y viajar mucho. O al menos así sería si conseguía un empleo en un despacho importante. Los grandes despachos normalmente tenían oficinas en el centro, lo que era una ventaja, así que Trent podría vivir y trabajar en el centro y permitirse un pisito. Pero el problema estaba en que solo podría vivir ahí entre viaje y viaje de trabajo. En consecuencia, su vida social sería efímera e intermitente. Por el contrario, si trabajara para una empresa más pequeña, sus ingresos seguramente serían demasiado bajos para conseguir su piso de ensueño. Además, tales empresas rara vez tenían su sede en el centro.

Entonces, ¿qué debían hacer Heather y Trent? ¿Tanto una como otro debían ser realistas? ¿No debería Heather pagar su peaje como contable? ¿Y conseguir el mejor empleo que pudiera y viajar durante sus vacaciones? O si su gusanillo de viajar no podía demorarse ni sofocarse, podría retrasar el inicio de su actividad profesional y recorrer el mundo con mochila, acostumbrándose al recurso de los albergues juveniles. Y tal vez Trent tenga que aceptar unas prácticas dilatadas y decidir qué es más importante para él: las jornadas prolongadas y vivir en el centro o un menor compromiso horario en una empresa más pequeña en las afueras. Sin duda, podría disfrutar de una vida social saludable en las afueras, si se viera obligado a ello.

Quizá lo que la gente «normal» haría sería seguir las sugerencias del párrafo anterior. Pero Heather y Trent estaban decididos a tener unas carreras *fantásticas*, y no solo buenas. Así que tanto una como otro pasaron a la siguiente etapa de su planificación.

El punto esencial a este respecto es que en el rumbo que hayáis escogido surgirán obstáculos. Relacionadlos de manera objetiva. Que no os preocupe el que podáis ser negativos y no penséis cómo solucionarlos de antemano. Por el momento, limitaos a reflexionar y a identificarlos.

Explorar las barreras y revisar los objetivos si fuera necesario

Heather y Trent se dieron cuenta de que siempre hay obstáculos para el éxito, y sin duda para las profesiones fantásticas. Y las barreras no se pueden hacer desaparecer por arte de magia, por más esfuerzo y voluntad que se ponga en el empeño. Al universo le trae realmente sin cuidado que para uno sea importante viajar o vivir en el centro, así que desear un golpe de suerte al respecto simplemente no dará resultado. Heather y Trent decidieron que si querían tener una verdadera influencia en el trabajo y realizar sus objetivos personales, tendrían que encontrar una manera de incluirlos. O hablando con propiedad, al menos debían intentarlo.

Heather empezó su sondeo buscando ejemplos de cómo otros contables habían desarrollado trayectorias profesionales nada convencionales. Aunque no hubieran intentado viajar por el mundo, la naturaleza singular de sus avances podría ayudarla a encontrar una manera de sortear sus obstáculos. Aunque los resultados no fueron prometedores. La contabilidad —al igual que muchas otras profesiones, desde la arquitectura a la ingeniería— tiene una trayectoria profesional relativamente establecida. O al menos la tiene si quieres hacer carrera y conseguir referencias o asentar tu reputación. Los únicos contables que viajaban mucho eran asociados con grandes clientes internacionales o especialistas que viajaban en avión alrededor del mundo para encargarse de situaciones excepcionales. Pero esos puestos estaban restringidos, como era de esperar, a los contables sumamente experimentados (es decir, mayores). Como ya he dicho, Heather no quería esperar. Ya tenía claro cuál era su rumbo profesional. Y si quería ser contable, era evidente que tendría que aprender a tener paciencia.

Pero había otra manera. Podía aparcar la meta de ser contable y ejercer como analista cuantitativo. Los analistas cuantitativos trabajan con números, aunque técnicamente no podría ser calificada de contable. En otras palabras, una manera de sortear el obstáculo era replantearse la descripción convencional del trabajo en sí.

Heather reflexionó mucho acerca del asunto. Decidió que cumpliría con las exigencias para licenciarse en contabilidad, puesto que estaba cerca del final. Pero decidió no dar otros pasos adicionales (exámenes, etcétera) necesarios para conseguir la titulación oficial de contable. Comprendió lo que muchos no comprenden: que las pasiones no siempre encajan exactamente en las actividades establecidas. Su plan profesional tenía ahora una meta profesional revisada. Solucionaría los problemas de gran repercusión utilizando el análisis cuantitativo al margen de la contabilidad; en otras palabras, podría seguir poniendo su mente a trabajar en aclarar las causas de que el producto o negocio de una empresa estuviera estancado, pero no sería la contable de la empresa; tendría una titulación distinta. Puesto que no tendría la credibilidad de su denominación profesional para ayudarla, quizá tuviera que transigir en algunas de sus metas personales. Pero viajar seguía siendo una gran prioridad mientras pensaba en sus siguientes pasos. (Seamos claros. La idea de este ejemplo no es la de que la contabilidad sea una mala elección profesional. No lo es, aunque lo fue para Heather. Una ocupación, una profesión, solo es fantástica si es *tu* pasión y si satisface tus demás metas prioritarias.)

Trent tuvo dificultades cuando analizó sus obstáculos. Todas las grandes empresas esperaban que viajara, y las pequeñas le ofrecían un sueldo que sencillamente no le permitía vivir en el centro de la ciudad. Y pocas le permitirían elegir la clase de trabajo que realizaría; no podría exigir centrarse en la productividad. Así las cosas, decidió que miraría en todas las empresas posibles para ver si había alguna excepción al enfoque tradicional. Había unas pocas que estaban especializadas en la productividad, pero solo contrataban a consultores que tuvieran mucha más experiencia que él. Como ocurre con tantas clases de ocupaciones y profesiones, Trent era demasiado joven e inexperto para ser tomado en serio. (El mismo problema afecta al trabajador mayor como Ricardo, que quiere cambiar de profesión pero carece de experiencia en otro campo.) Así que Trent necesitaba más formación para tener algún control sobre la naturaleza de los problemas que llegaría a abordar. Y lo de vivir en el centro probablemente tendría que esperar. En resumen, Trent estaba en el camino de regreso a la facultad.

En el ínterin, Ricardo había terminado por convencerse de buscar lo que más deseaba. Con diez años de excelentes informes de rendimiento en el banco bajo el brazo, gozaba de la credibilidad necesaria para buscar un puesto de principiante en el sector inmobiliario. Probablemente estuviera más cualificado para ser vendedor, aunque lo que realmente quería era un trabajo de gestión de proyectos en una promotora inmobiliaria. Por desgracia, no tenía la menor experiencia en el campo, aunque llevaba una década leyendo sobre el tema. El camino hasta convertirse en promotor parecía ciertamente largo.

Le pregunté si podría reunir suficiente dinero para emprender un proyecto por su cuenta; algo modesto, como la remodelación de una tienda en un centro comercial. No tenía que ser algo absorbente; podía ser una iniciativa a tiempo parcial mientras seguía trabajando en el banco.

—Al fin y al cabo —afirmé—, la mejor manera de empezar una profesión es empezarla.

—Ni siquiera tengo dinero para un proyecto modesto —se quejó Ricardo—. Y tampoco nadie de mi familia. Y ningún banco me va a prestar el dinero, dada mi inexperiencia; eso lo tengo clarísimo.

Ricardo podía encontrar más razones para no hacer algo que cualquier otra persona que yo conociera. ¿Entendéis por qué me decepcionaba tanto?

—¿No tienes ningún pariente con algo de dinero? —insistí.

—¡No! —soltó, pero entonces se hizo el silencio—. Bueno, sí. Tengo un tío que es rico, pero no le voy a pedir dinero. Es un hombre que se hizo a sí mismo... y espera que yo también haga lo mismo.

—¿Y por qué le habrías de pedir un regalo? —pregunté—. ¿Por qué no le ofreces la oportunidad de invertir en un proyecto que has creado tú?

Al fin, pareció que a Ricardo se le hubieran encendido miles de bombillas en la cabeza. Jamás había considerado a los parientes lejanos como *inversores*. Sí, era demasiado mayor para pedir regalos, pero podía ofrecer un interés competitivo a cambio. Podría incluso mejorar lo que le ofrecieran a su tío en otros sitios. Ricardo se puso de inmediato a crear un proyecto, y cuando tuvo uno concertó una reunión de negocios con su tío.

—¡Mi primera reunión de negocios! —dijo cuando me llamó para contármelo. El orgullo que se detectaba en su voz era evidente. En el caso de Ricardo, al contrario que los de Heather y Trent, su obstáculo se había desvanecido una vez analizado.

La razón de esta fase es la de «investigar», la de determinar lo que es sólido como una roca y lo que no lo es. ¿Estáis buscando soluciones provisionales? ¿Estáis haciendo suposiciones sobre puestos de trabajo o profesiones definidas que se puedan desmontar? ¿Estáis sucumbiendo al pensamiento convencional? ¿Os estáis precipitando al *no* con demasiada rapidez?

Identificar, adquirir y consolidar los conocimientos clave necesarios

Cuando afirmaba en el capítulo 2 que no se podría edificar una profesión fantástica sobre unos conocimientos carentes de pasión, no dije que estos fueran innecesarios u opcionales. Cuando tenemos un objetivo apasionado, de hecho nos vemos impulsados a adquirir el dominio de estos conocimientos, puesto que sin este no podemos satisfacer nuestro deseo más ferviente. Esto puede ser una motivación bastante más poderosa que lo que el dinero pueda llegar a ser nunca.

Muchas personas ven únicamente un camino para adquirir los conocimientos: los estudios reglados o algún otro tipo de programa educativo. Pero esta técnica de consumo masivo para perfeccionar los conocimientos no nos deja en mejor situación que a una legión de prójimos. O bien la gente acepta la misma progresión en la experiencia que siguieron los demás y avanza como un rebaño. Hay que reconocer que Heather, Trent y Ricardo analizaron sus alternativas con mayor espíritu crítico. Ellos no cometieron el error n.º 3 de seguir al rebaño.

Heather decidió que sus estudios de contabilidad ya le habían proporcionado la mayor parte de los conocimientos cuantitativos que necesitaba para conseguir un puesto de analista. Unos cuantos cursos especializados más era todo lo que necesitaba para complementarlos. Mientras investigaba posibles empleos donde se estuvieran demandando sus conocimientos en el análisis cuantitativo, se topó con la consultoría de gestión. En su calidad de contable, tenía una oportunidad plausible de conseguir un puesto de principiante. Pero una oportunidad plausible no era algo que sedujera a su afán planificador. Quería disponer de una ventaja, especialmente porque alguien (no se imaginan quién) la había aterrorizado al mencionarle las elevadas presiones competitivas de la economía moderna.

Así que buscó a un consultor jubilado que había trabajado en una consultora importante y le formuló unas cuantas preguntas. Heather se enteró de que la competencia por los clientes entre las grandes firmas era encarnizada y de que la capacidad para encontrar y retener a los clientes clave estaba muy cotizada. Eso era todo cuanto necesitaba saber. «Enséñeme cómo se hace eso», le pidió al exconsultor. Con astucia y sinceridad, le dijo al hombre que no debía dejar que su experiencia se desperdiciara. Así que, aunque él estaba jubilado, Heather se convirtió en su aprendiza.

Trent tenía problemas diferentes con su capacitación. Quería ser consultor de productividad, un subgrupo dentro de la consultoría de gestión. Así que a menos que quisiera hacerse viejo y adquirir pericia en esas responsabilidades, a su licenciatura en empresariales debería añadirle un posgrado. La elección lógica sería uno en administración de empresas (MBA). Sin embargo, consciente del hecho de que muchas personas obtenían un MBA cada año y de que muchos consultores de gestión tenían uno, Trent no estaba seguro de que ese título adicional le permitiera distinguirse. (Obtener un MBA es un paso excelente para conseguir una profesión fantástica, pero eso depende de las metas y circunstancias de cada uno.)

Trent pensó: *Si quiero ser un experto en productividad de alto nivel, debería matricularme en un posgrado especializado.* Qué pena, semejante posgrado no existía. Buscar es siempre mejor que no hacerlo, pero hacerlo no garantiza que vayáis a encontrar algo útil. Pero Trent no se rindió ni escogió el camino «fácil», que habría sido cursar igualmente un MBA. En lugar de eso, se volvió creativo. Empezó a buscar un posgrado en el que pudiera investigar los mecanismos de la productividad. En otras palabras, podría satisfacer sus intereses con la ayuda de una institución docente.

Ricardo enfocó su falta de conocimientos de manera diferente. Había leído mucho sobre los temas que le interesaban, aunque sabía que carecía de experiencia práctica. En concreto, a Ricardo le parecía que tenía que entender mejor los aspectos financieros del proyecto. Consideró buscar un tutor, pero quería empezar su nuevo proyecto inmediatamente, y el tiempo se acababa. Así que decidió improvisar, aunque de manera planificada; contrataría a unos profesionales para que trabajaran en su proyecto, y de paso aprendería de ellos.

En esta etapa, Heather, Trent y Ricardo evitaron cometer un importante error. Muchas personas entienden a medias una cuestión y luego no aprovechan su ventaja. Heather, por ejemplo, podría haber mantenido simplemente conversaciones informales con su tutor; Trent podría haber escogido cualquier posgrado de investigación para empezar y Ricardo podría haberse limitado a improvisar la manera de adquirir sus conocimientos financieros. Sin embargo, cada uno desarrolló un *plan claro y preciso* para crear la base de sus conocimientos. (En otras palabras, establecieron unos puntos de referencia, de lo cual hablaremos con detalle en la página 197.) Heather y su tutor prepararon una serie de reuniones y presentaciones para cumplir unos objetivos muy concretos que abarcaran todos los aspectos del análisis de gran impacto, incluida la manera de atraer a los clientes. Trent se documentó exhaustivamente sobre los posibles posgrados, después de elaborar una serie de criterios. Se suponía que su nueva formación le permitiría acceder a la consultoría de la productividad, y no iba a dejar nada al azar. Para asegurarse de que su idea estaba respaldada por la experiencia en la ejecución, Ricardo subcontrató todo el trabajo que pudo sobre su proyecto del centro comercial. Y a continuación, decidió supervisarlo todo con mucho detenimiento, principalmente para aprender lo que estaban haciendo sus socios y para averiguar, a base de preguntarles, por qué lo hacían así. En otras palabras, más que supervisando, sobre todo Ricardo estaría aprendiendo. En la siguiente ocasión, sabría más, y al final sería capaz de supervisar con conocimiento de causa.

De este trío podéis aprender a haceros las preguntas esenciales sobre los conocimientos. ¿Cuáles, de los que carecéis, seguís necesitando? ¿Cómo podéis adquirirlos? ¿De cuánto tiempo disponéis para hacerlo? ¿Estáis buscando métodos innovadores para adquirir esos conocimientos u os limitáis a seguir la «sabiduría» convencional?

Poner en marcha el propio equipo

El éxito profesional casi nunca es un logro solitario. Sí, los contactos son importantes, pero lo que aquí estoy promoviendo es algo que trasciende la colaboración como se suele entender. De todas las personas que he conocido que hayan tenido problemas en sus profesiones a pesar de seguir sus pasiones, la razón más frecuente para sus dificultades proviene de su incapacidad para movilizar un equipo. Advertid que he dicho *equipo*, no una red de contactos.

Da igual cuál sea la naturaleza del trabajo, que estés en una empresa pequeña o en una grande, que esta sea una tecnológica o una fábrica. Incluso en el manifiestamente aislado mundo de la alta tecnología, los solitarios pasarán apuros. Sí, conseguirán un empleo con un salario decente, pero al cabo de un tiempo, sometidas a un estrés cada vez mayor, personas sumamente capacitadas empiezan a sentirse resentidas por su falta de control sobre el trabajo. Las más de las veces, es esta falta de control la que les impide tener una profesión verdaderamente fantástica. Y, sin embargo, podrían haberlo solucionado si hubieran tenido listo un equipo. Estas personas tienen la sensación —a menudo con razón— de que su talento está siendo desperdiciado. ¡Ah, si al menos no tuvieran tanto miedo de los extraños!

¿Cuál es la diferencia entre una red de contactos y un equipo? Una red de contactos de personas que conoces y que tienen un buen concepto de ti es uno de los caladeros donde echar las redes para captar a tu equipo. A diferencia de una red de contactos, que debería ser tan amplia que no puedas recordar de memoria todos los que la componen, un equipo es pequeño, está unido y se encuentra listo y capacitado para ayudarte a alcanzar tus metas profesionales. La red de contactos solo está disponible, pero el equipo está de guardia. Y si incorporas (prudentemente) algunas metas vitales importantes en tu plan profesional, el equipo también deviene importante para la realización de tu plan vital. El equipo suele incluir a personas que tienen distintas vinculaciones con uno: algunos familiares, amigos, conocidos, compañeros de trabajo y tus propios profesionales a sueldo. El equipo le ayuda a uno a planear, a crear y a ejecutar.

Heather había captado a su tutor principal, aunque eso fue solo el inicio. Era imposible que pudiera aprender todo lo que necesitaba saber sobre la forma de encontrar clientes de una sola persona. Si fuera así de fácil, todo el mundo lo haría, y ella no tendría ninguna ventaja. Su tutor le había advertido de que tendría que practicar, no solo aprender, lo que había que hacer. Así que Heather se puso manos a la obra. Contrató los servicios de un experto para que le informara de los posibles nuevos mercados. Otro miembro de su equipo, un querido amigo y vecino, hizo las gestiones para que ella pudiera asistir a una importante feria de muestras que estaba cerrada al público en general. Su abuelo, directivo jubilado, le sirvió de audiencia para que practicara sus presentaciones. ¿Os vais dando cuenta de por qué Heather es una fuerza con la que hay que contar?

El equipo de Trent mostraba una acusada inclinación por los docentes que pudieran ayudarle a evaluar sus diferentes alternativas educativas de posgrado. Además, un compañero de clase le puso en contacto con un alto directivo jubilado de un fabricante mundial que sabía qué empresas se comportaban mejor en la productividad. Trent también leyó casi todos los artículos recientes sobre el tema y trató de conseguir entrevistas personales con los autores que más le interesaron. En el fondo, lo que hizo fue poner en funcionamiento su equipo básico. Su mayor dificultad estuvo en encontrar a alguien que pudiera ayudarle a financiar su investigación universitaria. De lo contrario, sería prisionero de las propias restricciones financieras de su supervisor.

Ricardo tuvo suerte, puesto que su inminente proyecto inmobiliario le puso en contacto con un amplio abanico de profesionales, funcionarios públicos, banqueros, propietarios y contratistas especializados. Se entrevistó con todos para formar su equipo, y mientras lo hacía, trató de aprender todo lo que pudo de ellos. También tenía un contable para que le asesorara de forma permanente. El equipo de Ricardo era solvente y sólido.

Un equipo no es un grupo que vaya a hacer la santa voluntad del líder. Antes bien, los miembros de un equipo mantienen una relación con el líder, y una relación nunca es unilateral. Ya no sois niños, y nadie os va a cuidar por el mero hecho de cuidaros. Explicad a los demás las razones por las que es bueno que *ellos* se incorporen a *vuestro* equipo.

Por ejemplo, un tutor podría estar empleado en una empresa que un día quizá desee contar con vuestros servicios. O reflexionad sobre la manera en que Heather se acercó a su tutor: sabía que él estaba deseando hacer algo que sacara provecho a toda su experiencia. Desde su punto de vista, él quería hacer una contribución al futuro, donde su experiencia le sobreviviría durante mucho tiempo. Y Heather también podía darle algo a cambio, lo cual no era otra cosa que la singular visión del mundo de una integrante de la generación del milenio. Había muchas cosas que Heather sabía y su tutor ignoraba, y a este, cuando menos, le interesaban los puntos de vista de su pupila.

A veces, los miembros de vuestro equipo recibirán un salario, como el contable de Ricardo, pero el dinero no debería ser la motivación para la mayoría de los miembros de un equipo. La base debería ser la relación. Aunque Ricardo estaba pagando a proveedores para que hicieran el trabajo para su proyecto, no lo estaba haciendo para que le enseñaran; eso lo hacían gratis, porque probablemente vieron el potencial que había en Ricardo y pudieron prever una relación laboral a largo plazo con él. ¿Y quién sabe? Quizás hasta le cobraron tarifas mínimas. Cosas más raras se han visto.

Heather, Trent y Ricardo han llevado a cabo algunas arduas tareas en este capítulo. Les hemos visto superar las primeras fases fundamentales de su planificación profesional: han decidido adónde querían ir y a qué podían renunciar. Han aislado los principales obstáculos para alcanzar sus metas y los han examinado concienzudamente para asegurarse de que no hubiera concesiones. Han consolidado los conocimientos que sabían que necesitarían y han puesto a funcionar sus equipos. Y, sin embargo, queda más trabajo por hacer. Ahora llega lo que quizás es la parte más importante de su plan: encontrar la ventaja que los diferenciará.

Preguntas difíciles, respuestas sinceras

1. ¿Cuál es vuestra meta en particular?
2. ¿Cómo clasificáis vuestras prioridades?
3. ¿Qué obstáculos se interponen en vuestro camino? ¿Son insuperables o no?
4. ¿Cuáles son los miembros entregados de vuestro equipo? ¿Qué les estáis ofreciendo a cambio de su apoyo?

6
Encontrar la ventaja

La escritora J. K. Rowling podría haber escrito un buen libro, en lugar de uno fantástico. Pero quería una historia innovadora y se mantuvo fiel a su idea artística. Así que infringió todas las normas de la literatura infantil, que a la sazón dictaban que nada debería ser demasiado terrorífico ni excesivamente largo y que todos los adultos debían ser nobles. Como el mundo entero sabe ya, la estrategia le dio muy buenos frutos.

Si todo lo que podéis producir en vuestro trabajo es un *buen* resultado, no vais a generar una respuesta competitiva. No sois mejores que la mayoría de los demás, así que, ¿por qué habríais de esperar obtener alguna ventaja especial? Tenéis que desarrollar una cualidad que vaya más allá de la pericia. Eso significa que tenéis que crear soluciones que sean sumamente innovadoras, soluciones que se encuentren en pocos sitios más, cuando no en ninguno.

Volvamos a nuestro trío, Heather, Trent y Ricardo, y a cómo se enfrentaron a la cuestión de encontrar su ventaja. Heather no vio enseguida la razón de que su tutor la presionara para que determinara cuál iba a ser su idea especial. No podía limitarse a querer influir en los problemas importantes mediante el análisis numérico. ¿Iba a utilizar una técnica matemática que nadie más pensara utilizar? ¿O iba a encontrar una fuente de información que nadie más tuviera o utilizara? ¿Cómo iba a resolver los problemas utilizando técnicas excepcionales? Poco a poco se fue dando cuenta de que él la estaba presionando para que encontrara una ventaja sistémica como persona con habilidad para resolver problemas; no bastaba con que fuera «más inteligente».

Heather se sorprendió de que, pese a todo el alboroto en torno al análisis cuantitativo, los denominados macrodatos, se estuviera prestando tan poca atención a garantizar la *exactitud* de los datos fuente o incluso su coherencia a lo largo del tiempo. Heather encontró una manera de mejorar considerablemente esta propiedad, y le ofrecieron un empleo excelente. Todavía no viajaba tanto como había esperado, pero no parecía importarle demasiado. Y a los viajes que hizo les sacó el máximo provecho (con un plan bien pensado, claro está). Trent se enfrentó a una versión diferente de la misma necesidad. Intentó utilizar un estudio de investigación para emprender su trayectoria como consultor de productividad. Pero eso todavía le dejaba intentando decidir qué importante problema de productividad iba a resolver y dónde. Y si era importante y estaba todavía sin resolver, entonces debía ser muy difícil de solucionar. ¿Por qué pensaba que podría solucionarlo? ¿Cuál era su verdadera idea especial? ¿Qué errores cometían los demás que él pudiera evitar?

Con la ayuda del equipo que había reunido, escogió un posgrado con una gran flexibilidad y elaboró un plan de estudios propio que le dejaba tiempo para dedicarse a la investigación exhaustiva. También a través de su equipo, se enteró de una subvención y consiguió financiación para investigar cómo organizar las cadenas manufactureras de suministros de manera más productiva. Después de terminar el posgrado, fue contratado por un despacho especializado en la consultoría de la productividad, aunque normalmente contrataban a personas con más experiencia. Pero les encantaron las ideas de Trent, y le dieron una oportunidad. Trent está enamorado de su piso, que va amueblando poco a poco, y por lo poco que me cuenta del asunto, parece que su vida social también va bien.

Ricardo ya estaba analizando su ventaja, desencadenada por su portentosa actividad lectora. Quería utilizar detalles de diseño insólitos que distinguieran arquitectónicamente sus edificios y al mismo tiempo los hicieran asequibles. Pero puesto que intentaba avanzar con rapidez, tuvo que evitar añadir detalles que retrasaran indebidamente la construcción. Tenía sus ventaja; esa era la parte fácil. La dificultad provenía de su necesidad de mantener la atención y el compromiso para llevar a la práctica su idea creativa con rapidez.

El proyecto de Ricardo del centro comercial fue un éxito, y ahora sabe que le encanta ser promotor inmobiliario.

Lo que estas tres historias demuestran es que no es suficiente solo con tener una pasión o ni siquiera una pasión y un plan; también hay que tener una *diferencia definitoria,* o ventaja. Y esa distinción implica la capacidad de creatividad el cien por cien del tiempo.

¿Creéis que no sois creativos? Reflexionad. Al final de este capítulo, veréis no solo lo crucial que es la creatividad, sino la manera de extraerla de vosotros.

Yolanda y Cliff: imitación frente a innovación

Yolanda estaba segura de que lo de ser creativa no iba con ella. Y esa era la razón de que todo lo que le sucedía fuera absolutamente predecible.

En muchos aspectos, era una empleada ejemplar. Le encantaba su trabajo como jefa del equipo de recursos humanos de una empresa en expansión. Disfrutaba a conciencia del desafío de emparejar a la persona adecuada con el trabajo correcto, y obtenía una gran satisfacción haciéndolo. Incluso prestaba mucha atención a hacerles comentarios provechosos a los solicitantes que no eran contratados, de manera que pudieran mejorar sus expectativas. También estaba comprometida con su crecimiento profesional y el de su equipo mediante cursos, conferencias y talleres.

Por consiguiente, que la despidieran después de más de diez años en la empresa le supuso una amarga decepción. Su jefe trató de explicarle la decisión. Le recordó que se le había advertido que enmendara ciertas deficiencias en su rendimiento, y que no lo había hecho. En consideración a sus años de servicio, ofreció darle unas buenas referencias, las cuales omitirían la verdadera razón de su despido. Para Yolanda, que aparentemente seguía sin comprender lo que le había sucedido, aquello fue un magro consuelo.

Entonces, ¿qué era lo que le había costado su empleo? Si pensáis que era una empleada modelo, lo era... pero para el año 1980.

Esto es lo que pasó: el patrón de Yolanda era una empresa pujante dentro de un sector muy competitivo, y sus dirigentes creían que la calidad de sus empleados era esencial para que mantuviera su pujanza. Pero les parecía que durante los últimos años sus competidores habían estado contratando empleados más cualificados que ellos. Habían pedido a Yolanda que mejorase sus estrategias de contratación y retención de personal. Pero sus iniciativas habían sido consideradas inadecuadas, puesto que lo único que había hecho fue copiar las políticas y programas de las otras empresas. Cuando su trabajo fue criticado, se defendió argumentando que había incorporado las mejores prácticas de recursos humanos del sector. *¿Qué más querían?*, se preguntó ella. Por lo visto, mucho más.

Al limitarse a *igualar* las mejores prácticas de los competidores de su empresa, Yolanda no había proporcionado una verdadera ventaja competitiva. Y tal ventaja es exactamente lo que la empresa quería y necesitaba, especialmente porque no habían estado tan presentes como algunos de sus competidores. La ventaja competitiva significaba crear y adoptar prácticas de captación y retención que nadie más estuviera utilizando. Así pues, cuando Yolanda utilizó una técnica de la que se había enterado en una conferencia, solo seguía imitando, no innovando. Antaño, el planteamiento de Yolanda habría sido lo bastante bueno para que su empleador hiciera frente a la competencia, Pero por desgracia, ya no estamos en la era de lo «bastante bueno».

Toda la formación de Yolanda había consistido en reconocer las ideas inteligentes de los demás y aplicarlas adecuadamente. Pero ahí estaba el problema: esa era la misma formación que los ejércitos del resto de los profesionales de recursos humanos con estudios universitarios habían tenido. En una época de exigencias crecientes, es necesario más: más horas, trabajar más rápido, cometer menos errores. Y aun así la presión de la competencia aumenta, por lo que ahora también necesitamos: nuevas respuestas, mejores respuestas y más innovadoras. Yolanda no supo cómo cumplir con esa exigencia.

Y tampoco Cliff, que estaba al borde del ataque de pánico temiendo que un ascenso recién conseguido se le escapara de entre los dedos. Ingeniero amante de la ingeniería, se había labrado una reputación en su empresa por su elevado nivel de competencia técnica. Cuando le planteaban un problema, normalmente aplicaba su caudal de conocimientos para dar una solución efectiva a un coste razonable. Por su brillante historial, fue nombrado subdirector de investigación y desarrollo. Su primera tarea consistió en dirigir un equipo para crear un nuevo producto revolucionario. Por desgracia, la primera reunión del equipo acabó en desastre. El equipo esperaba de él que tuviera dotes de mando, y él, de ellos, que aportaran ideas. Y tanto uno como otros no tardaron en perder la confianza mutua.

Yolanda y Cliff se vieron en problemas porque sus empleados estaban sometidos a la presión de la competencia. Trabajar con más empeño, más deprisa o más horas no resolvía la necesidad de sus empleados de una ventaja competitiva. Cliff tenía que innovar para conservar su empleo. Y Yolanda no estaba segura de lo que necesitaba para conseguir otro trabajo. ¿Cómo llegaron Yolanda y Cliff a semejante situación? Recordad, ambos estaban ejerciendo en buena medida sus respectivas pasiones.

El problema estaba en que habían supuesto que su pasión, educación y experiencia era todo cuanto era necesario. Y lo habría sido... en el pasado. Cuando les insistí, ambos reconocieron que la competencia estaba aumentando y que era probable que siguiera haciéndolo indefinidamente. También convinieron en que las exigencias en el lugar de trabajo iban a seguir aumentando.

Pero a pesar de este reconocimiento, ninguno de los dos fue un paso más allá. Ninguno intentó definir las consecuencias de lo que ya sabían que estaba sucediendo ni acto seguido trató de resolverlas. Puesto que Yolanda y Cliff estaban atentos y eran ambiciosos, su despreocupación por lo que les deparaba el futuro puede antojarse en cierto modo sorprendente... hasta que te das cuenta del principal problema que aquejaba a ambos.

El villano: el pensamiento convencional

Yolanda y Cliff estaban desarrollando sus pasiones, pero en todos los demás aspectos de sus vidas estaban sujetos a las normas convencionales. Uno y otra estaban profundamente influidos por sus familias, amigos y colegas, quienes seguían las reglas y se mantenían sin peligro dentro de la norma: haz tu trabajo, hazlo bien, vuelve a casa y empieza de nuevo. Pero pensar en el futuro de una manera metódica no es sin duda un ejercicio borreguil. Como Cliff dijo: «El futuro parece un poco aterrador». Sí, si ignoras el futuro, casi seguro que este puede aterrarte. Y en ese momento, tanto Cliff como Yolanda estaban aterrados.

Cliff ya estaba preparado para abordar con seriedad la manera de innovar. No le quedaba mucho tiempo antes de que su empleo se autodestruyera, y lo sabía.

Yolanda, por el contrario, seguía instalada en la negación. Bueno, o algo parecido. Entendía la lógica que se escondía en mi consejo de que tenía que innovar, pero ya había perdido su empleo.

—Tal vez —dijo, con indecisión—, pueda conseguir mi próximo empleo gracias a mi experiencia. Luego, claro, una vez haya sido contratada, posiblemente tenga que aprender a innovar... O sea, *en algún momento*.

—No pareces muy dispuesta —observé.

—Profesor —dijo—, no soy una persona creativa.

El pensamiento convencional la estaba paralizando. Daba por sentado que no conseguiría adaptarse, así que no lo intentaba. Pensaba, confiaba incluso, que aun así todo saldría bien de alguna manera.

Detesto el pensamiento convencional. Este se instala —acecha, incluso— en un segundo plano y modela nuestras ideas sin mostrarse de manera explícita, lo que lo hace sumamente poderoso. Yo lo veo como a un bandido que merodea en la noche, decidido a socavar el talento humano. Una y otra vez, he visto a este canalla erosionar el potencial de las personas. *Sigue las reglas; sigue al jefe; si funciona, no lo toques,* son todos ejemplos del pensamiento convencional oculto en los tópicos. Como es natural, las ideas convencionales cambian con el tiempo, aunque el avance es lento. Y durante el tiempo que suele hacer falta para cambiarlas, retrocedemos colectivamente. Un año desperdiciado es un año perdido para siempre que nunca se recupera. Y mientras la competencia marca el paso, el pensamiento convencional queda rezagado con respecto a la realidad aún en mayor medida.

En resumen, vi a Yolanda y a Cliff inmóviles en un océano de convencionalismos, y ambos iban a la deriva hacia las rocas. Los dos pensaban que la innovación era labor de los jefes, lo admitieran estos o no. Suponer tal cosa es peligrosa. El rebaño se convence a sí mismo de que la creatividad está reservada solo a unos pocos seres especiales; aquellos pocos individuos que son capaces de idear nuevas cosas son verdaderos genios o anomalías. Esta suele ser una excusa genial para que la mayoría de las personas eviten hacer siquiera un intento de innovar: la mayoría de las personas *no* innovan, ergo, ¡es que *no pueden*! Si necesitamos encontrar una solución a un problema, lo resolvemos utilizando ideas de ayer o esperamos a que el jefe encuentre una solución. Así pues, ¿os sorprende que tantas personas tengan problemas en sus profesiones?

¿Y cómo iba a liberar yo a Yolanda y a Cliff del convencionalismo? Nunca hay respuestas fáciles cuando los problemas importantes están sobre el tapete. Y para mí, la plena realización del talento es de la máxima importancia. Es el premio por el que vale la pena luchar.

Comprender la innovación

Yolanda y Cliff tenían que reflexionar *mucho* sobre la innovación y su compañera, la creatividad. Y dados sus puntos de vista convencionales, era mucho lo que tenían que aprender.

En primer lugar, tenían que definir *creatividad*. Cuando Yolanda insistió en que no era creativa, le pregunté qué quería decir con eso. Respondió que no tenía la menor capacidad artística. Por arte, se refería a las artes visuales, dramáticas y musicales.

—¿Y eso qué tiene que ver con la innovación en los procesos de recursos humanos? —pregunté.

—Si no tengo aptitudes artísticas, no puedo crear nada nuevo.

No tenía ninguna prueba que sostuviera semejante afirmación; era evidente que no había pensado detenidamente en la innovación. El arte no era su pasión; lo eran los recursos humanos. ¿Por qué habrían de estar relacionados entre sí? La única razón para preocuparse por la creatividad artística es que quieras ser artista. Yolanda tenía que ser innovadora en recursos humanos; tenía que entender todo lo relacionado con esa clase concreta de innovación.

Aunque leer alguno de los muchos libros sobre el proceso de innovación pueda ser útil, sugerí como principal prioridad que tanto Yolanda como Cliff se informaran sobre las innovaciones del último siglo en sus respectivos campos. Tenían que saber cuáles eran exactamente las innovaciones. ¿Cómo fueron creadas? ¿Qué provocó que tuvieran éxito o fracasaran? ¿Quién las creaba normalmente? Como estaba en el paro, Yolanda disponía de algo de tiempo para hacer lo que ya debería llevar años haciendo. Pero al menos, iba a empezar ya.

Cliff estaba sometido a mucha más presión, puesto que su empresa seguía esperando que se tomaran medidas o cuando menos que se definiera un plan de actuación. Decidido a conservar su ascenso, Cliff se puso a leer sobre las innovaciones en su campo de la ingeniería eléctrica. Ahora estaba empezando a comprender la clase de innovación que le preocupaba. Encontró sus lecturas sumamente interesantes y admitió que en el pasado, aunque había leído un poco sobre las últimas innovaciones, no había sido especialmente metódico ni analítico.

—Si tan solo hubiera tenido más tiempo... —dijo con desaliento.

A pesar del escepticismo de Yolanda y la ansiedad de Cliff, ambos tenían una importante ventaja competitiva. Amaban sus trabajos, y la temática de sus lecturas era interesante por naturaleza. De hecho, Yolanda confesó que era fascinante, al tiempo que destacaba que la mayor parte de lo que estaba leyendo era desconocido para ella. Imaginad lo difícil que sería realizar esta clase de lectura exhaustiva si *no* encuentras interesante la temática, ¡si no fuera tu pasión!

He visto a muchas personas que intentan crear innovaciones en campos que la gente les dice que son atractivos. Hablamos. Ellos quieren que les sugiera un único libro perfecto que se ajuste a sus necesidades. Por lo general aducen que es porque no disponen de mucho tiempo. Puede. Pero sospecho que para ellos la lectura es una labor ardua y agobiante. Y rara vez veo a tales personas crear algo nuevo que no sean insignificantes repeticiones de lo que ya han creado otros.

Yolanda tardó más que Cliff en identificar las innovaciones que se habían producido en su campo. Pero las encontró. Se instruyó sobre el empleo en los comienzos del siglo XX, cuando «el mando y el control» estaban a la orden del día. Se enteró de cómo habían evolucionado las pruebas psicológicas de los solicitantes de empleo, de por qué las pruebas de conocimientos básicos habían fracasado en muchos casos y de cómo la utilización de los medios de comunicación social se había convertido rápidamente en un instrumento para evaluar y contratar a los candidatos. Y eso solo era una muestra de lo que había aprendido. Pero qué hacer con todo ese estudio siguió bloqueándola. Tenía que localizar un problema o un asunto actual en el campo de los recursos humanos.

¿Qué problema tienes?

Con los conocimientos y la pasión de Yolanda por los recursos humanos, fue capaz de ir identificando gradualmente una serie de problemas fundamentales en esa área: ¿cómo captar el talento? ¿Cómo retenerlo? ¿Cómo cultivarlo? Ella también se dio cuenta de que tenía que descomponer esos grandes problemas en elementos más pequeños. A la contratación iban asociados los problemas de identificar a quién quieres, encontrarlo, conseguir que preste atención a tu mensaje, entender exactamente qué es lo que quiere y verificar sus titulaciones y referencias. Yolanda tenía que resolver entonces cómo clasificar esos problemas por su importancia. Por ejemplo, ¿dónde radicaba el principal fallo?, ya que solucionarlo proporcionaría el mayor beneficio para la empresa.

Cliff había hecho algún pequeño progreso en cuanto a la identificación de los problemas. Le costaba entender a qué se refería exactamente la dirección de la empresa con un nuevo producto «revolucionario». Cliff se habría alegrado mucho si la empresa le hubiera dicho sin más que creara un producto concreto más barato, mientras que «revolucionario» parecía tener que ver con un gran éxito de mercado. Y los mercados esenciales para su empresa no eran algo en lo que pensara mucho.

En realidad, fue absolutamente sincero conmigo al respecto: confesó que jamás pensaba en eso. Le parecía que eso era labor de su jefe. Pero aquel ascenso que tanto había ansiado y perseguido con decisión, le convertía en un jefe «menor». Y como jefe en formación, seguía estando en apuros. Desesperado, contrató por su cuenta a un consultor que le ayudara a identificar los principales problemas; pagó este asesoramiento de su bolsillo. Encontró un buen consultor que sabía cómo hacer preguntas. A Cliff siempre se le había dado bien localizar los problemas técnicos, pero en este momento estaba siendo asesorado para localizar los problemas comerciales.

Para empezar, tenía que analizar qué productos se vendían mal y por qué. ¿Qué categoría de productos parecidos a los que ofrecía la empresa estaba creciendo con rapidez? El consultor le enseñó la manera de buscar. Cliff no podía darse el lujo de hacer que el consultor realizara todo el trabajo, pero sus orientaciones le enseñaron qué características podrían ser consideradas revolucionarias.

Cliff apenas dormía. Presión y una brutal jornada laboral es lo que espera a aquellos que retrasan su adaptación a las nuevas realidades del mercado. Pero al menos, Cliff logró encontrar un producto razonablemente revolucionario. Su empresa tenía un artículo que se vendía poco que habría sido sumamente útil para un mercado mucho más grande, pero era bastante caro. Si él y su equipo conseguían disminuir el coste de fabricación de manera espectacular, tendría un nuevo producto tremendamente popular. Cliff ya solo tenía que hacer realidad esta innovación.

¿Cuál es tu solución?

Yolanda empezó con buen pie, aunque al mismo tiempo estaba muy enfadada consigo misma. Veréis, años atrás se le había ocurrido una solución al problema de cómo contratar a los mejores talentos, pero no había vuelto a pensar en ello.

—¿Por qué dejaste de lado la idea? —pregunté.

—No lo sé —respondió—. Puede que solo estuviera demasiado cómoda en mi trabajo. Recuerdo que en su momento me preocupó que no pudiera dar resultado.

—Y entonces, ¿qué habría sucedido? —insistí—. ¿Te habrían despedido?

Yolanda encajó el golpe con buen humor. Ya no tenía importancia; estaba en marcha. Estaba dispuesta.

Tenía la idea básica de su innovación en la cabeza, pero necesitaba un prototipo funcional, puesto que la solución incorporaba un componente de *software*. Consultó con su equipo de asesores, que ya la habían apoyado en el período posterior a su despido. Utilizó su red de contactos para añadir un experto en programación a su equipo sin remuneración, y un amigo de un amigo tenía un prototipo funcional. Todavía había mucho trabajo de perfeccionamiento que hacer, pero ya podía demostrar la utilidad de su idea.

Así las cosas, reorientó su búsqueda de empleo, ofreciéndose a sí misma con su experiencia y ya con sus ideas de cómo mejorar la captación. Cuando terminó, tenía más de una oferta. En su nuevo empleo, Yolanda estaba decidida a que una vez hubiera implantado su innovación en la contratación, pasaría a la siguiente mejora. Había aprendido lo esencial que era eso.

Cliff no estaba teniendo tanto éxito. Todas las soluciones que se le ocurrían no eran más que una versión de un producto ya existente y que seguía siendo demasiado caro. Estaba tan condicionado por la utilización de las fórmulas de manual para resolver los problemas, que ser original y creativo parecía algo fuera de su alcance. Y su equipo, cuyo condicionamiento corría parejo al suyo, estaba igualmente perdido. ¿Qué hacer?

Cliff persistió. Animó a su equipo a que analizaran su problema una vez más. ¿Había algún componente del producto que pudiera ser eliminado? No. ¿Había un componente oneroso que se pudiera volver a diseñar para que fuera más barato? No. ¿Se podía eliminar alguna de sus características? No, todas eran valoradas por los clientes. ¿Se podía trasladar la tecnología de otras aplicaciones al producto de Cliff? No, nada parecía aplicable. Cliff dirigió a su equipo en una sesión de intercambio de ideas y también intentó detectar cualquier error que ellos u otras empresas hubieran cometido en relación con el producto.

¿Había premisas no testadas que les aportaran algún conocimiento? Nada importante. Cliff confesó que se preguntaba si no carecería de la suficiente imaginación para idear una innovación de importancia.

Le insté a que fuera paciente y que perseverara. Estaba sometido a una gran tensión, y el desafío se le antojaba insuperable. Por supuesto que tenía momentos en los que dudaba de sí mismo; es de lo más natural. Pero estaba olvidando que no está escrito que la innovación deba ser fácil. Si lo fuera, ¿dónde estaría la ventaja competitiva? Le recordé que la innovación era una capacidad que se conseguía con la práctica, y que solo tenía que empezar a practicar. Eso le pareció lógico; como tenista aficionado que era, entendía el valor de la práctica. Pero también tenía que practicar la escurridiza capacidad de saber cuándo abandonar una idea y pasar a otra.

Entonces, una tarde, cuando volvía del trabajo a casa, se produjo la confluencia de la perseverancia, la inspiración y un volumen importante de información. No fue una iluminación repentina; fue la consolidación de la información. Basándose en el trabajo de su equipo, Cliff se dio cuenta de que el diseño original del producto había sido realizado para un selecto y nutrido grupo de clientes de la élite acaudalada. La limitación de los costes había carecido de importancia. Y ese era el verdadero problema: todo el diseño era caro por naturaleza. Él y su equipo habían estado tratando de modificar el diseño para que tuviera un coste menor, y *esa*, y no otra, era la razón de que resultara ser una causa perdida.

Pero si el equipo ignoraba absolutamente el diseño original y empezaba desde cero, podrían idear un enfoque completamente distinto para un producto que cumpliera la misma finalidad que el caro. Cuando Cliff llegó a casa, ya había pensado en diferentes tecnologías alternativas baratas que podría utilizar. ¿El resultado final? Cliff conservó su ascenso.

«Pero, profesor...»: las excusas más frecuentes para la innovación

Admito que tener que innovar para triunfar profesionalmente intimida a aquellos que todavía no lo han hecho. Y cuando argumento que hay que innovar, a menudo se me dice que hay excepciones a la regla. Tales como:

«Pero ¡si mi empresa no quiere que innove!»

Creo a los estudiantes cuando me dicen esto. Y lo creo porque no paro de verlo. Un patrón le dijo a un empleado que estaba sugiriendo una mejora: «Eso no es cosa tuya». (¡Cita textual!) Al contrario, las sugerencias para innovar no son una molestia ni una señal de arrogancia, son una necesidad. Las personas que alcanzaron la mayoría de edad en una época en que la innovación no era tan esencial como lo es en la actualidad, no siempre la valoran; no lo hacen y ni siquiera llegan a sentirse amenazadas por los que la alientan. He asistido al naufragio de bufetes de abogados porque creían que buscar nuevos clientes era indigno; y he visto cómo mastodontes industriales como General Motors fracasaban por no ver y valorar el cambio que se estaba produciendo en su entorno.

Entonces, ¿os imagináis lo que les digo a los alumnos que vienen a verme y me dicen que sus empresas muestran una verdadera falta de consideración por la innovación? Les digo, claro está, que es el momento de que busquen otro empleador, que se adelanten a un despido, porque ese empleador no sobrevivirá. Al final, da igual lo que quiera el empleador o el empleado, pues el mercado es el que en última instancia decidirá, y en una economía competitiva, solo aquellas empresas que innovan sobrevivirán.

«Pero trabajo en una profesión de asistencia (trabajo social), la innovación no me afecta.»

La gran sociedad de los docentes, los profesionales sanitarios, los trabajadores sociales y los asesores de todo tipo suele ser citada como excepción a la norma de la innovación. La gente piensa que para desempeñar estos empleos solo necesitan ser competentes en su campo y tener capacidad de comunicación y empatía. Pero ¿de verdad están exonerados de los dictados de la competencia?

Consideremos a Helen, una enfermera de un importante centro médico. Ama su trabajo, tiene una buena formación y goza de la inmensa satisfacción de contribuir a que los pacientes recuperen la salud o consigan la mejor calidad de vida posible. Sin embargo, Helen se enfrenta a la presión de un gran volumen de trabajo derivado de las necesidades más y más complejas de sus pacientes, de las cada vez más amplias alternativas terapéuticas y de los intentos de la gerencia del hospital de controlar el implacable ascenso de los costes sanitarios. Todas las enfermeras se quejan denodadamente de la falta de personal y de los riesgos que lleva aparejado lo que consideran una carencia.

Helen, comprometida al máximo con el bienestar de sus pacientes, no solo se quejaba: actuaba. Empezó a proponer cambios en las prácticas laborales y en las instalaciones, todo con el fin de reducir el trabajo de escasa entidad que ella y sus colegas se encontraban realizando. Creó un sistema mejorado de control para evitar las emergencias de los pacientes antes de que se produjeran. Y al hacerlo, atrajo la atención sobre sí. Cuando el puesto de enfermera jefe de su unidad quedó vacante, la enfermera más veterana, que llevaba reclamando desde hacía mucho tiempo más recursos (a una organización con recursos limitados, recordémoslo), solicitó el puesto. En otros tiempos, el puesto habría sido suyo casi automáticamente. En vez de eso, el puesto fue para Helen. La enfermera más veterana sufrió una amarga decepción, y le tuve lástima. Ella no tenía ni idea de lo que había sucedido, pero atrapada en el torbellino del tiempo, se había quedado sin su puesto. Por su parte, no cabe duda de que Helen acabará algún día convirtiéndose en la directora de enfermería. Comprendió sin duda la necesidad de aplicar soluciones innovadoras en el hospital y supo cómo implantarlas.

Y luego está Bruce, un profesional de la salud mental profundamente comprometido que trata a jóvenes con ideas suicidas. Sería difícil expresar su pasión y entrega para evitar las muertes de los jóvenes suicidas. Cuando conocí a Bruce, hacía mucho que llevaba desplegando al máximo su formación y experiencia para ayudar a aquellos que estaban bajo su cuidado. No siempre tenía éxito, y se tomaba cada pérdida como algo personal. De hecho, la familia de Bruce empezó a preocuparse por su salud mental, teniendo en cuenta lo desgarrador y exigente de su trabajo. Pregunté a Bruce por qué no intentaba innovar. Su primera reacción a tal sugerencia fue la de desecharla por considerarla una locura. Luego, pensó en ello algo más y empezó a preguntarse lo mismo.

En una ocasión su supervisor le había dicho: «No podemos recuperarlos a todos. Solo podemos hacer cuanto esté en nuestras manos». De pronto, lo que habían sido unas palabras de consuelo, ahora le sonaron huecas. *Tal vez no podamos recuperarlos a todos*, pensó, *pero tenemos que encontrar formas mejores de ayudar.* Eso implicaba hacer algo más que cuanto estuviera en sus manos. Eso significa encontrar mejores formas de hacer su trabajo. Así que Bruce se convirtió en un innovador dinámico. Descontento con la primera herramienta de detección utilizada para identificar a los jóvenes de alto riesgo, creó sus propias técnicas de detección e inició el protocolo de investigación necesario para validarlas.

¿De verdad que aquellos que desempeñan profesiones asistenciales pueden creer que en estas no hay posibilidad de mejoras a ningún nivel? ¿En la enseñanza? ¿En la sanidad? ¿En el asesoramiento? Y si trabajáis en una profesión asistencial o queréis acceder a alguna, ¿por qué habríais de pensar que las mejoras siempre deben provenir de los demás? ¿No os soléis quejar de que las nuevas herramientas que os han dado no funcionan bien porque las creó algún académico encerrado en su torre de marfil? ¿No sería más lógico que el trabajador fuera el mejor situado para crear las innovaciones prácticas destinadas a mejorar el servicio? Muchas personas con talento se limitan a esperar a que sean los demás quienes actúen. Qué reacción tan extraña para los que dicen que están comprometidos con ayudar a los demás. Según parece, dicho compromiso no se extiende a la innovación con el fin de ayudar. ¿He pisado algún callo? Pues no lo siento; mi intención era provocaros.

*«Pero, profesor, es evidente que escoge ejemplos
excepcionales. La mayoría de las personas no pueden crear
herramientas como Helen y Yolanda ni hacer grandes
descubrimientos como el que hizo Cliff.»*

Admitiré que las historias que he contado en este capítulo tratan de personas que no son trabajadores normales. Y si suponéis que los ejemplos que conozco están constituidos por este
pequeñísimo grupo, entonces estáis en un error. Todavía no son
mayoría, pero su número crece sin cesar. Y mientras lo hacen,
cada vez más organizaciones esperarán lo «excepcional».

En efecto, conozco a personas que han acelerado sus carreras
profesionales y servido a la sociedad ofreciendo innovación en
el más amplio abanico de trabajos y sectores industriales. Están
aquellos cuyas innovaciones aceleraron el ritmo de los procesos
empresariales; y aquellos que eliminaron funciones completas (y
a algunos de sus compañeros de trabajo); y los que encontraron
nuevos mercados o fortalecieron los añejos; y los que redujeron
costos e impulsaron la productividad; y aquellos que aumenta-
ron las probabilidades de éxito en la prestación de servicios sociales; y los que crearon categorías de productos completamente
nuevos; y aquellos otros que promovieron nuevas técnicas de
marketing; y quienes crearon un nuevo arte dramático; y los
que crearon nuevos servicios profesionales; y, en fin, aquellos que
llevaron lucidez donde antes había confusión. La verdad es
que cuando estaba preparando este capítulo mi problema fue que
tenía demasiados ejemplos, no escasez de ellos. Pero todas estas historias tienen un denominador común: la innovación hizo
que esas personas tuvieran éxito.

¿Por qué estoy tan seguro de que podéis innovar? Pues porque he visto a numerosos hombres y mujeres de procedencias

sumamente diversas hacerlo a plena satisfacción, y a partir de ahí utilizar esas innovaciones para labrarse unas profesiones fantásticas.

A modo de conclusión sobre la innovación...

Dejemos las cosas claras: ser innovador es una tarea difícil. Preparar y ejecutar una idea requiere tiempo y conlleva una dosis nada despreciable de frustración. No puedo daros todas las respuestas que necesitáis para innovar en vuestro campo porque no lo conozco. Pero vosotros, sí. O deberíais; deberíais conocerlo del derecho y del revés. Tenéis que saber todo acerca de él para captar qué es lo que se sigue echando en falta.

Además de leer y de pensar detenidamente en vuestro futuro, también os voy a decir que hagáis algo más: desempolvad y reactivad vuestra oxidada imaginación, en desuso desde que teníais unos nueve años. ¿Os acordáis de cuando buscabais por vuestra habitación para decidir con qué materiales podríais construir una fortaleza apropiada? Esa es la misma creatividad, la misma imaginación, que necesitáis ahora.

Imaginar no es un proceso rápido en un mundo que festeja los resultados rápidos (de hecho, exige todavía más esfuerzo). Es por esto por lo que tendréis que gestionar vuestro tiempo con cuidado. Tendréis que ser disciplinados para evitar las distracciones y mantener la concentración. Pero ya habéis visto la palabra *disciplina* en este libro con anterioridad. Y el hecho de que sigáis conmigo a estas alturas me indica que creéis en la importancia de la disciplina. Ya estáis por delante de la mayoría.

Preguntas difíciles, respuestas sinceras

1. ¿Cuál es vuestra característica exclusiva?
2. ¿Cómo estáis aprovechando vuestra creatividad?
3. ¿Qué problema podéis ayudar a resolver a vuestra empresa? ¿Y cómo?

7

Venderse vendiendo las propias ideas

L o sé, lo sé. Ante la simple idea de hablar de vosotros mismos sentís un regusto amargo en la boca. Por desgracia, muchas personas parecen retroceder ante la idea de tener que salir al mundo real y venderse a sí mismos o vender sus ideas.

Pero una vez más, vamos a ser realistas, ¿recordáis? Y la verdad es que *todos los demás pasos serán en vano a menos que podáis preparar una campaña de publicidad efectiva de vosotros mismos.* La buena noticia es que no tenéis que decir: «¡Soy una persona fantástica! ¡Míreme!», sino que en su lugar podéis decir: «Tengo algunas grandes ideas, ¿qué le parecen estas?» *Porque si a una persona o a una empresa le encantan vuestras ideas, os querrán contratar.*

Debéis ser capaces de utilizar todo lo que hayáis preparado y de definir lo que os distingue. El mundo necesita saber por qué sois diferentes, y por qué esa diferencia os hace sumamente valiosos. Este mensaje debe estar definido con claridad

y ser mantenido a lo largo de toda vuestra trayectoria. Semejante publicidad es esencial, ya sea que estéis empezando simplemente, como Heather y Trent, ya cambiando de profesión
como Ricardo.

La publicidad de uno mismo es igualmente importante para
avanzar en una profesión en curso. Muchas personas elaboran
un plan profesional eficaz que les permite conseguir un trabajo
excelente, pero luego abandonan el plan dejándose llevar por la
descabellada suposición de que, aunque el empleo es consecuencia del plan, los ascensos serán automáticos. Puede que
esto fuera cierto antaño, pero ahora no. Recordad que vuestro
plan tiene como finalidad alcanzar el éxito profesional integral,
no solo conseguir un empleo.

Desterrad el elemento del «repelús»

Lo primero a lo que tenemos que enfrentarnos es al miedo a
vendernos o vender nuestras ideas.

Aunque vivimos en un mundo de selfis y autopromoción, lo
cierto es que la mayoría de las personas se sienten incómodas
vendiéndose descaradamente en los encuentros personales. Por
una u otra causa, les parece degradante. Una amiga me contó
que una de las cosas más tristes que había visto jamás fue a un
hombre disfrazado de vampiro en una feria del libro, mientras
entregaba gratuitamente ejemplares de una novela de vampiros
escrita por él. «Fue demasiado deprimente —me contó—. La
gente ni siquiera quería cruzar una mirada con él; su desesperación por hacerse notar producía vergüenza ajena.»

También están aquellos que tienen un producto que intentan venderte y que ponen tanto ímpetu, que aunque intentes

pasar de largo de ellos en la calle o les cuelgues el teléfono, hacen lo imposible para que no parezcas grosero. Estos son ejemplos espantosos del arte de vender, y a cualquiera que estuviera considerando vender sus ideas de semejante manera sería bueno aconsejarle que antes que nada adquiriera un poco de sentido común.

En otras palabras: no os preocupéis. No os voy a aconsejar que toméis medidas tan extremas como las citadas. Todo lo contrario. Hacer publicidad de uno mismo —esto es, convencer a los demás de la propia valía— es más bien un arte sutil que se puede dominar sin ser desagradable ni ponerse colmillos de vampiro.

Definíos, o alguien lo hará por vosotros

Bart era un apasionado jardinero paisajista cuyas creaciones eran de una belleza mística. Sus clientes solían describir su trabajo como excepcional, asombroso, genial y nunca visto. Pero él tenía un gran problema. Sus creaciones eran habitualmente muy caras, y no tardó en agotar su fondo de clientes locales. Además, era tan bueno, que nadie quería cambiar sus jardines después de que hubiera terminado. En otras palabras, tenía pocos clientes que volvían a encargarle trabajo.

Sin embargo, era un hombre listo, y decidió innovar. Empezó a utilizar materiales y plantas más baratos para rebajar los costes y ampliar su mercado. Lamentablemente, era famoso por ser el jardinero de los ricos, y los pocos anuncios que colocó en los periódicos locales solo le reportaron un puñado de potenciales oportunidades. E incluso entonces, cuando conocía a un nuevo posible cliente, le costaba cerrar la venta.

Hacía mucho que conocía a Bart, y vino a verme para hablar de lo que estaba pasando. Era un profesional experto y apasionado, y sus nuevos jardines menos caros parecían incluso más impresionantes que las primeras versiones que había diseñado. Pero estaba atrapado por defecto en la fama que se había labrado. Nunca había pretendido ser el jardinero de los ricos. Cuando le pregunté qué jardinero quería ser, dijo: «Quiero ser el jardinero de los que valoran la belleza organizada de una extraordinaria variedad de plantas y flores». Su mirada adquirió una expresión ausente que me indicó lo mucho que amaba su trabajo; era indudable que estaba imaginando jardines mientras hablábamos.

Pero el cliente que Bart quería no era el cliente que atraía su reputación. Estaba atrapado en la identidad equivocada, y eso estaba limitando tanto su libertad artística como sus ingresos. Le preocupaba tener que desarraigar a su familia y verse obligado a empezar de nuevo en otra comunidad, donde su reputación no fuera conocida.

Bart tenía que tomar la iniciativa y redefinir su imagen profesional. Evidentemente, habría sido mejor si desde el principio se hubiera definido a sí mismo como deseaba ser conocido, en lugar de deshacerse de una imagen y construir otra a continuación. Y para hacer aún más difícil una tarea que ya lo era, tenía muy claro que no quería ser un vendedor.

—¿Por qué eres tan reacio a venderte a ti y vender las innovaciones de tus diseños? —le pregunté—. ¿Podría deberse a que no crees en tu capacidad o en la calidad de tus ideas?

—En absoluto es por eso —replicó—. Simplemente no quiero que la gente me considere un mercachifle. En fin, a nadie le gustan los vendedores.

Bueno, puede que a Bart no le gustaran los vendedores. Y reconoceré que a nadie le gusta el telemarketing. Pero millones de personas sí que acuden a los profesionales de las ventas en busca de orientación acerca de todo, desde coches y electrónica a la cosmética. Bart tenía razón al asegurarse de que no se le confundiera con un vendedor deshonesto, aunque me barruntaba que había algo más en su rechazo.

Poco a poco fue quedando claro que el problema del mercachifle servía convenientemente de refugio a la timidez de Bart. Su timidez no resultaba evidente a primera vista, porque no era un solitario antisocial; estaba casado y tenía una comunidad de buenos amigos. Pero ante un grupo de extraños —tales como los clientes potenciales— se sentía sumamente incómodo. Una vez que conocía a alguien, se encontraba cómodo, pero eso le llevaba un tiempo relativamente largo. Entonces, ¿cómo podía esta persona de natural callada convertirse en una defensora eficaz de sí misma? ¿O estaría toda la vida en desventaja por culpa de su timidez?

Reconozco plenamente que Bart, y muchos otros como él, están en cierta desventaja a la hora de promover sus ideas. Pero, no obstante, debía intentarlo; su personalidad no es una excusa para abocarse a la quiebra. No estoy sugiriendo que cambie su personalidad de forma radical; no va a presentarse para alcalde ni a convertirse en el alma de la fiesta cada vez que entre en una habitación. Pero el hecho es que todos, de una u otra forma, vamos a tener que abandonar el territorio familiar si queremos una profesión fantástica. Vuestro leal profesor, un tímido niño de pueblo, tuvo que hacerlo. Y bien podría resultar que lo que a Bart se le antoja una personalidad inalterable no lo sea.

«Pero, profesor —escucho a menudo—, tengo que ser fiel a mí mismo. Soy como soy.» La gente me dice esto sin parar cuando les animo a salir de sus zonas de seguridad. Pero nunca es tan sencillo. Si Bart quiere ser fiel a sí mismo, también tiene que ser fiel a la expresión de su talento. ¿Y cuál de esas fidelidades tiene que ceder paso? ¿La fidelidad a su talento o la fidelidad a su timidez?

Esa era la decisión peliaguda a la que Bart tenía que enfrentarse. Así que le pregunté sin rodeos: «Cuando mueras, ¿quieres que tu familia y tu comunidad recuerden que eras tímido... o quieres que recuerden tus jardines?» Bart no tardó más de un segundo en decidir que eran sus jardines. Como he dicho, los jardines hermosos eran su pasión. Y su pasión le dio valor. (¡Imaginad lo estresante que os resultaría venderos a vosotros mismos si fuerais tímidos y no tuvierais ninguna vinculación emocional con el fruto de vuestro trabajo! ¿Alguna vez os habéis preguntado por qué tantas ventas parecen insinceras? Pues es por esto.)

Bart vio el acierto de salir de su zona de seguridad. Sin embargo, le angustiaba la tarea que tenía por delante, y esta era descomunal. Pero su historia también muestra un claro rayo de esperanza: hay muchas maneras de definir y vender el propio trabajo. No será fácil, pero al menos Bart pudo decidir qué sería lo que le distinguiría.

Volveré a hablar del dilema de Bart más adelante en este capítulo para que podáis ver cómo encontró la solución para superar su timidez y su resistencia a venderse.

Definíos con vuestras palabras

«Las palabras son superficiales —dijo mi exalumno Stanley—. Vender solo consiste en darle vueltas a las palabras para confundir o manipular a la gente.» No pude negarle que sí, que a veces es cierto. Pero no siempre.

Por desgracia, muchos tenemos poca experiencia a la hora de expresarnos sobre nosotros mismos. Esta falta de práctica limita considerablemente la habilidad para las entrevistas de los solicitantes de empleo, cuyas expectativas profesionales se desploman desde el principio. Saben que tienen que hacer una buena presentación de sí mismos, por supuesto; saben que tienen que ir vestidos de manera adecuada; estrechan las manos con firmeza; no cometen errores ortográficos en sus currículos, que deben atenerse a un formato establecido; saben hacer preguntas sensatas sobre sus posibles obligaciones laborales. ¿Y el resultado? Un ejército de clones que dicen casi lo mismo, casi sin convicción ni pasión.

Stanley era uno de esos que seguían este modelo anticuado, aunque le importaba muchísimo su profesión de cocinero y era insólitamente innovador. Pero no mostraba suficiente respeto por la fuerza de las palabras, y sin pretenderlo se presentaba a sí mismo como un cocinero de batalla, uno de tantos que se habían diplomado en una escuela de hostelería profesional. Tenía un currículo con una impresionante lista de títulos y cierta experiencia laboral, y decidió dejar que hablara por él.

Vino a verme cuando estaba trabajando como cocinero de una empresa hostelera de implantación mundial. Después de preparar aparentemente por millonésima vez el mismo plato, se sintió aplastado por el aburrimiento. Me pidió unos «pocos consejos» para buscar un empleo mejor. Se sentía increíblemente frustrado, porque tenía muchas ideas sobre la preparación de nuevos tipos de platos, ideas a las que no se les había concedido la menor oportunidad de ser llevadas a la práctica. ¿Quién le pide al soldado raso que conduzca al ejército a la batalla, como no sea en las películas? Stanley ya estaba dispuesto a respetar y a aceptar el poder de las palabras. Si no daba ese paso, temía que en el plano profesional se estuviera metiendo en un callejón sin salida.

Recordad esto: las palabras te definen ante el mundo y ante ti mismo. He escuchado a cientos de hombres y mujeres con talento tratar —sin conseguirlo— de hablar de sí mismos, sus intereses y sus metas. Aunque les hago montones de preguntas intencionadas, cuando responden se van por las ramas sin llegar a ninguna parte. Cuando tienes que expresar tu talento en unas pocas palabras, entonces descubres lo difícil que es. Así que vayamos paso a paso.

El discurso del ascensor: breve, distinto y convincente

La expresión «discurso del ascensor» nació entre los inversores de capital riesgo, que insistían en que los emprendedores deberían poder describir su proyecto en los quince segundos que tarda el trayecto de un ascensor normal. En otras palabras, deberíais poder describiros y describir vuestra idea en solo unas pocas frases para que, con independencia de lo informal que sea la ocasión, «podáis» venderos a vosotros mismos. El objetivo consiste en no dejar escapar ninguna oportunidad de promocionarse.

¿Suena demasiado agresivo? ¿Parece como si se supusiera que siempre tuvieras que estar en la modalidad de venta? ¿Ponéis los ojos en blanco porque pensáis que este enfoque es lo que tiene de malo el mundo? Bueno, esta postura de estar siempre alerta a la oportunidad es la consecuencia natural de las presiones competitivas de nuestra época. Si necesitáis actualizaros sobre estas presiones, volved al capítulo 1 y leedlo de nuevo.

—Pero yo no quiero ser un emprendedor —insisten muchos alumnos cuando les hablo del discurso del ascensor—. Solo quiero un trabajo fantástico.

Ah, pero eres un emprendedor. Y tu proyecto eres tú mismo, y este proyecto tiene que ser definido, pulido y promocionado. Lo cierto es que las empresas de éxito y las profesiones de éxito están mucho más cerca de lo que quizás hayáis pensado. Así que acicala tu empresa emergente, y aprendamos la manera de venderte.

Violet era una historiadora del arte apasionada. No parecía haber absolutamente nada relacionado con su campo que no le interesara. Le fascinaban sus personajes extravagantes, las tecnologías propias, el contexto histórico, el impacto social y la interpretación metafórica, por citar solo parcialmente algunos de sus intereses. (Aprendí a no preguntarle nunca sobre cuestiones concretas, como la técnica de la pintura al fresco, porque sus contestaciones eran… interminables.) Hablaba con entusiasmo, y una conversación con ella sobre arte podía ser tan estimulante como agotadora. A pesar de todo esto, jamás se había definido realmente a sí misma. Y a consecuencia de ello, su carrera profesional se había estancado.

Violet tenía muchas cosas que decir; solo que las palabras no eran las correctas ni estaban formuladas de la manera adecuada. Seguía en el mismo empleo que había obtenido después de licenciarse, un trabajo a tiempo parcial como comisaria de exposiciones de una importante galería de arte. Pero, aunque ya llevaba allí cuatro años, no parecía que fuera a ser ascendida en un futuro inmediato, y no había conseguido ninguno de los puestos que había solicitado en otras galerías. A decir verdad, solo en raras ocasiones había conseguido una entrevista. El mundo de las galerías estaba estrechamente relacionado, y Violet asistía a todas las actividades que podía con la idea de que así establecería eficazmente una red de contactos. Resumiendo, Violet no entendía dónde estaba el problema. Incluso llevaba siempre consigo un espejito y se examinaba compulsivamente la dentadura; quizá después de comer le quedaban restos de comida entre los dientes y ese fuera el problema.

Para desvelarlo, le pedí que hiciera su discurso del ascensor de quince segundos. Lo que conseguí fue un sermoncillo de cuatro párrafos, y aun así tuve que pararla. No era de extrañar que sus oportunidades para establecer contactos no fueran fructíferas, y la causa no tenía nada que ver con sus dientes.

No se trataba de que debiera limitarse a decir: «Hola, me llamo Violet y soy historiadora del arte». Eso es un saludo, no un discurso de venta. El objetivo del discurso es invitar a seguir dialogando y a hacerlo con un propósito. Pero antes de nada tenía que despertar el interés. Así que, para empezar, le sugerí que debía dejar de decirle a los demás por qué le interesaba el arte; en vez de eso, tenía que despertar el interés por Violet en la persona con la que estaba hablando. Eso implicaba abordar las necesidades del «interlocutor», no las suyas. Y para aquellos de vosotros que penséis que la publicidad es intrínsecamente sórdida, por favor, reparad en que se empieza centrándose en los demás, no en uno mismo.

—Dime una cosa —le pedí—, ¿cómo ayuda a los otros tu pasión?

—¿A qué otros?

—A los otros que necesitan tu ayuda —respondí—. ¿Son las personas que compran arte? ¿Los que dirigen las galerías? ¿Los que van a las galerías? ¿Todos ellos?

—Sí, todos ellos... Puedo definirme como alguien que ayuda a los coleccionistas a comprar arte de calidad —sugirió.

—Mejor —dije—. Pero muy alejado de lo especial. ¿No sueltan el mismo discurso muchos asesores artísticos, cuando no la mayoría? ¿O es que —añadí a la ligera— no pasas de ser simplemente competente?

Violet me fulminó con la mirada. Sabía que sugiriendo que solo era competente, la estaba despachando con un tímido elogio.

—¡No! —soltó—. ¡Y usted lo sabe, profesor! ¡Soy mucho más que competente!

—¿Por qué? —pregunté.

—Porque —se apresuró a contestar— tengo una visión mucho más amplia del arte que la mayoría de los supuestos expertos. —Entonces, gracias a su irritación conmigo, vi que las luces se empezaban a encender—. Puedo asegurarle que descubro nuevos artistas que a otros se les escapan...

—Para —le aconsejé—. Ese es el fundamento de tu presentación.

Violet tenía que ser consciente de su tendencia a correr y tenía que aprender a recoger el sedal una vez hubiera lanzado el anzuelo de forma sencilla. Dejad que la otra persona *pregunte* cómo lo hacéis.

Reparad ahora en las características del discurso de Violet:

1. Breve.
2. Diferente («Hago cosas que los demás no hacen»).
3. Expresado de una manera que invita al interlocutor a recabar más información.

Aclaremos un poco estos tres puntos. Antes de que Violet pudiera describir su talento de manera sucinta, primero tenía que averiguar cuál era. Tenía que decidir qué era importante contar y qué no: tenía que desnudar su talento hasta dejarlo solo en sus elementos esenciales, perfeccionados en el crisol de la concisión. Y lo fundamental por encima de todo: no podía ponerse a cubierto en el cómodo abrazo de las generalizaciones. Para ella, el mejor discurso del ascensor era simple: «Descubro nuevos artistas que a otros les pasan desapercibidos». Perfecto.

Esta es una de las principales normas de la comunicación: deja que la otra persona pregunte antes de que le des una respuesta. Eso podría entonces significar que el que escucha está… bueno, está escuchando de verdad.

Un temor que oigo mucho es: «Pero ¿y si mis intereses no coinciden con lo que está buscando el empleador? ¿No es más seguro ser más ambiguo, de manera que puedan hacerme un hueco donde ellos quieran?» Sí, de esta manera tal vez encajaras en *su* trabajo, pero quizás ese no fuera *tu* trabajo, el que deberías tener, el que demanda tu talento.

Bart también tenía que elaborar un discurso para promocionarse. Sintió un vivo interés por la norma de los quince segundos, debido a que se encontraba más cómodo cuando no tenía que hablar mucho. «Creo jardines preciosos», planteó como comienzo.

—¿Y eso establece una gran diferencia con respecto a tus competidores? —pregunté—. ¿He de suponer que los demás dicen que crean unos jardines horribles?

—Ah, de acuerdo. —Bart se rio—. Buena observación.

—¿Qué clase de belleza se encuentra en tus jardines? —pregunté. Una vez más, la meta consiste en definir la diferencia yendo al meollo de la cuestión. Bart tuvo algunas pequeñas dificultades, porque este hombre de pocas palabras sabía lo que quería decir, aunque realmente nunca lo había expresado en un discurso breve y preciso. La verdad es que era de la vieja escuela, de la muy vieja, de cuando el propio trabajo hablaba por uno.

Guardó silencio durante un buen rato, y entonces dijo:

—Diseño jardines cuya belleza se expresa en mil sorpresas.

Ese era un discurso fantástico, que invitaba a una pregunta evidente: ¿qué clase de sorpresas? De nuevo, se ponía en marcha un diálogo, una *relación*. Al igual que el de Violet, el discurso del jardinero era breve e interesante, un anzuelo bien cebado, que andaba a la busca del interés.

Ahora tanto Bart como Violet tenían sendos discursos de presentación que eran distintos, no demasiado genéricos y, lo más importante, no demasiado restringidos. Dejadme hacer una pequeña aclaración, porque este es un aspecto importante. Imaginad las posibilidades de Violet si hubiera dicho que le encantaba la historia de los artistas impresionistas que trabajaron en el sur de Italia entre 1936 y 1940. ¿O creéis que Bart haría algún progreso si dijera que amaba los jardines de estilo francés con cerezos y margaritas? Seguramente ninguno, pero la gente no para de decir cosas así a todas horas. ¿Y si alguien afirma que desea trabajar con imágenes tridimensionales para Disney, utilizando los personajes animados clásicos con un formato narrativo estilo manga? Esa es una idea para un trabajo, y hasta pudiera ser que fuera innovadora. Pero «no» es una descripción precisa del talento ni su distinción. El objetivo consiste en ser preciso sobre el «conjunto de las obras» que deseas crear. Bart y Violet tuvieron una visión, y eso impulsaría sus carreras y establecería el rumbo de ambos.

Por último, advertid que los discursos de Violet y Bart son mucho más que meras insinuaciones engañosas, por la sencilla razón de que son auténticos y verdaderos. Violet estudia realmente una multitud de factores para encontrar artistas ignorados y ofrece resultados. Y los jardines de Bart son sorprendentes por muchos aspectos que los hacen innovadores. Lo que se dice en la publicidad es verídico, que es la única manera de triunfar. No se puede construir una profesión fantástica sobre la exageración.

El párrafo de continuación: el anzuelo y el cómo

Tras atraer el interés de sus interlocutores, tanto Bart como Violet tenían que elaborar un guion para manejar las preguntas posteriores. Bart tenía que mostrar cómo es capaz de crear la sorpresa en la muy antigua manifestación artística del diseño de jardines. Y Violet tenía que explicar cómo su enfoque global encuentra a los artistas ignorados. Ambos tenían que ver sus guiones como un párrafo, no como un capítulo. La brevedad es siempre una amiga en un mundo con hambre de tiempo.

Sin embargo, el primer objetivo del párrafo de continuación no es realmente dar respuesta a la pregunta del «cómo»; es el de afianzar. En la jerga de los pescadores, le das carrete al pez para clavarle el anzuelo por el efecto del tirón dado a la caña de forma que no pueda soltarse. Lo mismo cabe decir de las sesiones para establecer contactos y/o hacer publicidad. La relación entre la persona que presenta una idea y la que escucha los argumentos es frágil. Así que Bart, en respuesta a la vaga expresión de interés del interlocutor, primero tenía que consolidar ese interés, igual que Violet. La mejor manera de hacerlo es sorprender al que escucha con un hecho relevante, no con una opinión. Una de las maneras más rápidas de impresionar a cualquiera es contarle algo que sea muy diferente a lo que habría supuesto. Ahora *tú* pareces interesante, no solo tu idea. El que escucha se está preguntando para sus adentros qué otras sorpresas se van a poner de manifiesto. Hay que ofrecer solo un hecho sorprendente, no un vendaval de ellos; de lo contrario, enseguida pareceremos unos aburridos arrogantes que hay que evitar como a la peste. A Bart no le gustaba hablar con extraños, así que a este respecto lo haría bien. Violet, por su parte, tendría que contenerse, dada su entusiasta forma de hablar.

Bart tuvo problemas para precisar cuál sería su hecho, y llegó a darse cuenta de dos lecciones importantes. En primer lugar, que al intentar decidir qué hecho podría sorprender a sus interlocutores, empezó a ponerse en el lugar de estos. Esto es exactamente así. Uno no se gana a las personas a menos que pueda meterse en sus cabezas. Si es capaz de descifrar qué es lo que las sorprenderá (o las hará sonreír o arrugar el entrecejo), entonces descubrirá cómo reaccionarán a todo su razonamiento.

En segundo lugar, Bart comprendió que un hecho sorprendente a menudo puede hacer saltar la chispa de una idea creativa. Entendió que a sus antiguos clientes les gustaba tener cosas en sus jardines que otros no tenían, les gustaba enseñar a las visitas plantas nuevas y poco convencionales. Así que decidió iniciar su párrafo con la observación de que el jardín corriente no contenía más del 1 por ciento de todas las plantas que era posible utilizar. (No estaba seguro de cuál era el número real, aunque en su experta opinión, esa era una aproximación poco precisa. Decidió que lo averiguaría con exactitud.) La insinuación evidente —transmitida en solo dos frases— es que los diseños de Bart utilizan muchas clases de plantas. Echemos un vistazo al discurrir de su guion.

INTERLOCUTOR: ¿Y qué es lo que hace usted?

BART: Soy jardinero paisajista, y estoy especializado en jardines con sorpresas ocultas.

INTERLOCUTOR: ¿Qué clase de sorpresas? ¿Y cómo lo hace?

BART: Es bastante sencillo, la verdad. Me extraña que el jardín normal no contenga más del 1 por ciento de todas las plantas que se podrían plantar. Por el contrario, mis jardines albergan al menos un 10 por ciento. Como es natural, he de tener sumo cuidado para asegurarme de que unas plantas tan variadas se complementen entre sí.

(Una advertencia: nunca digáis: «¿Sabía que...?» a alguien al que os estéis vendiendo. Resulta demasiado presuntuoso.)

La referencia al 10 por ciento se le ocurrió a Bart mientras elaboraba su guion. ¿No es interesante cómo la necesidad alimenta las buenas ideas? Bart ya estaba pensando en plantas que jamás había pensado en utilizar.

Violet siguió un planteamiento parecido y preparó este guion:

INTERLOCUTOR: Entonces, ¿qué es lo que haces?

VIOLET: Soy asesora de arte, y me encanta descubrir artistas que los demás han pasado por alto.

INTERLOCUTOR: ¿En serio? ¿Y descubres artistas ignorados muy a menudo?

VIOLET: Sí, con bastante frecuencia. Para mí fue todo una revelación que de los cincuenta principales artistas del siglo, treinta se hicieran famosos solo después de muertos. Pero si se adopta un enfoque amplio, hay muchos elementos comunes en el arte de calidad.

(Cuando Violet y yo trabajábamos en el guion, ella no sabía el número exacto, aunque estaba dispuesta a averiguarlo.)

Como es natural, se pretende que los discursos sean relevantes únicamente para una meta específica; por lo que respecta a los de Bart y Violet, iban dirigidos exclusivamente a los amantes de los jardines y del arte. Tanto uno como otra habían puesto ya en marcha una conversación con aquellos potenciales clientes. Y podían utilizar versiones ligeramente modificadas de sus discursos del ascensor y párrafos de continuación para actividades de establecimiento de contactos, entrevistas de trabajo, presentaciones de ventas e incluso fiestas.

El documento básico: temas de conversación para un diálogo más a fondo

Una vez que hemos atrapado a nuestro interlocutor y le hemos intrigado con nuestro hecho fascinante y nuestra diferencia innovadora, es el momento de profundizar e insistir. El documento básico es una serie de temas de conversación en los que desplegamos algunos hechos importantes e interesantes más sobre nuestro campo; la naturaleza de nuestra innovación principal, acompañándolo de ejemplos; e ideas y sugerencias alternativas para diferentes grupos de personas. Hay que asegurarse de escribir esta parte. Como es evidente, no lo vamos a sacar del bolsillo o el bolso durante una conversación y consultarlo, pero escribirlo todo ayudará a consolidar, organizar y recordar las ideas. He aquí un ejemplo del aspecto que podría tener el de Violet:

Documento básico de Violet

- *Hablar de Mitch O'Donnell y la extravagante historia de su descubrimiento después de hacer una obra artística para la subasta escolar del colegio de sus hijos (¡a la gente le encanta esta historia!).*

- *Mencionar a Gabriella, a la que descubrí directamente en la escuela de Bellas Artes cuando fui a hablar con los profesores de arte y cuyo trabajo está valorado ahora en cientos de miles de dólares.*

- *Comentar que los demás expertos se limitan a leer las revistas especializadas para encontrar el talento y pasan por alto fuentes como Instagram o Pinterest.*

- *Para los clientes más tradicionales: sin duda contarles esa historia de cómo reuní a centenares de personas en la exposición de una galería en colaboración con una prestigiosa bodega.*

Una preocupación común a todos aquellos que reciben este consejo es que seguir un guion va a parecer algo artificial; ellos quieren improvisar. Por desgracia, más tarde suelen admitir que sus conversaciones improvisadas no fueron del todo bien. Además de olvidarse de algún aspecto fundamental, se desviaron del tema, acabaron en una conversación sin salida o se repitieron tres veces.

Es verdad que la primera vez que pones en práctica tu guion, lo más probable es que resulte inexpresivo o artificial. Y cuando te diriges así a alguien por primera vez, sonará forzado, sobre todo si piensas que suena como algo que diría otro y no como algo propio. Pero a la décima intentona, como por arte de magia, parecerá algo propio, aunque estés utilizando las mismas palabras exactas que utilizaste las nueve veces anteriores. ¿Y esto por qué? Sencillamente porque te has acostumbrado al sonido de tu propia voz diciendo unas palabras que ya no parecen nuevas o extrañas.

Recordad esto: las palabras tienen importancia. Stanley, nuestro cocinero, consiguió dejar de lado sus ideas preconcebidas sobre la publicidad, y sus resultados fueron rápidos y efectivos. Se presentaba como «un cocinero al que le encanta servir a los comensales comida casera con una presentación sofisticada». Disfrutaba disertando sobre la manera de transformar la pechuga de pollo frita en suero de mantequilla cubriéndola con un puré de apio, o de cómo se podían preparar unos macarrones con queso con cangrejo y servirlos en una pequeña cazuela de estilo español. No mucho tiempo después de que hubiera implantado su nueva estrategia, Stanley tenía un nuevo empleo en un restaurante famoso por su cocina innovadora y su buena disposición a asumir riesgos.

Definíos con vuestros actos

Aunque las palabras adecuadas sean de una importancia fundamental para definir y promover el talento que os distinga, no son suficientes. Aunque las palabras bien concebidas describan lo que puedes hacer, has hecho o te gustaría hacer, *demostrar* a alguien lo que has creado constituye uno de los actos más eficazmente convincentes a tu alcance. Su efecto no debería subestimarse. Sí, Bart debía describir la idea de su jardín de las sorpresas, pero no hay nada que sustituya a mostrar a un posible cliente uno de los jardines que ha creado, lo cual podría hacer mediante postales, tarjetas comerciales, su página web e incluso con una simple foto en su teléfono, dependiendo de lo formal que sea la conversación. Bart se siente muy cómodo en ese espacio; hace mucho que se siente cómodo dejando que su trabajo hable por él.

¿Y qué hay de Violet? ¿Qué ejemplo de su trabajo podría enseñar? Bueno, podría mostrar el trabajo de alguno de los artistas ignorados que había localizado. Podría hacer una visita guiada a una galería que mostrara los sellos distintivos de los grandes artistas que había descubierto. Tanto Bart como ella tienen la ventaja de trabajar con productos visuales plasmados físicamente. Y Stanley siempre puede preparar algún plato o enseñar fotos de sus técnicas de emplatado.

Como abogada en busca de trabajo, Kylie no contaba con esas mismas ventajas. ¿Qué podía hacer? ¿Redactar un modelo de contrato? ¿Demandar a alguien por mala práctica? Tenía facilidad de palabra para describir sus ideas originales, pero ¿cómo *demostrarlas*? Por ejemplo, creía fervientemente que los estatutos sociales podían crear lugares de trabajo humanos y muy eficientes. Pero con independencia de su elocuencia al exponer estas ideas, en el empleo que tenía estaba atrapada en la redacción de contratos rutinarios con una apabullante cantidad de pequeñas repeticiones.

En otras palabras, nadie quería darle una oportunidad basándose en sus ideas. Necesitaban una prueba real y tangible. Y era lógico; dada la cantidad de estafadores, embaucadores, asesores de imagen y vendedores de humo, el escepticismo como primera reacción está garantizado. Aunque las palabras son muy importantes, en muchos aspectos también son fáciles. Es bastante más fácil decir que harás algo que hacerlo realmente. Entonces, ¿cómo podía Kylie superar ese obstáculo cuando nadie le daría una oportunidad?

Además del escepticismo, Kylie se enfrentaba a otro enemigo: una cultura que carecía de imaginación. Esta insuficiencia cultural es uno de los obstáculos más formidables para alguien que busca una profesión fantástica. Las profesiones fantásticas son impulsadas por las innovaciones que surgen de la pasión. Pero tales ideas de lo que se podría crear son difíciles de entender para los que carecen de imaginación. (Y esta es una de las razones por las que las personas poco creativas le den la espalda a las profesiones fantásticas.)

Para combatir ambos obstáculos, Kylie necesitaba una muestra de su trabajo imaginativo. ¿El problema? Para algunas profesiones apasionadas, la naturaleza de la muestra no resulta evidente de manera inmediata.

Kylie se esforzó en resolver este dilema durante algún tiempo. Escribió varios artículos en revistas especializadas, pronunció conferencias y defendió sus ideas ante abogados expertos. Se produjeron unas pocas manifestaciones de interés impreciso, pero no sucedió nada realmente importante. A esas alturas, Kylie no estaba segura de si debía seguir intentándolo por ese camino; tal vez debiera discurrir otra cosa en el mismo sentido, aunque le parecía que probablemente acabaría encontrándose en el mismo sitio.

Sí, Kylie podía seguir intentándolo y quizá con el tiempo acabara lográndolo. En muchos casos, la tenacidad durante un prolongado período de tiempo dará sus frutos en forma de fantásticas profesiones. Pero es una elección más arriesgada, aunque solo sea porque al desarrollarse durante un lapso temporal más largo, las cosas pueden cambiar o salir mal. Sin duda, en el caso de Kylie es mejor tener éxito antes que después. Y si triunfa antes, será incluso más creativa a lo largo de su vida, lo que será provechoso para todos.

Así que tenía que aplicar su ingenio para producir una muestra de sus ideas. Tenía que actuar. A efectos prácticos, tenía que decidir cuál era la aplicación más pequeña de su idea pero que con todo fuera lo bastante grande para resultar convincente. Esto le exigió unos pocos experimentos y un par de puntos muertos, aunque al final lo consiguió. Se dirigió a una pequeña organización benéfica y se presentó voluntaria para redefinir sus estatutos sociales a fin de mejorar sus actividades. Lo único que pidió a cambio fue que se le permitiera evaluar los efectos de la nueva estructura directiva. Después, repitió el procedimiento con una organización benéfica más grande, y al final consiguió concitar la atención que necesitaba sobre su idea.

Y por último, recordad esto: todas las ideas y orientaciones profesionales necesitarán tener su propio enfoque exclusivo, pero no existen fórmulas aplicables a todos los casos. Yolanda, la profesional de recursos humanos de la que hablamos en el capítulo 6, utilizó su equipo para que la ayudara a elaborar un prototipo. Helen, la enfermera, elaboró un plan para modificar un aspecto del volumen de trabajo de su unidad y lo implantó sin preguntar. Tal vez recordéis que Ricardo, el promotor inmobiliario, terminó un pequeño proyecto como primera etapa. Trent hizo la búsqueda de su posgrado a modo de ejemplo de sus ideas. En algunas ocasiones, será necesario hacer todo este trabajo inicial de forma especulativa, sin ninguna retribución. De hecho, puede que en realidad la creación de vuestra muestra corra directamente a vuestro cargo.

Reparad en el contraste entre las típicas prácticas no remuneradas y las muestras de trabajo de las que acabamos de hablar. Aunque el aprendiz pueda ofrecer muestras de su trabajo, estas suelen producirse solo en respuesta a las peticiones de su supervisor y no son más que rutina. Pero en nuestros ejemplos, el objetivo es demostrar una innovación, no solo la competencia. Si hubiera más aprendices que se percataran de esta posibilidad, ¡eso podría hacer sentir su presencia!

* * *

Soy el primero en admitir que en esta parte del libro he recomendado una forma de actuar difícil. Aunque estéis trabajando en el campo que os apasiona, crear una innovación es agotador y a menudo frustrante. Y, sin embargo, no habéis terminado, puesto que os he demostrado que tenéis que llevar a cabo una labor exhaustiva de venta para promover vuestra innovación. Tenéis que combatir a cualquier demonio que esté evitando que vendáis vuestra idea. Tenéis que determinar cómo definiros con un sucinto discurso de ascensor que provoque que vuestro interlocutor os haga más preguntas, y luego debéis estar preparados para desarrollar ese discurso con un párrafo, y por último durante una conversación entera. Tenéis que estar preparados para *mostrar*, no solo describir, vuestra ventaja exclusiva. Y debéis realizar todo esto al tiempo que hacéis que parezca la cosa más natural del mundo. Sin problema. Ah, y luego, una vez que hayáis hecho todo esto, debéis realizar el trabajo tremendamente importante de poner en práctica de verdad vuestro plan profesional, lo que constituye el tema del siguiente capítulo.

Preguntas difíciles, respuestas sinceras

1. ¿Cuál es vuestro discurso del ascensor para vender vuestras ideas?
2. ¿Cuál es vuestro párrafo de continuación (el anzuelo y el cómo)?
3. ¿Cómo es vuestro documento básico? ¿En qué diferentes temas haréis hincapié dependiendo de la audiencia?
4. ¿Cómo planeáis *mostrar* la fuerza de vuestras ideas?

8
Ejecución y revisión

Ningún proceso de planificación es efectivo si su ejecución no se hace con cuidado y de manera sostenida. La puesta en práctica exige atención y esfuerzo, y las personas se apresuran a poner excusas para abandonar el intento por completo. Lo cierto es que alrededor de la mitad de los planes profesionales de los que me entero son abortados antes de su culminación o después de un primer empleo. Y nadie me ha dado jamás una buena razón de *por qué* han abandonado. (En la siguiente parte profundizaremos en las excusas.)

La voluntad de volver a evaluar vuestro plan de manera periódica y revisarlo, si fuera necesario, es tan importante como una sólida ejecución. Sed disciplinados con vuestro plan, aunque no tan rígidos que no podáis ver margen para la mejora o la voluntad de cambiar. Un cambio inesperado en vuestro plan no significa abandonarlo o desecharlo por completo. Todos los planes cambian, y los buenos pueden soportar los rodeos o incluso los baches del camino. Por ejemplo, todo plan debería considerar las medidas a adoptar en caso de una recesión o de un despido. ¿Cómo revisaréis vuestro plan cuando llegue el momento? En muchos casos, mis alumnos no desechan en absoluto sus planes, sino que improvisan algún tipo de empleo temporal. Tener un plan es lo que les ayuda a mantenerse centrados en el largo plazo mientras capean lo que se les viene encima en el ínterin.

La clave para volver a evaluar vuestro plan y valorar si tenéis que revisarlo es sencillo: *cread puntos de referencia*. Estos son las medidas provisionales necesarias para todas las directrices que he analizado en la segunda parte de este libro. ¿Cómo sabéis que vuestro plan está funcionando realmente si no tenéis puntos de referencia? Nadie establecería un presupuesto anual sin comprobar mensualmente cómo se está comportando. Las empresas jamás se olvidarían de establecer puntos de referencia, y vuestra empresa unipersonal tampoco debería olvidar este importante paso. Como reza el dicho: «Si no puedes medirlo, no puedes manejarlo». (Pero advertid que en vuestro proceso de reevaluación, podríais concluir que habéis adoptado el punto de referencia equivocado.)

Para comprender bien los puntos de referencia, echemos un vistazo a una de las estrategias de las que hablé en el capítulo 5: identificar, conseguir y fortalecer los conocimientos esenciales que se necesitan. Ya podéis ver con claridad que se trata de tres tareas pendientes, no de una. Pero en realidad es mucho más. Si adquirir los conocimientos necesarios implica cursar estudios de posgrado, los puntos de referencia podrían incluir la búsqueda de los programas adecuados y la visita a las posibles escuelas. ¡Y todavía no he terminado! Otros puntos de referencia serían hacer preguntas a los profesores y a los estudiantes matriculados a fin de valorar la idoneidad de la escuela para vosotros. Reflexionad sobre el número de puntos de referencia que podéis incluir en cada etapa de vuestro plan. Estableced días concretos para volver sobre vuestros criterios a fin de determinar si están bien encaminados. A veces, así es como os daréis cuenta de que uno de vuestros pasos no dará resultado. Quizás, al investigar los programas adecuados, os enteréis de que los que más os convienen necesitarán el doble de tiempo para terminarlos de lo que habíais previsto. Así que revisad vuestro plan. Cread puntos de referencia, evaluad, revisad, insistid. Esta será la manera de que avancéis.

Tres preguntas esenciales

Por lógicos que sean los pasos anteriores (puntos de referencia, evaluación, revisión, insistencia), no son fáciles de seguir de manera eficaz. Al ritmo de la economía actual, hay que reaccionar con rapidez al interminable caudal de nueva información. Uno debe perseverar en su propósito y al mismo tiempo exhibir una gran flexibilidad táctica y de ejecución. En cierto modo, estas dos prioridades son exactamente lo opuesto una de otra. La incapacidad para equilibrarlas provoca que muchas personas, en lugar de reflexionar tiendan a actuar.

Mi alumno Nelson lo había hecho todo bien. Había identificado cuidadosamente su pasión primordial —el diseño gráfico— y preparado un plan para afianzar sus innovadoras técnicas y venderse a sí mismo y vender sus ideas. Sabía que le gustaría ser director artístico algún día. Lamentablemente, poco después de poner en marcha su plan, su carrera se estancó; no alcanzó ciertos puntos de referencia (en su caso, ascensos) que había establecido para culminar su profesión soñada. Así que reconsideró la cuestión, modificó su plan, estableció nuevos puntos de referencia y empezó de nuevo.

Entonces, se produjo otra demora, así que revisó su planteamiento una vez más. Entre los nuevos puntos de referencia para los que había hecho planes, hacia los que empezó a moverse y más tarde rechazó, se contaban: ampliar su formación, experiencia internacional, trabajar para una empresa especializada y trabajar para una empresa con implantación mundial. De resultas de la inconstancia, avanzaba a trompicones en su trayectoria profesional (y daba bandazos), y sobre él se cernía la amenaza de acabar en la cuneta en cualquier momento.

Si os parece que Nelson era torpe o veleidoso, estáis errados. Lo que hacía era reaccionar a la nueva información y comentarios mientras llevaba a la práctica su plan, lo cual es absolutamente correcto. Su problema era más de carácter sistémico. Cada vez que recibía más información, reaccionaba. Pero la información le llovía encima a raudales, y perseguir cada gota solo hace que uno se pierda. Él había perdido la atención en su ejecución.

He aquí lo que necesitaba hacer, que es exactamente lo que debéis hacer vosotros:

Primero, cuando aparece información nueva y relevante, hay que preguntarse siempre: *¿Esta revisión de mi plan me acercaría más a mi objetivo primordial de una gran profesión?* Cuidado con una revisión que sea exclusivamente transversal o que solo te impulse de manera marginal hacia el premio definitivo.

—¿Las revisiones de tu antiguo plan te hicieron avanzar? —pregunté a Nelson—. ¿O podrían haberlo hecho, si las hubieras llevado a buen término?

—Bueno, habrían impulsado mis conocimientos —respondió.

—Sí, pero ¿impulsar esos conocimientos concretos te habría convertido en un director artístico más deseable?

Nelson consideró la pregunta durante un minuto antes de negar con la cabeza.

—No, supongo que no.

Cuando Nelson se enteraba de un nuevo programa de formación, por ejemplo, tomaba cartas en el asunto de inmediato suponiendo que era algo bueno para él, pero sin pensar en si lo haría avanzar o no hacia su objetivo de convertirse en director artístico. Y luego, lo abandonaba por completo cuando aparecía de pronto la fascinante posibilidad de un destino internacional. En efecto, estaba reaccionando a la nueva información, no a un camino notablemente más rápido hacia su fantástica profesión. Puesto que ninguna de las alternativas habría supuesto una diferencia significativa para la profesión de Nelson, no era para nada sorprendente que fuera pegando botes de aquí para allá.

Respecto a la segunda pregunta: *Si una nueva alternativa está manifiestamente más cerca de tu meta, ¿implicará una pérdida de tiempo que reducirá tu ventaja?*

—¿Cuánto tiempo te habría llevado este nuevo programa de formación? —pregunté a Nelson.

—Tres años.

—¿Tres años? —repetí—. Eso parece mucho. ¿Habría merecido la pena ese tiempo alejado de tu trabajo?

Nelson había adquirido mucho impulso en el trabajo, así que decidió que no, que el efecto neto no habría sido manifiestamente positivo. Esto no significa que ese sería el caso en todos los programas de formación. Pero al menos debería haberse hecho la pregunta antes de tomarse la molestia de matricularse en el programa.

Había una tercera pregunta que Nelson también tenía que hacerse: *¿Limitará esta revisión mis opciones?* No olvidemos que además de vigilar la perseverancia en su propósito, Nelson tenía que salvaguardar su flexibilidad con el mismo celo. Mientras la meta de convertirse en director artístico permaneciera inalterable, para llegar allí necesitaba todos los caminos posibles. De modo que cuando Nelson y yo hablamos del programa de formación, resultó que este abordaba un tipo muy concreto de diseño gráfico y que bien podría haber limitado sus potenciales vías de avance. Ese tendría que ser considerado un indicador negativo. Sí, *en conjunto* la formación podría haber sido una medida inteligente, pero la contrapartida era notable. En un mundo más sencillo y menos acelerado, eso habría sido un problema menor, pero en la actualidad hay escaso margen para reducir la velocidad.

—Es difícil hacer esas valoraciones —confesó Nelson, cada vez más frustrado—. Es todo tan sutil…

—Estoy de acuerdo —dije—, razón por la cual debes tener cuidado. La cuestión esencial que tienes que recordarte es que el «efecto de la revisión» ha de ser claro. De lo contrario, cíñete al plan que tengas.

Al hacer estas tres preguntas, básicamente lo que hacemos es elevar el listón que tiene que superar la revisión prevista. Antaño (y con esto me refiero a hace veinte años, no a cien), había menos motivos para las revisiones y por consiguiente no era tan difícil examinarlas. En la actualidad, vosotros y Nelson os enfrentáis a más oportunidades para revisar vuestro plan. Así que debéis ser más selectivos a la hora de decidir ante qué información reaccionar.

La búsqueda infructuosa de la perfección

Por último, Nelson y yo teníamos que hablar de otra razón por la que estaba exagerando su reacción a los nuevos acontecimientos. Nelson estaba sufriendo a causa de su creencia de que necesitaba un plan perfecto, un plan que le hiciera avanzar hacia su objetivo lo más deprisa posible y con las mayores probabilidades de éxito. Así que se sentía tentado a realizar retoques sin parar. Y cada vez que hacía un nuevo ajuste, perdía tiempo, y por lo general para nada. Son muchas las personas que hacen esto, y acaban tan descorazonadas que renuncian a la planificación por completo.

El problema era su convicción de que existe un plan perfecto. Soy un defensor incansable de la planificación profesional, como habéis tenido ocasión de comprobar. Pero en ningún momento he dicho que vuestra meta consista en no cometer jamás un error. El único plan perfecto es el que uno hace retrospectivamente. Le pedí a Nelson que comprendiera que había múltiples caminos para llegar a su profesión fantástica. El plan que estaba llevando a la práctica, con revisiones ocasionales, había sido cuidadosamente examinado, y, con un alto grado de probabilidad, acabaría conduciéndolo hasta su meta. Pero también habría podido llegar allí planificando un camino diferente. Podría ser un poco más rápido o más lento, pero la cuestión esencial sería llegar a su destino.

Así que, en efecto, los planes no son perfectos, pero sin un plan os adentráis en lo desconocido. Esto es, después de todo, lo que diferencia al niño del adulto: comprender que la vida consiste en controlar las posibilidades mientras nos mantenemos fieles a nuestros principios.

Preguntas difíciles, respuestas sinceras

1. ¿Habéis decidido qué haréis en caso de una recesión o un despido? ¿Cómo adaptaréis vuestro plan?
2. ¿Cuáles son vuestros puntos de referencia? ¿Qué plan tenéis para revisarlos?
3. ¿Vuestro plan va por el buen camino?

TERCERA PARTE

LA CONFRONTACIÓN DE LOS MIEDOS Y LAS EXCUSAS

9
Anatomía de la excusa

U n hombre que dirige seminarios de liderazgo me citó recientemente al bueno de Ralph Waldo Emerson hablando sobre las excusas: «La mayoría de las sombras de esta vida surgen por pararnos obstruyendo nuestro propio resplandor». Es un recordatorio acertado, puesto que considero que mi pasión consiste en ayudar a mis alumnos a salirse de su camino y ayudaros a vosotros a saliros del vuestro.

A estas alturas ya sabéis que en el transcurso de los años he mantenido miles de conversaciones sobre trayectorias profesionales. Tales conversaciones han tenido puntos de partida que abarcan todo el globo, desde Hong Kong a Los Ángeles pasando por Montreal. Entre las muchas cosas que he aprendido, en primer lugar está esta: *un saludable respeto por el poder de la excusa*. Las excusas pueden parecer bastante inocuas en la superficie, pero en realidad son como supervillanos con el poder de anular el pensamiento racional.

Y por eso, este capítulo está dedicado a estudiar la excusa en sí: cómo actúa, por qué funciona, en qué medida las personas dependen de las excusas y por qué. En él se demuestra que identificar y desmontar las excusas supone una liberación. Al final del capítulo, el pensamiento racional debería haber prevalecido.

Las excusas en acción

Dicho sea de paso, dedicar un instante a observar las excusas en acción resulta fascinante. Se multiplican como las malas hierbas. En cuanto destrozo la lógica de la excusa vigente de un estudiante, aparece otra de golpe para ocupar su lugar. Y luego, otra. Entonces aparece la gran excusa de tener hijos, una excusa tan poderosa que dedico todo el capítulo 10 a desmantelarla. Además están los padres mayores que precisan cuidados. O puede que el hijo problemático de un pariente. O: «Echaré de menos mi trabajo de voluntario en un hospital». O: «Soy demasiado mayor», cuando la persona no es más que un joven robusto de treinta y tres años.

—Profesor, el problema es que tengo verdaderos problemas para administrarme el tiempo —me informó un antiguo alumno que estaba a mitad de su trayectoria profesional.

Le sugerí varios cursos y libros excelentes sobre el aprovechamiento del tiempo.

—Sí —asintió, moviendo la cabeza con expresión grave—, pero ¿sabe?, en realidad estoy muy comprometido con mi familia y no quiero restarle tiempo para estar con ella.

Desde luego. Más tarde, al cabo de unos días, la otra cara de la moneda entró en mi despacho. El hombre empezó la conversación contándome que sus prioridades familiares le estaban frenando. Cuando analizamos por qué no debería ser así, dijo:

—Sí, pero ¿sabe?, la verdad es que tengo problemas para administrarme el tiempo.

Esto sería divertido, divertido de verdad, si no fuera tan serio.

Y además está el evasor consumado, llamémosle Evan (Evan el Evasor). Una vez que la excusa de la «familia» es eliminada, Evan el Evasor apenas parpadea antes de que haya reconstruido y multiplicado sus defensas.

—Cambiar de profesión significaría mudarse —explica—. Tendría que establecer una nueva red de relaciones profesionales. Sin duda tendría que aprender a ser más ambicioso.

Donde antes había una excusa ahora hay tres. De verdad que este es un fenómeno mortífero.

Antes de que me mandéis a paseo por ser un crítico alejado de la realidad, dejadme aclarar una cosa: lo entiendo. En el caso de nuestro consumado evasor, es completamente cierto que mudarse a otra ciudad puede ser un problema inmenso. Puede ser caro, o estropear las relaciones o implicar la renuncia a las comodidades urbanas o a un estilo de vida querido; quizá todo lo que antecede. En cuyo caso, todo ello son *razones* para no mudarse, no *excusas*.

¿Y cuál es la diferencia entre una *excusa* y una *razón*?

Si estuvierais sentados delante de mí en clase, quizá levantaríais la mano con entusiasmo: «Una razón es objetivamente correcta, ¡y las excusas no!»

Si os faltaran diez puntos para ingresar en el Colegio Howart de Magia y Hechicería, lamento decir que se os negarían.

El hecho es que la mayoría de las personas no ponen excusas irrelevantes o falsas. Los niños tienen necesidad de que se les dedique mucho tiempo; el cambio conlleva riesgo; la vida es complicada; demasiado trabajo es insano.

Una excusa tiene que ser objetivamente correcta y relevante, so pena de parecer irrelevante a ojos de la persona que la pone. Esto es así porque utilizamos las excusas para que nos ayuden a sentirnos mejor con nosotros mismos y nuestros actos (u omisiones, en su caso) y evitar la culpa y la responsabilidad. Así que para engañarte, has de ser muy, pero que muy bueno. Reconozcamos lo tentador que resulta utilizar excusas; es difícil imaginar un impulso más humano.

Así que las excusas son verosímiles, y en eso radica el problema. En cuanto tienes una excusa plausible, el debate se termina.

—Eso es todo, profesor. Gracias por su intento frustrado de orientarme, pero como puede ver, estoy atrapado.

Pero ¿y si la cosa no terminara ahí?

Las razones, por el contrario, no tienen un punto final, pues invitan a seguir pensando. Las razones se pueden reconsiderar si los hechos cambian. Y desde el momento en que no puedan ser reconsideradas, empiezan a convertirse en excusas. Resumiendo, una razón se convierte en excusa tan pronto como detiene tanto la reflexión como la acción.

A lo largo de lo que queda de este capítulo, me concentraré en algunas de las excusas habituales que se pueden rechazar fácilmente (las que requieren más esfuerzo tienen sus propios capítulos). Pero también echaré un vistazo debajo del capó de la excusa, valga el símil, para examinar en primer lugar las razones culturales de que hayamos llegado aquí.

El futuro inescrutable

Desempeño muchas actividades, pero la de vidente no es una de ellas. No conozco vuestro futuro, de la misma manera que tampoco lo conocéis vosotros. No puedo asegurar que un camino os vaya a dar resultado. Habito un mundo de pruebas y lógica, no de magia. Aunque crearais muchas alternativas profesionales y las evaluarais con una información cuidadosamente analizada, seguiríais sin poder saber con seguridad lo que el futuro os deparará.

Pero ¿utilizar eso como excusa? «No sé lo que va a suceder, así que... [aquí intercalad un encogimiento de hombros]. En lugar de invertir todo ese trabajo que está sugiriendo en decidir mi "fantástica" profesión, y dada la ausencia de garantías, ¿no sería más lógico escoger un punto de partida razonable y seguir el camino desde ahí? ¿No debería limitarme a perseguir *algo* y esperar que todo salga bien?» (Resulta divertido lo a menudo que pensamos en los jóvenes como en unos audaces impenitentes. La mayoría de los que he conocido quieren garantías y certeza, y cuando me preguntan: «No podré saberlo nunca, ¿verdad?» me hacen la pregunta con nostalgia.)

Ahora llega el momento en que la pregunta sobre el futuro aumenta su complejidad: aunque mantengo que no hay bolas de cristal, sí que hay una pequeña cosa llamada *probabilidades*. El desconocimiento del futuro es una cuestión de grado. Por ejemplo, es bastante más probable que alguien tenga una profesión fantástica si ama su trabajo. Sus decisiones tienen mayores probabilidades de éxito si esa persona contempla más —y no menos— alternativas. Sus decisiones serán más proclives al acierto si la persona está utilizando una información de calidad.

Como es natural, no hay ninguna certeza, pero hay más probabilidades. Pero a la gente no le gusta pensar en la probabilidad. Les gusta pensar en la certeza, y sin certeza, les resulta más cómodo improvisar que perseguir el mundo tenebroso y silencioso de la probabilidad. Eso quizá sea más cómodo, pero es sumamente ilógico. Y esa es la elección que se abre ante vosotros: ¿confiáis en la lógica... o en la suerte?

La excusa universal: la suerte

Por fortuna, contamos con una excusa universal en torno a la cual todos podemos corretear: la suerte. La suerte es la gran niveladora. Catedrático o estibador, maestro u oficinista, contable o abogado: ¿quién no atribuye la mala suerte a sus fallos, y la buena al éxito de los demás? Mediante una comparación perversa, sabemos que nuestros logros son fruto del esfuerzo y el talento, mientras que los de los demás no son más que pura chiripa.

Nuestra dependencia de la suerte lo tiñe todo. Las loterías proliferan; los inversores y sus asesores consideran los mercados bursátiles del mundo como grandes casinos, y ponen en juego estrategias secretas que rivalizan con las de las mesas de la ruleta de Las Vegas; las sociedades de capital riesgo invierten en diez empresas, confiando en que una o dos tengan éxito. Son famosos los éxitos de Silicon Valley, pero nadie habla nunca de la miríada de fracasos. Puede que absteniéndose de calcular las probabilidades, todo esto parezca más metódico de lo que en realidad es. Los solicitantes de empleo envían cientos de currículos aleatoriamente, con la esperanza de que uno encaje a la perfección.

La suerte incluso ha invadido nuestro lenguaje y expresiones coloquiales. Seguimos deseándonos buena suerte unos a otros por todos los motivos posibles, desde los exámenes a las entrevistas de trabajo, pasando por las inversiones. Llegamos al punto de desear buena suerte incluso a los muy entrenados atletas olímpicos. Tal vez podáis concluir que este incesante desearse buena suerte no sea más que una convención social. Pero las convenciones reflejan una creencia social generalizada.

Pensad una vez más en el paralelismo con el mundo del amor. Pensemos en esos solteros que están preparados para mantener una relación o incluso casarse, pero que dedican gran parte de su tiempo a depositar esperanzas en ello y a envidiar la «suerte» de sus amigos emparejados. «Puede incluso que nunca llegue a pasarme a mí», dicen, compungidos. Cuando los amigos les sugieren que se conecten a las páginas de citas de Internet, se echan a reír. «Así es justo cómo no se consigue el amor», replican, y luego se ponen a parlotear sin parar sobre cómo eran los romances antaño. Estas personas siguen con sus vidas —van a trabajar, vuelven a casa— esperando la iluminación o un golpe de suerte. ¡Qué tremenda impotencia!

Comparemos a Debbie la Activa con Debbie la Optimista. Debbie la Activa quiere un gran amor y lo sabe. También sabe que no debe esperar a que aparezca de la nada; asume que la vía del romanticismo ya no funciona, si es que alguna vez lo hizo. Así que aprovecha cuantas situaciones es posible para aumentar sus probabilidades de conocer a alguien que le guste. Si no le gustan las motos pero le encanta el aire libre, lo más probable es que se una a un grupo de senderismo en lugar de pasar el tiempo en bares de mala muerte. La cuestión es que piensa mucho en el asunto y es activa al respecto. Dicho sea de paso, es Debbie la Activa la que probablemente alcance el trabajo que ama. Es consciente del tiempo que le ha tocado vivir, así que no solo confía en encontrar un gran trabajo; reconoce que es cosa suya encontrarlo. Y las probabilidades de que tenga una vida que la haga feliz son muchísimo mayores que las de sus compañeros.

En cambio, Debbie la Optimista básicamente confía solo en la suerte. Por supuesto, la esperanza es simplemente la hermana más respetable de la suerte. Así que tenemos esperanza acerca de todo tipo de asuntos. Esperamos que el trabajo vaya bien; confiamos en que los hijos nos salgan bien; esperamos que nuestra casa aumente su valor; confiamos en que nuestros ingresos no disminuyan. Tenemos mucha esperanza, pero no pensamos mucho. Tal vez penséis que esto es darle demasiada importancia a una palabra o dos. Pero comparad estas dos frases: «Espero que esto funcione» o «Creo que esto debería funcionar». Prestad atención la próxima vez que oigáis cualquiera de las dos. La cadencia emocional será diferente. «*Espero* que esto funcione» es una conjetura. «*Creo* que esto debería funcionar» es seguridad.

Como probablemente haya quedado claro a estas alturas, mi desdén por la idea de la suerte es absoluto. Me parece insultante; calificar a alguien de «afortunado» porque tiene un trabajo que le gusta o un matrimonio sólido o una posición de ventaja viene a querer decir que en cierto sentido no se lo mereció. Solo el que carece de preparación necesita suerte. Así que cuando mis alumnos terminan sus estudios, jamás de los jamases les deseo buena suerte. En cambio, les deseo que tengan éxito. ¿Y sabéis qué? Que quizá pongan los ojos en blanco al oírme, pero saben que es liberador tener el control en sus manos y no confiar en el destino.

La tiranía del tiempo

De todas las excusas que oigo, la de las limitaciones de tiempo es la más próxima a una verdadera razón. Cuando alguien me dice que no dispone de tiempo para considerar alternativas o reunir información, a menudo es verdad que realmente no tiene tiempo. Desde luego, lo tuvo en el pasado o terminará encontrándolo a la larga. Esto convierte a las limitaciones de tiempo en una *razón* actual y en una *excusa* pretérita y futura. Y a propósito, todos tenemos problemas con el tiempo permanentemente.

Y luego está el tiempo considerado como un reloj de arena. «Es demasiado tarde para mí», dice el joven de treinta y pocos años encogiéndose de hombros. Es un ejecutivo que detesta su trabajo, explica, al que le gustaría mucho más estar escribiendo guiones cinematográficos o televisivos. Para introducirse en ese mundo, habría tenido que empezar como aprendiz sin sueldo, algo que suena muy bien a los veintidós pero no a los treinta y tres, con una esposa que está ansiosa por comprar una casa y tener hijos.

De acuerdo, esa es una manera de considerar el hecho de que tiene treinta y tres años. Pero veamos... apenas lleva diez años en el mundo laboral. Formará parte de la población activa los próximos cuarenta años. Económicamente tal vez no pueda comprometerse a trabajar gratis, pero eso no significa que tenga que renunciar y pasar más años de los que lleva vivo hasta ahora sintiéndose desgraciado la mayoría de las horas del día. Eso solo significa que tiene que seguir su pasión de manera más creativa. En lugar de convertirse en un guionista cinematográfico que siga la senda que han seguido los demás, quizá debiera intentar una manera original que aun así satisfaga su situación familiar. ¿Demasiado tarde? ¡Por favor!

Si queréis hablar de edad, hablemos de edad. Derrotaré ese argumento en cada ocasión, salvo, quizás, en el caso de un octogenario.

Considerad el caso de Harland Sanders. En 1955, tenía sesenta y cinco años y era el propietario de un próspero restaurante de Corbin, Kentucky. Entonces apareció una autopista interestatal y se llevó a otra parte el tráfico... y a sus clientes. De la noche a la mañana, Harland perdió su medio de vida. Pero seguía teniendo la receta secreta del pollo frito y prácticamente se puso a venderlo de puerta en puerta. Y así empezó Kentucky Fried Chicken. El coronel Sanders todavía disfrutaría casi treinta años de su éxito como creador de Kentucky Fried Chicken antes de morir. Así que lamento discrepar del joven de treinta y tres años que dice que es demasiado tarde o que está atrapado, y sin embargo es mi obligación.

O pensad en Billie Letts. Ya era cincuentona y llevaba muchos años ocupándose de su familia y dando clases de inglés en la universidad, cuando se publicó su primer libro, *Where the Heart Is*. Vivió otros veinte años como novelista de éxito antes de morir de leucemia a los setenta y seis años.

Podría llenar páginas y páginas con ejemplos de otras personas que han cambiado el rumbo y encontrado un gran éxito en las postrimerías de su vida, pero a veces la inspiración más eficaz proviene de los que son mayores y no temen llamar a una excusa por su nombre.

Heather E. tenía sesenta y dos años cuando me escribió contándome que había decidido retomar su tesis doctoral después de un paréntesis de dos años. «Sin duda, he pasado por todas las fases del PERO y del OJALÁ, y ahora estoy totalmente dispuesta a no pensar en lo que me detiene y a seguir adelante y tener una fantástica trayectoria profesional; naturalmente, a mis sesenta y dos años, puede que sea más breve que las de los demás, pero quizá no menos importante.» No menos importante, en efecto.

Y a veces, la liberación de la excusa de la edad procede directamente de mí.

—Así que crees que a los veinte años la suerte ya está echada, ¿no? —pregunto desafiante—. Yo tengo varias veces tu edad, ¿y estás diciendo que yo mismo no debería intentar hacer nada nuevo e importante?

—Esto... no, profesor.

—Bien. Ahora dejemos a un lado esa estúpida excusa, ¿de acuerdo?

La saturación de información, o el cinismo

En la primera parte de este libro me referí a la enorme sobrecarga que se produce cuando nos damos cuenta de la cantidad de profesiones posibles y de lo paralizante que puede resultar empezar a analizarlas. «Habría tanto que aprender —dice el estudiante—, tanta información a la que acceder y considerar...» Así que le explico la manera de enfocar su búsqueda con un proceso razonado. Lo analizamos, como expliqué en el capítulo 3, y «tanto que aprender» no tarda en convertirse en «demasiado en lo que pensar».

«Pero, profesor —responden cuando les llamo la atención por su negativa a pensar en una de las decisiones más importantes de sus vidas—, es imposible separar la buena información de la mala. El mundo está lleno de mentiras, rumores, activismo egoísta e intenciones corruptas.» Su interpretación del mundo es muy correcta. Pero su reticencia a intentar separar lo bueno de lo malo no es más que un argumento inconcluso, *una excusa*. Es lo mismo que decir: «No quiero que la información falsa me engañe, así que sencillamente voy a evitar todo tipo de información».

Entonces, ¿estás diciendo que es mejor ser un ignorante que equivocarse? Eso es una ridiculez. Pero esta línea de pensamiento es omnipresente.

Desfavorecidos en la línea de salida

Las excusas son razonamientos incompletos, y puede que esto sea más evidente cuando se trata de aquellos que parece que tenían todo en contra desde el nacimiento. Por ejemplo, crecer en una familia desestructurada es un motivo para que uno pueda ser inseguro o tímido. Eso explica la característica; pero no explica por qué decide no sobreponerse a ello.

¿Y si la desestructuración fuera tan grave que no pudiera superarla? ¿Acaso no es posible? Sí, es posible. Algunas personas intentarán sincera y tenazmente superar su timidez sin ningún éxito, pero debido a su esfuerzo, se habrán ganado el derecho a decir que tenían una razón y no una excusa. Además, algunos de los que lo intenten se sorprenderán a sí mismos teniendo éxito.

Veamos el caso de Lucy, cuyos padres habían emigrado desde el sudeste asiático. Lucy era sin duda más madura, reflexiva, decidida y disciplinada que muchas personas de su edad. Era una persona ambiciosa, segura, que siempre trataba de sacarle el máximo partido a su potencial. Y después de mucho esfuerzo, estaba preparada para conseguir su objetivo profesional de trabajar en un centro de estudios del gobierno. Pero en el último esfuerzo para alcanzar ese excelente trabajo, fracasó. Su intento de establecer una red de contactos fue vacilante y la hizo aparecer de una manera poco favorable; cuando se reunió con algunas personas que ya trabajaban en ese campo, formuló sus preguntas como si fueran disculpas, no como las consultas exploratorias que eran. Aquello debió de hacerles pensar que Lucy estaba entablando contactos porque tenía poco talento y no porque estuviera tratando de buscar lo que más convenía a su considerable talento.

En realidad era una mala promotora de sí misma. Nuestra charla se centró en esta reticencia injustificada. Por suerte, con un poco de entrenamiento, logró expresar su problema: era hija de su cultura, una cultura que destina a la mujer a un papel secundario. Al identificar el obstáculo, empezó a sentir que podría superarlo. Sus contactos sociales se hicieron más provechosos a medida que fue expresando sus ideas con más confianza. Decidió que sería una mujer libre, libre de cualquier parte de su cultura que la obstaculizara, al tiempo que asumiría aquellas que la enriquecieran. Entonces su capacidad para establecer relaciones hicieron justicia a su talento.

O pensad en Mary. Parecía que todo estaba en su contra. Abandonó su país natal cuando se le comunicó la concesión de una beca para asistir a la Universidad de Waterloo con solo cuarenta y ocho horas de antelación. ¡Imaginad el trastorno —aunque bendito trastorno— que ocasionó en su vida! En su primera clase, todavía bajo los efectos del desfase horario y el choque cultural, el profesor explicó que la asignatura sería especialmente difícil para los alumnos de primer curso, puesto que la mitad de la clase eran alumnos del último año que pondrían muy alto el nivel de las calificaciones. Mary miró con nerviosismo al joven sentado a su lado y le preguntó si era del último curso. «No —dijo él—, soy de primero, pero suspendí esta asignatura el trimestre pasado, así que la estoy repitiendo.» El estudiante que tenía Mary al otro lado era un alumno de tercero. ¿Qué posibilidades tenía ella de aprobar? Sin duda, aquello la sobrepasaba, y por un buen motivo. Sin embargo, no buscó ninguna excusa y acabó sacando un sobresaliente. Había visto que tenía todo en contra y se rebeló. Cuando se licenció, las empresas se pegaban por ella.

La conclusión es que entre nosotros hay muchos que se enfrentan a obstáculos descomunales, y aunque los dos ejemplos que he ofrecido tienen un carácter cultural, los obstáculos de los que oigo hablar a menudo son de una naturaleza mucho más siniestra. Hay hombres y mujeres que han sufrido maltratos físicos y abusos sexuales; hay niños cuyos padres los someten a una guerra psicológica en la que no dejan pasar la menor oportunidad para destrozar su autoestima; los hay con unos padres tan patológicamente indulgentes, que los reducen a un estado de dependencia tal que los incapacita para pensar por sí mismos; y hay niños cuyos profesores aniquilan sus ansias de aprendizaje. Y la lista continúa, con horrores sufridos o vistos que la mayoría no somos capaces de imaginar siquiera.

Un número considerable de mis alumnos fue víctima de algunas de las desventajas arriba citadas. Estas circunstancias llegan a mis oídos porque ellos deciden compartir conmigo un pedacito de sus vidas. Y ni una vez en más de treinta años ninguna de estas conversaciones acabó con la petición de un acuerdo especial o un aprobado fácil. En honor a la verdad, nunca oí ninguna excusa.

Estas personas recibieron ayuda cuando la pidieron, y a veces sin pedirla. Pero la ayuda estaba disponible para *todos* los alumnos, no solo para aquellos que me hicieron confidencias. ¿Y por qué les contarían a un extraño cualquier detalle de sus vidas, como no fuera para inspirarle lástima? Tal vez solo quisieran que un extraño supiera lo mucho que se habían esforzado, que todo había sido más difícil para ellos que para los demás. Eran quienes eran; eran sus personalidades en construcción. Y se sentían orgullosos.

De los estudiantes que supe que estaban en tales situaciones, casi todos lo lograron. No, todos no pudieron. Para algunos, las barreras estaban demasiado altas para poder superarlas; para otros, estaban incluso demasiado altas para que lo intentaran. Motivos tenían. O al menos, los tenían en ese momento. He visto a muchas personas recuperarse de situaciones verdaderamente desesperadas como para creer que nadie pueda estar completamente atrapado sin ninguna posibilidad de escapar. Puede que las oportunidades sean mínimas y siempre hayan pasado inadvertidas, pero siempre queda una ínfima posibilidad.

Sin embargo, con un criterio realista, solo una porción muy pequeña de las personas que lean la presente obra se encontrarán en una situación tan desventajosa como para haber sido despojadas de la capacidad de *intentar* ayudarse a sí mismas. La inmensa mayoría podemos intentarlo, y aquellos que no lo hacen están utilizando excusas para evitar intentarlo.

Un listón bajo

Ahora que analizamos las excusas profundamente arraigadas, puede que estas no sean reconocidas como tales debido a que en buena medida parecen parte integral de lo que somos como sociedad. No esperamos tener un trabajo que nos apasione, así que no lo buscamos. En su lugar, la mayoría de las personas esperan trabajar para ganarse la vida, y prefieren unos ingresos estables y decentes y unas buenas condiciones laborales. Ahí es donde está el listón. Y si ese es lo bastante bueno para la mayoría, debería ser lo bastante bueno para uno. Esta es la forma convencional y habitual de pensar. Que lo sepáis. Sed conscientes de ello. Y luchad con uñas y dientes, porque es una solemne tontería.

Y como sostenía en el capítulo 2, ese simplemente no es el camino del futuro. No podéis aceptar el listón bajo porque vuestro trabajo y el mercado no os lo admitirá.

Hace treinta años, cuando era un profesor más bisoño, le hablé a mi clase sobre la necesidad de que amaran su trabajo. «Solo daos cuenta —dije— de cuántas veces vuestros padres llegan a casa y desean hablaros del fantástico día que han tenido en el trabajo.» Para mi gran sorpresa, los alumnos prorrumpieron en carcajadas. Pensaban que estaba bromeando, cuando les estaba hablando con absoluta seriedad. O sus padres les contaban historias nada halagüeñas sobre su trabajo o no les contaban nada en absoluto, lo que probablemente significara que no les gustaba su trabajo. Huelga decir que fue un mal día para mí, porque me demostró lo bajo que está el listón.

Otro ejemplo de nuestras pobres expectativas: la gente presume de que ama su trabajo cuando en realidad no es así. Tal vez ame los aspectos sociales. O el dinero. Eso no es lo mismo que sentir pasión por el propio trabajo. Esperar con impaciencia las fiestas de cumpleaños de la oficina «no» es la satisfacción del éxito o la manifestación del talento. Esperar con interés lo que te vas a comprar con tu considerable sueldo tiene que ver con la recompensa por el trabajo, *no* con su esencia. O también están aquellos que parecen amar su trabajo porque temen el momento de la jubilación. Eso no significa que amen su trabajo, ¡significa que aman la organización que les ofrece!

En una ocasión hablé con una anciana que me dijo que le encantaba jugar a las cartas porque era una manera de «matar el tiempo». ¿Matar el tiempo antes de qué? ¿De la muerte? ¡Mátenme ya, diría yo! Yo ni siquiera deseo buscar una manera de matar el tiempo y creo que nadie debería hacerlo. Quiero disfrutar de jugar a las cartas porque quiero ganarle a la persona con la que estoy jugando. ¿Por qué debería buscar pasar el rato nada más? Acabemos con lo de matar el tiempo y en su lugar vivamos plenamente.

Nuestra cultura de las excusas

Ya es grave que nuestra naturaleza humana nos tiente a caer en las excusas, pero ahora vivimos en una sociedad donde las excusas son casi la norma. Eludir toda responsabilidad es algo cotidiano. Los políticos leen los sondeos para descubrir qué política respaldar, y si esta fracasa, no es su responsabilidad; ellos solo siguieron las pautas de los ciudadanos. Si no consiguen que se apruebe una ley, es culpa de sus oponentes. Los ciudadanos no van a votar, pues se escudan en la excusa de que sus votos no valen para nada. Los funcionarios públicos escurren el bulto. El proceso político apenas funciona, pero aun así no es culpa de nadie. Pase lo que pase, siempre hay otro a quien echar la culpa o no hay nadie.

Los ejecutivos se conceden bonificaciones mientras sus empresas se estrellan. Pero quién puede culparles, porque el mercado «se volvió en contra de ellos» o una nueva tecnología «apareció de la nada». Pero ¿de quién era la tarea de prever los cambios en el mercado o en la tecnología? ¿Y quién acaba despedido, aparte de los empleados de menor rango?

A los padres les preocupa que sus hijos se estén descarriando, pero ¿«es difícil hablar con ellos» o «andan con malas compañías» o«envían demasiados mensajes de texto»? ¿Estas son razones o son excusas para eludir los asuntos difíciles?

Vivimos en la Era de la Victimización. Ahora todos somos víctimas. De hecho, hay tantas víctimas, que es difícil encontrar a los opresores. Y, por tanto, este montón de excusas no resulta sorprendente. En este mundo estresante y sumamente complejo de hoy, el éxito en todos los aspectos de la vida se consigue con dificultad. Las presiones competitivas de la economía global añaden incertidumbre a nuestro empleo y a nuestra sensación de seguridad. La devolución de las inversiones no está asegurada; la tecnología puede volver obsoleto a un sector industrial completo en el lapso de unos pocos años; el ritmo del cambio social es tan rápido como para resultar desestabilizador. Es fácil ver la derrota a cada paso. Así las cosas, es igual de fácil ver el encanto de la excusa.

Si muchos consideramos el éxito como algo incierto, ya como empleado, ya como cónyuge, ya como padre, entonces la cultura de las excusas deviene lógicamente apetecible. Es como una carta mágica para salir de la cárcel. Si permitimos que los demás pongan excusas, también nos lo permitimos a nosotros. Entonces mejor no criticar a los colegas con demasiada agresividad, y así seguramente nos ofrecerán el mismo trato a nosotros. Todos podemos ser incompetentes en conjunto, tranquilos con que todos somos parecidos. ¿Cómo es *eso* de un listón bajo?

Entonces, ¿por qué poner tanto empeño en intentar identificar las excusas? Pues porque destrozan las vidas.

Josh, por ejemplo, era incapaz de terminar algo a tiempo. Sí, terminaba tareas importantes... algún día. De no ser por su considerable talento, ya habría sido despedido, y su empleo pendía de un hilo. Era muy consciente de este problema y con buen tino reconocía su pésima capacidad para administrar el tiempo. Había leídos libros sobre cómo gestionar el tiempo de manera más eficaz, pero la influencia de estos rara vez duraba más de una semana.

En el transcurso de un día y de una tarde empezaba, interrumpía y volvía a empezar proyectos y recados personales. Y cuando los plazos que iba a incumplir se acercaban, combatía el estrés jugando a los videojuegos. En lugar de insistir sobre su pobre capacidad para administrarse el tiempo, le dije que el problema era de disciplina y que él no tenía ninguna. Puesto que era incapaz de controlarse, jamás controlaba ni influía en ningún otro. Su comportamiento era el de un niño, no el de un hombre. Así que sería mejor que se «armara de valor» como los guerreros de los juegos a los que era adicto. ¿O realmente prefería fingir que era un guerrero, en lugar de ser uno de verdad?

No puedo decir que esa fuera una conversación relajada. No lo fue. Estoy seguro de que durante un tiempo estuvo bastante enfadado conmigo. Pero más tarde, una vez que su rendimiento y trayectoria profesional se hubieron acelerado claramente, me confesó que mi comentario sobre los guerreros de los juegos había sido su punto de inflexión. Hablándole claramente, le había ayudado a verse a sí mismo con honestidad. Y en honor a la verdad, lo había hecho. Nunca es mi intención despojar a alguien de su dignidad, y no fue eso lo que había intentado hacer con Josh. En cambio, veo con suma claridad cómo las excusas encarcelan a la gente. Josh era prisionero de las excusas que se inventaba, de la misma manera que lo era Debbie la Optimista, igual que lo era Evan el Evasor. Cuando derribas las excusas una a una, te liberas.

Ahora, como es evidente, no puedo plantear a todos los que lean este libro preguntas difíciles específicas. Pero si estáis abiertos a ello, podéis haceros estas preguntas. O podéis pedir a alguien que os conozca bien y en cuya opinión confiéis que os ayude a ver vuestras excusas como lo que son.

A veces el obstáculo que se interpone en vuestro camino, proyectando su sombra, sois precisamente vosotros. Así que desviaos de vuestro camino y poneos a trabajar.

Preguntas difíciles, respuestas sinceras

1. ¿Cuáles son las excusas de las que dependéis habitualmente? ¿O afirmáis que jamás habéis utilizado una excusa?
2. ¿Qué papel desempeña, si desempeña alguno, la idea de la suerte cuando pensáis en vuestra profesión?
3. ¿Qué características personales son las que más se interponen en vuestro camino y cómo tenéis pensado superarlas?

10

Cómo las profesiones fantásticas y las familias amorosas van de la mano

Amo a mi familia —dijo Carly con firmeza. Yo no estaba seguro de cuál era la reacción que esperaba de mí. ¿Pensaba que me impresionaría? ¿Imaginaba que trataría de hablar con ella del amor a su familia?

—¿Qué piensas que me siento tentado a decir? —pregunté.

La voz de Carly se hizo más tenue.

—Creo que va a decirme que escoja.

Estaba en lo cierto en cuanto a que tenía que hacer una elección. Pero esta no era entre su trabajo y su familia.

«Quiero ser una buena esposa», «Quiero ser un buen padre» o hasta «Quiero ser un buen amigo» son con diferencia las objeciones que con mayor frecuencia escucho cuando presiono a las personas para que consigan una profesión fantástica. Y no estoy hablando únicamente de los que están en la treintena o son más mayores. Los alumnos de diecinueve, veinte y veintiuno ya andan pensando en estas cuestiones. Imaginan cómo quieren que sean sus vidas y ya están preocupados por la manera de conseguirlo todo, aunque todavía no estén saliendo con alguien especial.

Es maravilloso que valoremos y prioricemos las relaciones afectivas entre humanos. Y así debe ser. Pero ¿por qué nos mostramos tan protectores y a la defensiva cuando hablamos de eso? ¿Por qué amar a los demás significa desconectar tu cerebro y tu pasión por todo lo demás?

Una familia fantástica y una profesión fantástica no son empresas mutuamente excluyentes, y este capítulo se propone aclarar este extremo. Pero antes de nada, una pregunta: ¿querer una vida familiar sólida es una *excusa* o una *razón* para no conseguir tu pasión?

Eso depende. Muchas personas no están dispuestas a asumir ningún tipo de riesgo a fin de encontrar su pasión, pero tampoco quieren verse a sí mismas como perezosas o asustadas. Y en consecuencia, se escudan en los «compromisos familiares»; se envuelven en el afecto de las relaciones humanas para poder permanecer a salvo de los reproches. En estos casos, están utilizando a la familia como *excusa*. Su convencimiento real en las relaciones tal vez sea profundo e inquebrantable, o podría ser que no lo sea; da igual, esa no es la cuestión.

Para otros, «Amo a mi familia» es una razón. Están preparados para la reflexión, la búsqueda, la experimentación y el compromiso que se requieren para lograr una profesión fantástica, pero están sinceramente convencidos de que las profesiones fantásticas exigen tanto tiempo y atención que son incompatibles con la vida familiar. Recordad, las razones pueden y deben ser sondeadas. Y cuando sondeamos esta razón, vemos que se esfuma rápidamente.

El resto de este capítulo aborda las normas para tener una profesión fantástica y una familia o vida personal valiosa, la vida que escojáis. De hecho, si os esmeráis, vuestra profesión fantástica enriquecerá vuestra vida familiar. No, no es fácil. ¿Y qué empeño en la vida que merezca la pena lo es? Los que estén preparados e impacientes por labrarse una profesión fantástica encontrarán la manera de combinar esta ambición con su vida familiar, y los fabricantes de excusas tendrán que encontrar otra.

Norma n.º 1: recordad la definición de una profesión fantástica

El vulgo mira a los ejecutivos importantes que circunvalan el globo seis veces en cuatro días y dice que esa gente tiene una gran profesión. El vulgo mira a los ricos intermediarios financieros de Wall Street, que en realidad se ven a sí mismos como los amos del universo y trabajan sin descanso, y dice que esa gente tiene una profesión fantástica. El vulgo mira al cirujano de fama internacional, que salva a personas todos los días en el quirófano, y dice que esa persona tiene una profesión fantástica.

Sí, esto es exagerar, pero eso es lo que hace la opinión pública: hacer que incluso los logros increíbles parezcan exponencialmente más impresionantes. ¿Qué biografía habéis leído de alguna persona influyente que festejara la integración de su vida familiar y laboral? Por lo general, el libro se limita a hablar de la actividad incesante que crea el prestigio. «Rico y famoso» parece ser el sello fundamental del éxito, ya a nivel mundial, ya a escala local. Esa versión de lo que es una profesión fantástica no es de lo que trata este libro.

Dejad que os recuerde mi definición de una profesión fantástica, porque es lo opuesto a la opinión que tiene la sociedad: *una profesión es fantástica cuando brinda un trabajo satisfactorio, influencia en el mundo, ingresos fiables y adecuados y libertad personal.*

Así que la primera norma para labrarse una profesión fantástica es abandonar la opinión generalizada al respecto y reconocer qué es exactamente lo que tratáis de conseguir.

Norma n.º 2: deshaceos de la culpa

Según el Pew Research Center, el 41 por ciento de los adultos manifiesta que el número creciente de madres trabajadoras es perjudicial para la sociedad. Solo el 22 por ciento considera que es beneficioso.[3] Resumiendo, hay mucha culpa por ahí suelta, sobre todo para las mujeres. Estoy aquí para deciros que os deshagáis de ella. En mi opinión, quedarse en casa en aras del supuesto beneficio de vuestros hijos no necesariamente los beneficia tanto como si estuvierais desarrollando un trabajo o una profesión que améis de verdad.

Bueno, estoy seguro de que algunos lectores reaccionan con sorpresa ante esta perspectiva. Pero permitidme que me explique. En primer lugar, el argumento económico: la Universidad de Harvard dirigió un estudio de 50.000 adultos de 25 países que demostró que las hijas de las madres trabajadoras tenían un mayor nivel cultural, más probabilidades de encontrar empleo y que este fuera en funciones de control y un

---

3. http://www.pewsocialtrends.org/2007/17/12/fewer-mothers-prefer-full-time-work/

sueldo más alto que las hijas de madres amas de casa. En cuanto a los hijos, la influencia era menos marcada en lo profesional y más acusada en cuanto al hogar: los hijos de madres trabajadoras dedicaban más tiempo al cuidado de los hijos y a las labores caseras cuando llegaban a la edad adulta.[4] Yo a esto lo llamo progreso.

Segundo, vosotros queréis ser un modelo de conducta para vuestros hijos, un modelo de felicidad y plenitud, de manera que vuestros vástagos se esfuercen en conseguir lo mismo para ellos. Por favor, entendedme bien, respeto a aquellas personas que creen que su mayor pasión es la familia y que quedarse en casa con sus hijos pequeños es el mejor empleo que pueden hacer de su tiempo. Sin embargo, para mí esta es una elección válida solo si los progenitores que permanecen en el hogar han considerado detenidamente todas sus alternativas profesionales y no han hallado ninguna que se acerque en intensidad al interés que tienen por su familia. De lo contrario, un día pueden llegar a sentir que han sacrificado su futuro en aras del de sus hijos. Entonces es cuando debo preguntar si es mejor para sus hijos que acaben amargados o resentidos por lo que se han perdido por el bien de aquellos.

Antes de que respondáis: «Oh, no, jamás mostraría mi amargura», debéis saber que, por desgracia, veo esta clase de resentimiento a todas horas, a veces más manifiestamente que los de otra clase. En el lado más extremo, Florian me escribió desde Austria para hablarme de un momento cuando tenía veintitantos años y su padre le dijo que no había podido seguir su profesión como médico en el extranjero por culpa de su nacimiento. «La cues-

---

4. http://www.nytimes.com/2015/05/17/upshot/mounting-evidence-of-some-advantages-for-children-of-working-mothers.html?_r=0&abt=0002&abg=0

tión es lo impactante que fue el momento para mí, cuando, con veintitantos años, tu padre, tu propia sangre, te echa encima la responsabilidad de su fracaso profesional —escribía—. En el momento me sentí abrumada, y mi primera reacción fue tratar de sobrellevar la situación aceptando lo que me había dicho... Es una de las cosas más mezquinas e injustas que le puedes decir a un hijo.»

Tal como lo veo, los padres no tienen que sacrificarse a sí mismos ni sacrificar sus matrimonios o sus carreras en el altar de la crianza de los hijos. De hecho, hacerlo es contraproducente para el desarrollo de sus hijos. Al centrarnos únicamente en nuestro papel como progenitores, hemos renunciado a ser un modelo de conducta para la vida profesional de nuestros hijos. Lo mejor es predicar con el ejemplo, de manera que nunca nos encontremos en la situación en la que nuestros hijos vengan a hablarnos de su trabajo soñado y pensemos: *Yo también tuve un sueño una vez, hijo, pero entonces naciste tú.*

Norma n.º 3: utilizad vuestra ventaja para haceros con el control

Digamos que amáis vuestro trabajo, pero vuestra empresa se opone a que le restéis tiempo a permanecer en el lugar de trabajo. Cuando se está en el lugar de trabajo más tiempo del que se quiere estar, eso no es una profesión fantástica. (Advertid que hablamos del *lugar* de trabajo, no del trabajo. El trabajo en sí podría seguir siendo agradable.)

Este es un problema que veo permanentemente —¿os acordáis de Betty, del capítulo 4, que amaba su profesión pero que le parecía que su volumen de trabajo se estaba descontrolando en detrimento de su vida personal?—. Haced lo que hizo ella: haceros tan valiosos para vuestros empleadores que estos acepten vuestro deseo de estar más tiempo en casa. Tal vez no sea la alternativa que prefieran, pero no obstante la aceptarán.

Ellen y Brandon venían ambos de familias tan unidas que deseaban reproducirlas en su matrimonio. Querían tener hijos y ser padres entregados. Y ahí es donde estaba el problema. Tenían profesiones distintas, y los dos habían encontrado el trabajo que amaban conscientemente. Pero las ramas de actividad escogidas tanto por una como por el otro exigían generalmente muchas horas. Para ambos, las horas eran innegociables. Ambos deseaban disponer de tiempo suficiente para ser padres implicados; habían rechazado todas las alternativas que encomendaran la responsabilidad paterna a uno de los progenitores exclusivamente o a un tercero. Entonces, ¿qué hacer? Los dos estaban dispuestos a abandonar las profesiones de su elección si estas implicaban no tener una vida familiar plena. Así que si no iban a cambiar de profesión, solo les quedaba una alternativa: tendrían que ser empleados excepcionales cuyos jefes temieran tanto perderlos, que no les exigieran jornadas laborales prolongadas. Tendrían que ser unas estrellas.

Pero aunque Ellen y Brandon eran inteligentes, jamás pretenderían ser unos genios. Entonces, ¿cómo ser unas estrellas? Las normas de ambos sectores requerían un esfuerzo bestial para obtener resultados, pero ellos no estaban por la labor de hacer tal cosa. En su lugar, llevaron a cabo una investigación tradicional y cada uno encontró una idea que resultó altamente útil para sus respectivas empresas. Brandon descubrió un nuevo mercado en expansión para su empresa; Ellen promovió una nueva tecnología que reducía los costes de forma espectacular. Aunque este camino no era fácil, distaba de ser imposible. La mayoría de las empresas, y en particular en las que estaban Ellen y Brandon, rara vez hacían investigaciones de este carácter, ni siquiera como prioridad corporativa, y eso era lo último que harían la mayoría de los empleados por propia iniciativa. En otras palabras, los dos encontraron una ventaja.

Al llegar a la treintena, tanto Ellen como Brandon tenían los empleos muy bien remunerados que amaban, hijos y —lo que más apreciaban— tiempo. Su semana laboral normal no es de más de cuarenta horas en unos sectores donde la norma es que sobrepase las sesenta. Los dos desayunan y cenan con sus hijos.

Claudio, que me escribió desde Italia, era una persona que pensaba que su modelo de vida estaba fuera de su alcance. «No es fácil compaginar los planes para crear una buena familia y los planes para lograr el éxito profesional —escribía—. Las personas que son capaces de hacer ambas cosas con resultados excelentes son muy escasas (seres superhumanos, a mi modo de ver), y las admiro.»

Aunque yo sostendría que Ellen y Brandon no son superhumanos. Tal vez lo parezcan, pero solo porque hay pocas personas como ellos. Ser superhumano implica que la mayoría de las personas no podrían lograr un equilibro similar, pero esto no es cierto. Ellen y Brandon presentan rasgos que cualquiera puede tener: son creativos, ingeniosos, buenos estrategas y disciplinados. Cualquiera que ame su trabajo puede lograr ese grado de libertad. Ahora bien, eso no significa que todas las situaciones vayan lo bien que les salieron a Ellen y Brandon. Hay baches que sortear y decisiones que tomar.

Stacy representa un buen ejemplo de cómo a veces, aunque puedas tenerlo todo, debes tomar decisiones difíciles. Llevaba largos años trabajando muchas horas como profesora adjunta de una institución dedicada a la investigación, y la habían hecho fija recientemente. Al año siguiente de obtener la plaza, se le concedió un año sabático, el cual ella pretendía utilizar en investigar a tiempo parcial pero también a cuidar de sus dos hijos de corta edad. Al principio de su año sabático, un alto funcionario del gobierno se puso en contacto con ella para pedirle que se uniera a su equipo. Era una oportunidad maravillosa, la oportunidad de dejar huella en la política que tanto le importaba y trabajar para una Administración que admiraba.

Pero eso también implicaría comprometer más horas de las que quería trabajar, y más horas que era razonable que trabajara, dadas las necesidades de su pequeña familia. Su marido trabajaba de abogado en un bufete que le exigía facturar un número considerable de horas, y le habían propuesto hacerle socio ese año. Los parientes de ambos vivían en el otro extremo del país. Si Stacy iba a hacer que la oferta de trabajo le compensara, tendría que contratar a alguien que cuidara de sus hijos durante la jornada laboral normal —algo que no quería hacer— o tendría que convencer a su posible jefe de que le permitiera trabajar a tiempo parcial o con una jornada reducida.

Stacy era una estrella, y sin duda alguien deseable para la Administración. Pero era evidente que la intensidad de las necesidades de esta última no coincidiría con una jornada a tiempo parcial. Así que Stacy declinó la oferta. En su momento la decisión fue terrible, pero no se arrepiente de ella. Sigue teniendo un trabajo que la apasiona, pero de acuerdo con sus condiciones. Y lo que es mejor todavía, la Administración sigue recurriendo a ella como asesora, y su contacto permanente con los políticos hace que muy probablemente vuelvan a requerir sus servicios cuando sus hijos sean mayores. La próxima vez, puede que lo acepte.

En mi despacho tengo un cartel que reza: LA NATURALEZA NO SIGUE SOLO UN CAMINO; TAMPOCO DEBERÍA SEGUIRLO LA HUMANIDAD. Tener una profesión fantástica significa en parte que puedas decir que no, a una tarea, a un ascenso, a un traslado. Una profesión fantástica significa que no solo tengáis un camino.

Norma n.º 4: buscad «el beneficio para todos», no el compromiso

Cada vez que la gente malinterpreta mi mensaje y sugiere que siempre me pongo del lado de la oportunidad profesional cuando hay que hacer una elección, me enfurezco. Si una mujer se muda a cientos de kilómetros de su hijo para conseguir el trabajo de sus sueños, no me parece que tenga ninguna lógica. Si un joven enamorado rechaza a su novia a causa de una oportunidad laboral en otro país, tampoco me parece que sea una decisión sensata.

Janet y Bentley entraron en mi despacho enamorados y con la necesidad de que les asesorara profesionalmente. Los dos estaban a punto de terminar unos fantásticos programas universitarios, y Janet ya había recibido una apetecible oferta de trabajo en St. Paul, Minnesota. Bentley no tenía todavía ninguna oferta, aunque estaba seguro de conseguir una que fuera buena, si bien St. Paul contaba con un número limitado de empresas relevantes para él. Así que acudieron para que les proporcionara algunas estrategias dinámicas de búsqueda que le compensaran a él de las limitaciones de la localidad de Minnesota.

Enseguida se hizo patente que ninguno tenía una estrategia profesional que fuera más allá de lo que sigue: 1) recibir una buena educación, 2) conseguir el mejor trabajo posible y 3) tener una vida agradable. A Janet le había caído el trabajo del cielo sin que hubiera pensado mucho al respecto; ese era el momento de que le dedicara cierta reflexión. Cuando empezamos a hablar de la estrategia de búsqueda de Bentley, la conversación se amplió, y Janet mencionó de pasada que ella también había recibido una oferta laboral de una empresa europea, pero que la había rechazado de plano.

—¿Y por qué?

—Bueno, era una empresa más pequeña —dijo— y... —Se encogió de hombros. Eso era todo lo que realmente tenía que decir.

—Tal vez —sugerí—, deberías reconsiderarlo y elaborar un plan.

Resultó que el trabajo europeo tenía un gran potencial y el sitio servía mucho mejor a las necesidades de Bentley. Pero Janet ya había aceptado el otro empleo.

—¿Esa empresa de St. Paul te garantizó un puesto de por vida? —pregunté.

No tuve que hacer más preguntas. Los dos se fueron a Europa con un plan para una fantástica aventura y dos profesiones con un gran potencial.

La cuestión es que si uno quiere tanto unas relaciones humanas profundas como una profesión que ame, entonces tiene que atender ambas cosas. Ha de ser metódico y tener un plan. Y no debe dejarse frustrar por el convencionalismo de tener que escoger entre lo blanco y lo negro.

Norma n.º 5: disciplinados con el tiempo

Ya hemos tratado cómo enfocar la situación cuando nuestro empleador quiere que trabajemos más de lo razonable. Pero ¿y si la persona que nos mantiene en el trabajo todo el día somos nosotros? En tal caso, tenemos que irnos, y hemos de tener disciplina para hacerlo.

El mejor medio para entablar relaciones del tipo que sean es hacer frente al tiempo. Aunque las comunicaciones modernas pueden ayudar a las relaciones, son mucho menos eficaces que la conversación cara a cara. Esa es la razón de que, incluso en el mundo digital, una videoconferencia sea preferible a cualquier clase de texto. Así que estad más tiempo en casa con vuestra familia. O si no tenéis hijos, pasad mucho tiempo con vuestra pareja. Y si entre vuestros objetivos está el tener un círculo de verdaderos amigos, vedlos más a menudo. Eso significa tiempo *fuera* del trabajo.

Por desgracia, es fácil perder tiempo a causa del trabajo para aquellos que aman lo que hacen. En una ocasión una persona me dijo que había decidido eludir el trabajo que sabía era su pasión. «Se apoderaría de mi vida», había dicho. Para evitar ese peligro, se había retirado a una zona sin color de la mediocridad. Y efectivamente, había evitado que su vida fuera invadida renunciando a su vida en general. Este hombre es la persona que teme subirse a un caballo por si el animal lo tira al suelo, y por consiguiente nunca sabrá a qué aventuras puede haber renunciado. No asumas riesgos de manera que puedas garantizarte no hacer nada.

Es evidente que hay trabajos y pasiones que pueden apoderarse de la vida de uno. El emprendimiento, por ejemplo. Fundar una empresa puede ser un ejercicio rebosante de pasión y también puede ser absorbente. De hecho, si lo es, corres el riesgo de quemarte antes siquiera de que logres algún resultado. El antídoto a esta locura es la disciplina.

La disciplina es algo en lo que no cejo de ejercitarme. La economía me fascina más que nunca y quiero aprovechar al máximo cada momento de enseñar. Puedo concentrarme en mi trabajo literalmente todo el día, con exclusión de todo lo demás. Pero la mayoría de las veces, no lo hago. Disfruto de mi vida familiar y personal con el mismo grado de satisfacción que obtengo de mi trabajo. El problema que tengo, como tantos otros que aman su trabajo, es su inercia tentadora. Cuando tu mente está «concentrada» y tienes la estimulante sensación de avanzar, no quieres parar. Pero entonces te exiges disciplina. Te recuerdas que eres el dueño de tu pasión; no es tu pasión la que te domina. No eres su marioneta. (Si nunca habéis sentido una pasión, esto no tendrá ningún sentido. Así que tendréis que fiaros de mí si os digo que es un reto, un desafío que puede que experimentéis por vosotros mismos algún día.) En consecuencia, las personas apasionadas del mundo deben controlar su pasión para que esta no consuma el resto de sus vidas.

Así que me aseguro de tener tiempo para Larry y tiempo para mi familia. ¿Y cómo? Simplemente programándolo. Y salvo circunstancias excepcionales, me ciño a mi programación. Quiero que mi familia y mis amigos puedan contar conmigo. Pero tengo la sensación de que os estáis equivocando; estáis dando por supuesto que paso del tiempo de trabajo al tiempo de los amigos y/o familia como si se tratara de un juego de suma cero: menos tiempo de trabajo igual a más tiempo para la familia. Pero en realidad, me muevo entre *tres* opciones:

1. tiempo exclusivo de trabajo, en el que estoy concentrado, escribiendo, enseñando o reunido con los alumnos;
2. tiempo integral de trabajo y familia, en el que mi familia habla conmigo de un dilema del trabajo o me acompaña a la conferencia de otro economista; y

3. tiempo exclusivo para la familia y/o amigos, en el que mi familia y yo podríamos estar haciendo una excursión o cenando juntos, sin hablar demasiado de nada, sino simplemente disfrutando de la mutua compañía.

Mi objetivo es conseguir que el tiempo integrado crezca en términos relativos. En efecto, solo estoy utilizando mi tiempo finito de forma más eficiente, consiguiendo hacer más trabajo y fortaleciendo las relaciones. Es como conseguir un tiempo extra, y nunca puedo conseguir suficiente tiempo extra. Y no estoy solo, puesto que muchas otras personas consiguen el mismo grado de integración.

En la siguiente y última norma, hablaré de los elementos necesarios para crear una vida laboral-familiar integrada. Aunque trabajéis en un hospital, o en cualquier otro sitio al que no se pueda llevar a extraños, aun así podéis implicarlos en vuestro trabajo. Seguid leyendo para ver de qué manera.

Norma n.º 6: buscad la integración, no el equilibrio

Cuando se aplica a las profesiones y la familia la palabra *equilibrio* no me gusta nada. Esta palabra sugiere que el ideal es un modelo perfectamente uniforme. El equilibrio supone que pasas la vida en compartimientos separados etiquetados como *vida* y *trabajo*, y que mueves el tiempo de uno a otro. Rechazo este objetivo. Lo que hay que hacer es intentar *integrar* el trabajo y la vida, de manera que cada uno apoye al otro, consiguiendo de resultas de ello un todo más sólido. Sé que algunas personas dicen que esto es imposible y totalmente irreal; decir lo contrario es admitir su fracaso en conseguirlo. Entonces,

¿cómo se hace la integración? Hay dos directrices: hablar del trabajo, y siempre que sea posible, trabajar juntos. Veámoslas por separado.

Hablad con vuestros hijos y vuestra pareja sobre el trabajo

«Lo último que quiero hacer —dice la gente con frecuencia—, es llevarme el trabajo a casa. Necesito alejarme de él.» Esto suena sospechosamente a que la familia es el antídoto del trabajo. Y si uno no ama su trabajo, esto resultaría cierto. Pero si amas tu trabajo, ¿por qué intentar alejarse de él? A menudo se debe a que, aunque ames tu trabajo, puedes sentir que estás sometido a una presión agotadora. Y el hogar es donde puedes encontrar un refugio reparador, como debe ser. Pero recordad lo que hemos aprendido en la primera y segunda parte de este libro: una profesión fantástica no te hace sentir como si estuvieras en una olla a presión. Si tienes una profesión fantástica, eres feliz hablándoles de ella a los demás, y hacerlo contribuye a la integración que nos esforzamos en lograr.

Cuando estoy con personas que me importan, hablo de economía, de la enseñanza, la tecnología y el estado primitivo de nuestro mundo, y luego pregunto por el trabajo de la otra persona. No pensaba que esto fuera algo polémico, pero según parece lo es. En una ocasión alguien me acusó de lo siguiente: «Estás demostrando a tu familia que estás tan ensimismado que tienes que hablar de ti a todas horas».

Bueno, respondamos a esta acusación.

En primer lugar, hablo de mi trabajo, no de mi genialidad. Y siempre pregunto por el trabajo de la otra persona. Como es natural, es importante hacerlo en consonancia con la edad del interlocutor. Cuando los hijos son pequeños, hay que contarles historias divertidas y preguntarles exhaustivamente sobre aquello que construyeron ese día con el Lego. Cuando los hijos van madurando, las conversaciones se irán haciendo más complejas, y podemos aportarnos mutuamente los valiosos puntos de vista propios sobre los asuntos relacionados con el trabajo o los estudios.

Pero vayamos un paso más allá. ¿Por qué no pedirles su opinión a los hijos sobre cómo tratar a un cliente insatisfecho? ¿Por qué no preguntarles si aprueban que aceptes un nuevo trabajo? Incluso se podría hablar de posibles inversiones o de la compra de una segunda residencia. Daos cuenta de que, aparte de conseguir un nuevo punto de vista, obtendréis respuestas reales sobre la vida de vuestros hijos.

A Rose le encanta su trabajo de organizadora de eventos, y como cabría esperar, se le da muy bien. Me contó que tenía problemas con lo que ella llamaba *equilibrio*; esto es, el intento de encontrar tiempo suficiente para estar con sus hijos. Le pregunté qué es lo que hacía con el precioso tiempo que pasa con sus hijos adolescentes.

—Bueno, de todo —respondió—. Los llevo a nuestros restaurantes favoritos, hacemos excursiones y vamos a ver partidos de béisbol.

—¿Y hablas de tu trabajo con ellos?

—No —dijo—. Procuro mantener separados mi trabajo y mi vida personal.

—¿Por qué? —inquirí—. A ti te encanta tu trabajo.

Ella se encogió de hombros.

—A los chicos les parecería aburrido.

—¿Has *intentado* hablarles de él?

—La verdad, no. Mi marido y yo queremos poner nuestra atención en ellos, no en nosotros.

No me quedó más remedio que ser directo y decirle que no le veía ninguna lógica a lo que decía.

—¿No queréis que sepan quiénes sois, quiénes son sus padres? ¿No quieres que tus hijos sepan lo que amas y aquello que detestas? —El trabajo era una gran parte de lo que Rose era. Todo el mundo lo sabía, excepto sus hijos.

—Además —continué, porque Rose parecía estar escuchando—, al mantener la atención exclusivamente sobre los hijos, ¿no te das cuenta de que los estás presionando? Esos proyectos de personas necesitan espacio para decidir quiénes son. En vez de eso, estás poniendo toda la atención en ellos. Quizá les ayudarías a encontrar su camino si les dejaras que te vieran cómo eres por dentro lo más a menudo posible.

Rose guardó silencio durante un buen rato, tras lo cual reconoció que esas ideas la habían dejado perpleja. Le dije que no sería así si durante algún tiempo tuviera la ocasión de escuchar las conversaciones que tienen lugar en mi despacho.

Como ya he dicho, es asombrosa la cantidad de estudiantes que ni siquiera saben qué es lo que hacen sus padres. Cuando pregunto, las respuestas oscilan desde el «No lo sé» al «No estoy seguro». Tom me dijo que su padre trabajaba en General Motors, pero cuando insistí en que me contara qué era lo que hacía exactamente su progenitor, respondió: «Cosas de oficina, me parece». ¿Le *parece*? Susan me comentó que su padre era ingeniero. No sabía dónde. «Hace una especie de trabajo de consultoría, pero no me acuerdo del nombre.»

Muchos de mis alumnos no saben realmente qué trabajo realizan sus padres. Y la culpa de esto no la tienen los jóvenes. A todas luces, es la consecuencia de unos padres que no hablan de su trabajo. ¿Disfrutan de su trabajo? ¿Lo detestan? ¿Quién sabe? Antes pensaba que esto significaba que no disfrutaban de su trabajo, puesto que ¿cómo no vas a hablar de lo que te gusta? Entonces conocí a Rose, que escondía deliberadamente su pasión. Los padres se suelen quejar de que sus hijos les parecen unos extraños. Bueno, por supuesto que lo son. Si no saben qué trabajo haces, tampoco te conocen; si no compartes con ellos todo lo que eres, ¿por qué habrían de hacer ellos lo propio contigo?

Peter me brindó un ejemplo de un enfoque totalmente diferente. Su madre es promotora inmobiliaria, y el orgullo que siente él por los logros maternos es evidente. Además, durante las vacaciones escolares, trabaja con ella.

—Tu madre debe de disfrutar de su trabajo —observé.

—Por supuesto —reconoció Peter. En efecto, para él era evidente. Y Peter y yo no hablamos ni una sola vez de la importancia de la pasión en el éxito. Era algo que ya sabía. Nuestras conversaciones versaron exclusivamente sobre las tácticas para alcanzar las metas, no de las metas propiamente dichas.

La importancia de hablar sobre tu trabajo no afecta solo a lo que concierne a tus hijos, sino a todas las personas que tienen importancia en tu vida. Craig era un actuario al que le gustaba su trabajo solo porque estaba bien pagado y tenía «cierto interés». Por desgracia, el trabajo se fue haciendo menos interesante a medida que pasaban los años. Así que soportaba su vida oficinesca y se tomaba una o dos copas al final de la tarde para relajarse. Su esposa estaba preocupada por la bebida, pero todo lo demás parecía estar en su sitio.

Entonces, Craig llegó un día a casa y le dijo a su esposa que había dejado el trabajo. Los ingresos familiares se habían reducido un 60 por ciento en solo veinticuatro horas.

—¿Te han despedido? —preguntó ella.

—No. —Así que no habría ninguna indemnización por despido.

—¿Y qué vas a hacer? —siguió preguntando ella, tratando de mantener a raya el pánico.

Él le dijo que no lo sabía, que dedicaría el verano a decidirlo.

Con un gato, un perro, un hijo y un gran préstamo hipotecario, Craig acababa de sumir a su hogar en el caos. Y su esposa no había tenido la menor idea de su descontento, porque él jamás le había hablado de su trabajo.

Por suerte, ella era una santa y le apoyó cuando finalmente él encontró una salida. Pero Craig se arriesgó más de lo que debería, y un engañoso golpe de suerte casualmente lo salvó.

Otro matrimonio, el formado por Lisa y Derek, constituían un modelo mucho mejor. Los dos detestaban sus trabajos, y se quejaban mutuamente de ellos. En otras palabras, *hablaban entre sí*. Entonces, Lisa le dijo a Derek que dejara de quejarse y se pusiera a estudiar otra cosa mientras ella mantenía un techo sobre sus cabezas. Él le hizo caso y ahora tiene un trabajo del que disfruta. Y la propia Lisa ha vuelto ya a la universidad; es su turno. Y *eso* es lo que puede conseguir el hablar de tu trabajo.

Volvamos ahora a Rose. Cuando manifestó sus dudas de que sus hijos quisieran oírla hablar de su trabajo, le señalé que me encuentro asediado por los estudiantes y jóvenes exalumnos que a todas horas quieren hablar conmigo de sus profesiones. Están deseosos de saber qué podrían hacer. Yo les cuento lo que han hecho los demás, y me escuchan con atención. Les cuento las vidas de desconocidos porque, en demasiadas ocasiones, sus familias no les cuentan sus propias historias.

Convencida al fin, Rose empezó con una cena en la que estaban presentes todos, y en lugar de hacerles a sus hijos la consabida pregunta: *¿Qué habéis hecho hoy en el colegio?*, describió su día en el trabajo. Por más increíble que le resultó a Rose, todos parecieron prestarle atención. Así que planeó aumentar la frecuencia de tales conversaciones todo lo posible.

Hablad de vuestro trabajo, os entusiasme o no. Es el primer paso de Perogrullo para que integréis vuestro trabajo y vuestra vida personal.

Trabajad con los que améis

Aunque hablar con las personas amadas del propio trabajo es importante, es solo el preparativo para la parte esencial de la integración del trabajo y la vida: trabajar *con* la propia familia. Puedes hablar todo lo que quieras, pero la solidaridad humana se edifica sobre las tareas realizadas, no sobre las palabras que se dicen. Y así ha sido siempre, hasta hace poco. Los abuelos, los hijos y los nietos sembraban y recogían las cosechas; la familia y los vecinos construían los graneros; la familia de los comerciantes vivían encima de la tienda en la que trabajaban todos; padre y hermanos trabajaban en el aserradero paterno. Luego, con el tiempo, todos huyeron a la ciudad.

¿En qué clase de labores trabaja la familia moderna? De todo tipo. Los hijos de los guionistas contribuyen con el vocabulario actual y las imágenes contemporáneas; Dorothy y su hija diseñan planos de tiendas; Taylor recopila información para los artículos de su padre; Martin presenta a su esposa la empresa que se convertirá en el principal suministrador del empleador de aquella; Anthea lleva al siglo XXI la base de datos de su madre; Gavin ayuda a su amigo a encontrar innovaciones; Jill ayuda a su marido a cuadrar sus cuentas, mientras que él la ayuda a vender los productos de su empresa; Leo ayuda a su hermana a encontrar financiación para su negocio; Charles critica los estudios de viabilidad de su madre; Nellie ensaya su disertación delante de sus hijos; Jim ayuda a su hijo a preparar los exámenes de la universidad; Cynthia enseña a su hijo a relacionarse con los demás en una reunión. A veces el dinero cambia de manos, otras no. Un proyecto suele seguir a otro. Los hijos ayudan a los padres, los hermanos a los hermanos, los amigos a los amigos y los cónyuges a los cónyuges. ¿Qué puede ser esto sino bueno?

Arthur era un profesor jubilado al que le encantaba invertir. Le gustaba el dinero, pero adoraba el desafío de ser más listo que los demás inversores. Hombre taciturno, la relación con sus hijos adultos eran de frío amor y respeto. Los hijos le visitaban a menudo, pero principalmente para ver a su madre. Pero los nietos lo cambiaron todo. Inesperadamente, Arthur les preguntó a sus nietos de diez y doce años si querían aprender a invertir. Los dos dijeron que sí, posiblemente porque la alternativa era otra tarde de tedio. Aquel primer día quedaron enganchados y ya no retrocedieron. A partir de entonces, en lugar de ser arrastrados hasta la casa de los abuelos, insistían en ir. Apenas llegaban allí, se lanzaban en tromba hacia la guarida de su abuelo para pasar horas en animada conversación. Cuando el anciano falleció, a los nietos, por entonces ya unos veintiañeros, la pena les dejó una expresión imperturbable en el rostro. No era una figura adorable que les lanzaba pelotas y los llevaba a Disney World lo que recordaban. A quien lloraban era a su socio, mentor y profesor, el sabio que los había preparado para el viaje de la vida. Habían perdido una parte de sí mismos y llevaban con ellos una parte de él.

Otro ejemplo del poder del trabajo para unir a la familia nos llega bajo la forma de otro funeral. Los tres nietos adolescentes parecían distantes y reservados mientras se pronunciaba el panegírico sobre su abuelo. Pero cuando se señalaron las múltiples aptitudes laborales del difunto, los rostros de los tres quedaron arrasados en lágrimas. Estaban recordando las cosas que habían construido juntos, desde las casas de muñecas hasta las casas de veraneo. El constructor de la familia había muerto, y ellos lo conocían por lo que había construido.

Tal vez consideréis que es deprimente referirse a dos funerales en un libro dedicado a las profesiones fantásticas. No se me ocurre nada más adecuado. Recordad, una profesión fantástica significa que cuando esta termine, y acabe vuestra vida, dejaréis vuestra huella. Dejaréis la huella de vuestro trabajo para que hable por vosotros.

¿Queréis conocer íntimamente a las personas que amáis o podríais llegar a amar? Hablar y divertirse con ellas no os llevará muy lejos, y de hecho muchas personas no consiguen ir más allá. Pero cuando trabajáis con alguien, en realidad aprendéis quién es: lo que le gusta, lo que le disgusta, lo que se le da bien o lo que no, lo que es auténtico y lo que es falso.

Así es como las personas que aman su trabajo consiguen profesiones fantásticas, familias fantásticas y relaciones personales fantásticas. Su trabajo y su vida se funden, cada uno causa y efecto al mismo tiempo, reforzando un vínculo que perdura.

Preguntas difíciles, respuestas sinceras

1. ¿Estáis utilizando el deseo de tener una vida familiar intensa como razón o como excusa para no conseguir una profesión fantástica?
2. ¿Sois disciplinados en la manera en que invertís vuestro tiempo? ¿Cómo podríais serlo más?
3. ¿Habláis con vuestras familias de vuestro trabajo?
4. ¿Involucráis a vuestra familia en vuestro trabajo?

11
El balance final de las profesiones fantásticas

Sydney, una alumna mía brillante y carismática, estaba especializada en la gestión de recursos humanos. Estudiante becada, había sobresalido en sus estudios y estaba enamorada de todo lo relacionado con los recursos humanos. Hablaba conmigo, a menudo, de lo mucho que le fascinaba el reto de fomentar, emplear y recompensar el talento. No me costaba mucho imaginarla como una colaboradora importante de su empresa. Entonces, un día me hizo una pregunta que me dejó absolutamente desconcertado.

—Voy a hacer una entrevista para un empleo como analista cuantitativo —dijo—. ¿Tiene alguna idea de cómo puedo utilizar mis estudios para sacarle el máximo provecho?

Le pregunté si desde nuestra última reunión había perdido su pasión por los recursos humanos y desarrollado la pasión por el sector financiero.

—No —aclaró—, pero quiero... considerar otras opciones. —Puesto que es mi deseo que la gente considere muchas alternativas, su respuesta habría estado bien de no decir lo que dijo a continuación—: Se me dan bien las matemáticas.

¿Verdad que habéis reparado en lo que *no* dijo? No dijo que le intrigara la manera en que una elegante serie de ecuaciones puede predecir el futuro. (Así es como mis *quants* [analistas cuantitativos] se refieren a su pasión.) Y no dijo que quisiera analizar su interés para ver si era una pasión alternativa.

—Sydney, estoy desconcertado —dije—. ¿Me puedes explicar qué es lo que te ha llevado hacia ese nuevo camino?

—Estoy segura de que sería un trabajo interesante —respondió, encogiéndose de hombros. Con eso quería decir que no estaba segura de si *le* resultaría interesante, puesto que era un área nueva para ella.

Cuando insistí, al final se le escapó la horrible verdad, la que yo sospecho cada vez que un alumno empieza a actuar de forma extraña, como era el caso de Sydney.

—Un amigo me habló de lo mucho que ganan los analistas de élite —confesó.

En comparación, no había duda de que sus ingresos como profesional de recursos humanos serían inferiores. Así que puesto que le gustaban las matemáticas, ¿por qué perder el tiempo con su pasión cuando la esperaba tanto dinero? Una simple conversación la había llevado a concluir que un sueldo como experta en recursos humanos era un salario de hambre comparado con el de los *quants* que prestaban sus servicios a los multimillonarios fondos de riesgo. En ese momento, ella estaba haciendo caso omiso de la diferencia entre la aptitud y la excelencia, ignorando por completo la ventaja que la pasión otorgaba a aquellos que habían amado las matemáticas desde antes de que supieran leer. Ella podía *dedicarse* a las matemáticas; sus competidores *vivían* las matemáticas. Con el olor del dinero flotando en el ambiente, ya había dejado de escuchar todo lo que yo estaba diciendo.

Bueno, era evidente que Sydney no se iba a morir de hambre si se dedicaba a los recursos humanos, pero hay muchas personas que no siguen su pasión porque creen que no se le puede sacar dinero; y hay muchas que persiguen otra cosa porque suponen (erróneamente) que se le puede sacar dinero. Así que en este capítulo abordaremos este dorado tema tabú del que nadie quiere hablar. Echemos por tierra nuestras suposiciones sobre las profesiones en las que se gana mucho dinero y en las que se gana poco para que el consabido «seguiría mi pasión, pero me moriría de hambre» ya no sirva de excusa.

El dinero es importante

A Sydney se le había metido en la cabeza renunciar a su pasión para perseguir el dinero, pero en muchos casos, mis estudiantes se han visto presionados por sus padres para que dejen sus sueños. Lo siento si suena duro, pero resulta que es verdad. Queremos que a nuestros hijos les vaya bien, que prosperen. El dinero es importante. La seguridad económica lo es. Pero las habituales recomendaciones sobre la manera de ganar dinero y conseguir seguridad están equivocadas. Por ejemplo, pensad en el padre que fue a hablar con un orientador profesional y le preguntó por las diferencias que había entre los salarios iniciales de los actuarios y los contables.

—Ambos están muy bien pagados —respondió el asesor.

—Pero ¿cuál es exactamente la diferencia? —insistió el padre, que acto seguido explicó—: Mi hijo va a escoger la que esté mejor pagada. —¿Dónde estaba el hijo en esta conversación? ¿Importaba algo? Según parecía iba a hacer lo que se le dijera. Esta clase de conversación o parecida tiene lugar permanentemente.

O veamos el caso de la estudiante de instituto que había solicitado ser admitida en una licenciatura en ciencias de la computación y que todavía no había recibido ninguna respuesta.

—¿Me habrán rechazado? ¿Debería haber enviado más información? Quiero hacer esto por encima de todo —añadió. Y llamaba todos los días casi con el mismo tono de súplica. En una o dos ocasiones, se pudo oír otra voz al fondo. Entonces, de pronto, la candidata preguntó casi en un susurro—: Tengo que hacer una pregunta... ¿qué hacen los informáticos? —Era evidente que su padre había salido de la habitación.

¿De dónde provienen exactamente esta presión y este exceso de implicación? Solo comprendiendo sus raíces podemos encontrar una respuesta. El problema es que nuestra sociedad suele tener una visión esquizofrénica del salario. Aunque la mayoría de las personas tienen salarios «medios», simultáneamente se preguntan por qué no son más altos y se preocupan de que pudieran caer a niveles mucho más bajos. Esta doble preocupación no es ni sorprendente ni inadecuada. Pero toda esa angustia tiene un gran coste: *la pérdida de una reflexión detenida.*

Así que recuperemos la reflexión detenida.

Analicemos las tres categorías de trabajo con detenimiento y espíritu crítico. La primera categoría son los Trabajos Chapados en Oro, como el que atraía a Sydney. Estos son los empleos que parecen seguros y bien pagados. Aunque echaremos esta categoría por tierra, de manera que el chapado desaparezca y se pueda ver lo que hay debajo. Solo haciendo esto puedes desafiar con eficacia la asunción de la carrera aparentemente fantástica hacia la que te están llevando tus padres o tus compañeros. Con el Trabajo Chapado en Oro mostrado tal cual es, empiezas a ver las opciones «arriesgadas» tal cual son... que no son necesariamente tan arriesgadas.

Ello nos lleva a la segunda categoría de profesiones, aquellas que hacen que los padres se estremezcan de miedo. Se trata de trabajos como actor, artista, atleta y astronauta, aunque también pueden incluir empleos en los niveles superiores de lo que sea (siempre que, según parece, empiecen con *a*). Conseguir estos Trabajos Temibles se antoja como una posibilidad remota, pero la parte positiva del éxito es realmente grande. Esta categoría se lleva la parte esencial de este capítulo, porque se trata de las profesiones a las que más deseo despojar del temor que inspiran.

Por último, está una categoría de profesiones sin perspectiva aparente de convertirse en empleos. Estos son los Trabajos Descabellados, aquellos que hacen que la gente quizá se ría cuando les cuentes qué es lo que te interesa hacer. Son los trabajos que, si los sacas adelante, la gente se queda fascinada. Son, en suma, los trabajos que convencen al personal de que cualquier cosa es posible.

Trabajos Chapados en Oro (ingresos altos/ posibilidades razonables de empleo)

Tal vez estéis pensando: *Si una profesión tiene unos ingresos elevados y una posibilidad razonable de empleo, ¿qué problema tiene el profesor con ella?*

Bueno, en primer lugar, no deis por sentado que tenga algún problema con ella. Los campos con salarios relativamente altos, como el mundo financiero y la tecnología, a menudo tienen un número razonable de ofertas de trabajo. Aun así hay competencia para ser contratado, aunque el número de competidores está limitado porque las exigencias educativas son rigurosas. En realidad, podría ser que hubiera una gran necesidad en estas áreas, o solo un grupo limitado de nuevos competidores porque se considere un trabajo sin atractivos, como sucede con algunos de los oficios especializados. Y algunos van acompañados de un salario muy alto.

Acabo de oír un suspiro colectivo de alivio de una legión de estudiantes y sus angustiados padres. Lo siento, pero deberíais haber seguido conteniendo la respiración. Yo *no* he dicho que hubiera una abundante oferta de *profesiones* fantásticas. ¿O habéis olvidado que un buen sueldo es solo uno de los requisitos de una carrera fantástica?

Efectivamente, algunos de los trabajos en estos campos de ingresos altos podrían ser profesiones fantásticas, o podrían no serlo. Entonces, ¿cuál es el problema con muchas de ellas?

Variedad limitada + volatilidad = desastre

Antes que nada, en los sectores tecnológico y financiero los empleos con una importante demanda abarcan una gama relativamente exigua. No todos los ingenieros se enfrentan a múltiples ofertas laborales, ni todos los trabajos financieros son demandados o siquiera están especialmente bien pagados. No supongamos que solo porque hayáis terminado un MBA, acabaréis como asesores en McKinsey.

Pero aun así la exageración que rodea a los mundos tecnológico y financiero hipnotiza a muchas personas, que limitan de manera innecesaria su búsqueda de los buenos empleos difíciles de conseguir y de las aún más escasas profesiones fantásticas. Y luego vienen a quejarse a mí de que no pueden encontrar su pasión.

Hay muchas cosas que estas personas no tienen en cuenta. Por ejemplo, puesto que muchos de estos trabajos se basan en especializaciones muy específicas, a medida que alguien las cultiva, su capacidad personal realmente se limita. El tipo que trabaja en finanzas que se especializa en la bursatilización de las hipotecas basura es un experto muy respetado. Pero ¿qué sucede cuando el mercado cambia el interés hacia algo como la cobertura de futuros para transacciones de moneda extranjera? ¿Cómo puede utilizar su pericia entonces?

Un enfoque tan limitado *podría* ser tolerable si uno supiera que la especialización restringida sería demandada por su empleador y todos los demás empleadores similares a lo largo de toda su vida. Pero no lo sabe. No puede saberlo.

Mi alumno Jackson estaba seguro de que tenía la respuesta a ese problema. Como informático que jamás se había ocupado de una moda que no amara, practicaba lo que se complacía en denominar «empleo ágil». Empezó especializándose en el *software* de gestión empresarial, y cuando esto dejó atrás su época de máxima demanda, se pasó al comercio electrónico; cuando este se convirtió en algo rutinario, se metió en la computación en la nube. Siempre conseguía una ventaja salarial durante unos cuantos años, y en cuanto sus ingresos se estancaban, pasaba a la Siguiente Gran Cosa. Se sentía orgulloso de su «moderno» planteamiento profesional. Con todos y todo en la nube, Jackson se apresuró a introducirse en la minería de datos, donde su plan se desmoronó.

Entró en el mercado laboral de la minería de datos sin que le respaldara ninguna especialización, a excepción de su sólido historial de adaptabilidad. Pero entonces se dio de bruces contra las promociones de matemáticos competentes que se divertían con todos los misterios de la minería de datos. Los nuevos conocimientos de estos lo empequeñecieron, y el tipo que lo entrevistó era más joven que él. A sus treinta y tres años, Jackson era de pronto un viejo. La persona que otrora había entrado dando botes en mi despacho cuando era estudiante, compareció para nuestra charla con un aire que rozaba lo sombrío.

El problema subyacente en estos sectores vanguardistas de alto nivel es su elevada volatilidad. Una sacudida en los mercados financieros puede arrojar de nuevo al mercado de trabajo a miles de personas en menos de un año, tal como sucedió en la crisis financiera de 2008. Y una nueva tecnología es capaz de desestabilizar sectores enteros en cuestión de meses. Así que aunque existan perspectivas razonables en relación con la contratación y el salario en muchos empleos de estos sectores, el potencial profesional no es fantástico a menos que se pueda hacer frente a las perturbaciones, preferentemente instigándolas. En pocas palabras, el modo de actuar de Jackson estaba condenado al fracaso. Incluso en medio de un rápido cambio, se había olvidado de tenerlo en cuenta. A la mayoría no nos gustan las consecuencias de un cambio rápido; pero tratar de ignorarlo no es de ninguna ayuda.

El estilo de vida del trabajo constante

Estos sectores chapados en oro son famosos por sus largas y agotadoras jornadas. Las reacciones a este régimen brutal son variadas. Están aquellos que disfrutan de las exigencias con la mentalidad de un machote de catorce años. («No como, no duermo, no tengo una vida, programo.») Otros están tan en la gloria que alardean ante mí de que en sus excelentes empleos disponen, además de comida maravillosa gratis, de duchas, masajes, futbolín, cervezas los viernes y servicio de lavandería.

Sin duda, hay muchos beneficios, que se presentan como una demostración de lo mucho que te valora tu empresa... con el efecto por completo accidental de mantenerte en la oficina hasta bien entrada la noche. (*¿Por qué marcharse? ¡Aquí tienes todo lo que necesitas!* Considerado así, es tan incómodo como «Hotel California», ¿verdad?) Recuerdo a un joven que se compró un coche deportivo con su bonificación por contratación. Cuando le pregunté cuándo lo disfrutaba, me respondió que todos los fines de semana iba al garaje para contemplarlo. Como es natural, no tenía tiempo para conducirlo.

¿Por qué estas personas tan bien formadas toleran jornadas laborales tan prolongadas? La respuesta es sencilla. Ya sea intencionadamente o no, los trabajadores del mundo tanto tecnológico como financiero son tratados como los paletos en Las Vegas. Un grupo muy reducido de jóvenes de unas pocas empresas importantes consiguen beneficios financieros anómalos, incluso se hacen ricos. A menudo, esto se debe a que son empleados veteranos de una empresa que sale a bolsa, o porque trabajaban y en parte poseían una empresa que fue comprada por un gigante empresarial. O en el sector financiero, algunos reciben bonificaciones que superan sus salarios anuales. En otras palabras, se han hecho ricos de repente, y son aclamados sin cesar.

Igual que a los que ganan en Las Vegas se les prodiga una atención pública fastuosa, el efecto es el mismo: mantener la promesa al ejército de jugadores, que no ganarán una gran cantidad, a fin de mantenerlos en las mesas o las máquinas el mayor tiempo posible. La tragaperras o el ordenador, ¿hay alguna diferencia? Sigue haciendo transacciones y recibirás una bonificación enorme; sigue programando y tus opciones de acciones te comprarán tu plan de pensiones privado.

Aunque estos Trabajos Chapados en Oro jamás han ido destinados a más de un puñado de personas, han generado un impactante modelo que ahora todos se han propuesto conseguir, incluido Sydney. Con independencia de lo anómalo que sea, se convierte en la meta a la que hay que aspirar. Y podéis estar seguros de que vuestros amigos se sorprenderán de vuestro éxito financiero si conseguís el premio. Olvidad las largas jornadas, podría sonar la flauta. Como todos los jugadores saben, si no juegas, no puedes ganar.

Trabajos Temibles (ingresos altos/posibilidad de empleo arriesgada)

Kelly quería ser novelista y dedicaba todos los minutos que tenía libres a imaginar los personajes y la trama de sus libros. Pero el caso es que no disponía de muchos minutos libres, porque su profesión no consistía en escribir; era asesora académica de una pequeña universidad. A menudo se planteaba si no debía dejar su trabajo sin más, dedicarse a escribir durante un año y ver qué pasaba. A lo mejor se abría camino y se convertía en la siguiente J. K. Rowling. La otra alternativa consistía en destinar una semana o dos de vacaciones al año a escribir, aunque calculaba que le llevaría una década conseguir algún avance. Le parecía que dejar el trabajo era la única manera de que pudiera realizar algún progreso notable. Kelly es el ejemplo clásico del «Seguiría mi pasión... pero me moriría de hambre». No, Kelly, no te morirás de hambre. *Siempre* que tengas un plan.

Volveré con Kelly dentro de un instante, pero primero hagamos de economistas un rato y analicemos esta categoría por lo que es y las razones de que sea así. Los empleos que pueden ofrecer salarios altos y malas perspectivas de empleo lo hacen por una de estas dos razones. Primera, la cantidad de nuevos competidores en el campo es muy elevada e inunda el número de nuevos puestos disponibles. Por cada plantilla definitiva de un equipo de la liga profesional de fútbol americano (NFG), hay miles de aspirantes que se esforzaron verdaderamente y no pasaron el corte. Por cada novela aceptada por un editor, hay miles que fueron rechazadas. Por cada foto elegida por un director de reparto, miles fueron desechadas. Mientras que algunos logran el éxito y lo hacen a lo grande, la mayoría de las personas que trabajan en esos campos tienen un sueldo bajo e imprevisible.

La segunda razón para que algunas de esas profesiones sean manifiestamente inalcanzables es que el número de puestos vacantes es minúsculo, tan bajo que, incluso con un grupo reducido de futuros aspirantes, algunos se quedarán inevitablemente sin empleo. Si queréis ser astrofísicos u oceanógrafos es posible que tengáis que esperar varios años antes de que alguien se jubile y deje una vacante.

Aunque estos obstáculos son muy reales, ninguno de ellos elimina a los Trabajos Temibles como posibilidad. En el caso de

Kelly, ella tiene muchas más alternativas que las que ve. Le da miedo que utilizar sus vacaciones para escribir no la lleve a donde realmente quiere estar, aunque no tiene ningún plan sobre la manera de lograr que esas oportunidades hagan avanzar su trabajo con eficacia y rapidez hacia su objetivo.

Por ejemplo, Kelly podría establecer metas provisionales: conseguir que le publiquen un relato corto en una revista de literatura, ganar premios, conseguir un encargo o encontrar un trabajo remunerado como escritora, aunque no escribiera novelas. Y sí, durante un breve período de tiempo debería combinar esta actividad con su trabajo en la universidad. El objetivo es que prepare su profesión como escritora para que, cuando esté preparada, pueda dejar el trabajo actual y dedicarse a su pasión.

No estoy de acuerdo en que eso requiriese una década a tiempo parcial en lugar de un año de dedicación exclusiva. Un año a tiempo completo sin un plan es solo una apuesta desmesurada que podría funcionar o no. Muchos artistas se esfuerzan durante años de dedicación exclusiva sin lograr un verdadero éxito. La mayoría se limitan a tirar los dados y a confiar en su suerte.

El esfuerzo valioso

Tener un plan no garantiza el éxito, pero sí un esfuerzo razonable. Desde que era niño, Colin había querido ser futbolista profesional y se había dedicado a ello en cuerpo y alma. Hizo ejercicio, entrenó, pagó a un entrenador especializado y alcanzó las categorías de aficionados.

Pero pese a todos sus esfuerzos, no pudo conseguir que ningún equipo profesional se interesara por él. Y para el deporte que practicaba, estaba empezando a ser viejo. A Colin le parecía que el momento en que tendría que aparcar su particular pasión no tardaría en llegar. Tras agotar todas sus alternativas posibles, acertó. De hecho, su comportamiento fue ejemplar: analizó los caminos alternativos de manera decidida, paciente y activa. Pero solo porque busques con tesón una meta bien estudiada no significa que al final vayas a tener éxito. No, después de todo nuestra vida no siempre es feliz. Así que la pregunta es: ¿hizo Colin lo correcto al buscar con tanta energía la profesión de futbolista?

¿Cuál es la verdadera disyuntiva a la que se enfrentan aquellos que creen tener una verdadera pasión? Con demasiada frecuencia, pareciera que uno debiera o bien insistir decididamente hasta el agotamiento o bien renunciar antes de empezar.

—¡No renuncies! ¡Al menos debes intentarlo!

¿Es eso lo que pensáis que diría? Pues estáis equivocados. He conocido a muchas personas que intentan entrar en campos tan abarrotados que su único destino es el fracaso, y no estoy hablando exclusivamente de los deportistas. A aquellos que casi seguro fracasarán, les diría: «No malgastéis vuestro tiempo intentándolo».

Como es natural, les diría algo *más* que eso.

Les diría: «No entres en un campo atestado a menos que estés preparado —preparado de verdad— para minimizar la presión competitiva de ese campo. Si simplemente aceptas que el campo está abarrotado y decides no hacer otra cosa que intentarlo, te enfrentarás a una elevada probabilidad de acabar amargado y decepcionado». Como he dicho antes, la estrategia de *todos* es intentarlo y esforzarse. La verdad es que hay que hacer más que eso.

Colin lo entendió. Sabía que tenía que distinguirse de la manada, y no siendo solo ligeramente mejor. Identificó los atributos indispensables de los futbolistas de éxito y descubrió, como era lógico, que cada uno tenía una virtud que lo distinguía, algo que podían hacer y que la mayoría de los jugadores eran incapaces de realizar. Algunos eran más ágiles, otros tenían una velocidad superior; otros podían ver el desarrollo de múltiples jugadas en tiempo real; algunos más parecían saber siempre lo que iba a hacer el otro jugador antes de que este mismo lo supiera.

Colin buscó una virtud que lo distinguiera y se propuso entrenar su especial y poco frecuente ventaja competitiva. Tenía razón al hacerlo, y tenía razón al animarse a intentarlo. En absoluto estaba condenado al fracaso. Pero como deportista, la fragilidad del cuerpo humano le daba un plazo de tiempo limitado para alcanzar el éxito. Su fracaso fue honroso, porque su intento estaba bien concebido. Por desgracia, no se puede decir lo mismo de los muchos que lo intentan sin ninguna esperanza realista de triunfar.

El escollo de los artistas

Mientras que Colin hizo todo lo que estaba en sus manos para tener éxito, Carolyn empezó siendo su peor enemiga. Era una artista visual que no sentía la necesidad de alcanzar el éxito internacional; pero eso sí, quería ganarse la vida decentemente haciendo el trabajo que amaba. Muchos de los artistas que conocía apenas sobrevivían solo con su arte; hasta los había que trabajaban vendiendo casas para pagar el alquiler. Muchas de las personas que se dedican al arte o al mundo del espectáculo se enfrentan a situaciones parecidas. En algunas ocasiones, se lamentan de su falta de ingresos como prueba de la degeneración del mundo; en otras, se hacen los mártires de su arte.

Cuando Carolyn me pidió que la orientara, empecé hablando de las maneras de mejorar la comercialización de su trabajo. Le pregunté por su diferencia artística, por su ventaja, por el nuevo valor que ella aportaba al mundo del arte. Tenía, sin duda, una buena respuesta: creía que los trampantojos estaban muy infravalorados y quería utilizar esa técnica para explorar las imágenes del mundo contemporáneo. Le comenté que veía muchas posibilidades en eso.

Entonces mostró una expresión de preocupación.

—Si hago obras que se pueden vender —dijo—, me da miedo que comprometa mi integridad como artista.

—¿Ah, sí? —pregunté—. ¿Y eso por qué?

—Hay una galería aquí cerca —explicó—. Son una gente estupenda, pero lo cierto es que venden las obras de arte con un plazo de devolución de dos semanas. —La miré con una expresión de extrañeza, así que prosiguió—. Un plazo de *devolución*, como si una obra de arte fuera unos vaqueros. En la galería alegan que lo hacen por si el comprador descubre que su obra recién adquirida choca con la decoración de la habitación. ¡Yo soy una *artista!*, no una decoradora de interiores —recalcó.

Me tomo la integridad muy en serio, como debería hacer todo el mundo. Después de todo, en el capítulo 1 nos desafié a todos a ser sinceros con nosotros mismos. Así que me tomé a Carolyn en serio, lo que me permitió hacerle más preguntas:

—¿La integridad artística significa que no te importa lo que piensan los demás? —Lo que iba implícito en mi pregunta era: ¿su idea de la integridad era una simple afirmación de que ella era el centro del universo?

Carolyn no quería decir eso, pero no había pensado en la integridad en ese contexto. Si quería ganarse la vida con su pasión, tenía que verse en el contexto de lo que los demás pagarían por su trabajo. En el mundo artístico y de la interpretación, para muchos esta es una idea radical.

Carolyn volvió a verme al cabo de cierto tiempo y mucha reflexión.

—De acuerdo, profesor —dijo—. No creo que un plan de comercialización vaya a ensuciar demasiado mi reputación.

Una vez que hubo diseñado su plan, las ventas de sus obras se aceleraron, igual que sus precios. ¿Y cuál fue el gran compromiso que aceptó por dinero? Redujo el tamaño de sus obras ¡para asegurar que pudieran entrar en las casas de sus posibles compradores!

También estaba Lester, que estaba decidido a ser actor. Le pregunté cuál era su plan.

—No me voy a desanimar —declaró—. Lo voy a intentar y no pararé de intentarlo.

—Eso es un rasgo caracterológico (y bueno), pero no es un plan —le corregí.

—Profesor, también tengo una lista de todos los posibles papeles para los que podría intentar que me hicieran una prueba.

—Una lista no es un plan, Lester. ¿Hay prioridades en tu lista? ¿Las posibilidades están clasificadas? ¿Cómo presentas tus virtudes como actor en cada producción en particular?

—Actuaré en lo que sea —respondió—. No me queda más remedio. —Pero de nuevo le insistí en que una lista no es un plan.

—Soy artista —reiteró—, y los artistas no necesitan planes. Solo he de ser tenaz y tener… —Se calló, y yo levanté las cejas.

—¿Suerte? —sugerí.

Inclinó la cabeza, aunque no en señal de aceptación, porque sabía que le habría echado una bronca. Pero, no obstante, había cerrado la puerta.

Nunca logré convencer a Lester para que elaborara un verdadero plan profesional. Aunque él sabía la gran competencia que había incluso para conseguir un papel insignificante en un anuncio de treinta segundos, no se atrevía a reconocer que cuanto mayor fuera la competencia, más dinámico tenía que ser el plan. Aunque la planificación profesional no suele ser habitual en la mayoría de los campos, quienes se dedican a la creación y la interpretación parecen ser manifiestamente hostiles a ella. Lester y Carolyn no suponían ninguna peculiaridad a este respecto.

Sin embargo, esto no significa que las probabilidades de fracasar en estos trabajos sean tan altas como parecen. Ya que muchas personas que buscan su profesión en estos ámbitos cometen múltiples errores que casi garantizan su fracaso, como Lester, aquellos que sí elaboran un plan detallado cuentan con una gran ventaja. He tenido el reiterado privilegio de ver a hombres y mujeres con talento acceder a estos ámbitos donde el número de competidores es alto y las posibilidades de empleo bajas. Pero han alcanzado el éxito en la gran diversidad de trabajos artísticos y creativos: fotógrafos, cineastas, escritores, productores, narradores, actores, críticos de cine, dibujantes de animación... Todos ellos redujeron al máximo los errores, elaboraron un plan eficaz y lo ejecutaron de manera activa.

Ser creativo de manera activa

Bueno, vuelvo a Colin antes de que el suspense os mate. Ser futbolista profesional no le resultaría viable, pero tenía un plan B, una pasión alternativa que no era una ocupación supletoria para ganarse la vida. (Podéis daros cuenta de por qué me gustaba Colin.) Quería ser paleontólogo y ya había seguido algunos cursos preparatorios para confirmar la irresistible atracción que sentía.

Por desgracia, su labor de documentación le había indicado que se trataba de un proceso educativo largo que culminaba en un doctorado, y que luego la mayoría de los puestos de trabajo estaban en instituciones académicas. Aunque no fuera un campo al que accedieran multitud de estudiantes, los trabajos no abundaban. Así que tendría que ser muy bueno si quería tener éxito, y no sabría si sería bueno hasta que no hubiera invertido una cantidad considerable de tiempo. Ya había determinado que no era lo bastante bueno para ser futbolista profesional; *¿y si volvía a pasar lo mismo?*

Antes de seguir hablando de paleontología, le pregunté si sentía un marcado interés en otras materias.

—Me gusta observar las nubes. Podría pasarme el día entero mirándolas —respondió—. Y no me diga que me haga meteorólogo. Detesto la climatología.

He descubierto que cuando la gente tiene unas ideas muy firmes sobre algo, se siente inclinada a decirte lo que vas a decir a continuación.

A Colin se le podría perdonar que pensara que el mundo estaba en su contra. Al final resultaba que estaba afectado por *ambos* aspectos de sus escasas perspectivas profesionales; con el fútbol, el elevado número de aspirantes; con la paleontología, la sempiterna escasez de plazas.

—Si quieres conseguir uno de los escasos trabajos en paleontología —dije—, tendrás que ser muy bueno. Así que, ¿cuál es tu plan?

—¿Esforzarme? —sugirió—. O, bueno, o quizá no... —añadió cuando le miré con descontento.

—Quizás añadir algo más de creatividad —propuse.

—En este momento mi principal preocupación es sacar las notas que me permitan cursar estudios de posgrado. ¿Qué tiene que ver un planteamiento creativo con eso?

—No tiene nada que ver con las notas —le expliqué (creo que pacientemente)—, pero sí todo con sacarle provecho a sus títulos. Tu formación debería tener dos fines: desarrollar tu competencia como paleontólogo y conseguirte un empleo. Ser simplemente competente, y ser acreditado como tal, no te hará lograr tu empleo, y esto es algo especialmente cierto en un campo donde hay pocos puestos.

Estuvimos compartiendo algunas ideas más durante un rato, y le recordé que todo título académico serio requería llevar a cabo un estudio de investigación.

—Entonces, ¿debería utilizar mi creatividad ahí? —me planteó.

Me encogí de hombros.

—Ciertas investigaciones de posgrado son simplemente otra manera de que el estudiante ponga en práctica sus aptitudes sin que se espere ningún resultado relevante. En consecuencia, los estudiantes pierden una valiosa herramienta para asegurarse una ventaja competitiva.

—¿Así que debería intentar resolver un problema de investigación de forma creativa? —preguntó Colin.

—Sí, es una posibilidad —observé—, pero más importante aún es que debes ser *estratégicamente* creativo.

Colin casi me fulminó con la mirada, con la típica expresión en su rostro de estudiante que me reclamaba una respuesta. Pero soy profesor, y mi labor no consiste en responder preguntas; consiste en hacer más inteligente a mi alumno. Y también a mis lectores.

—Puesto que los empleos en tu campo son escasos —dije—, ¿no sería una buena idea averiguar cuáles son las cuestiones de mayor entidad e importancia dentro de la paleontología y centrar tu investigación en ellas? ¿No deberías averiguar qué importantes problemas de investigación están siendo estudiados por los museos con las mayores exposiciones paleontológicas? Y puesto que la mayoría de tus condiscípulos competidores no se plantean hacer esto, igual que no te lo planteabas tú, *ahí* es donde radica tu ventaja.

—Pero ¿eso no llevaría más tiempo que terminar el posgrado por la vía rápida?

—Sí, pero pensaba que te gustaba esforzarte.

—*Touché* —exclamó Colin, y me tranquilizó verlo sonreír—. Pero si escojo un problema difícil, quizá no sea capaz de resolverlo.

—Sí, es un riesgo. Pero si has identificado un problema realmente importante, o una parte concreta de uno, en las facultades correctas esto solo ya es una recomendación para tu admisión. Pero —reconocí— es algo dinámicamente creativo; averiguar y formular con creatividad un problema importante y a continuación resolver creativamente buena parte de él, hace que te distingas de tus iguales. Es más fácil de lo que supones, puesto que la mayoría ni siquiera lo intenta. Esto significa que el listón del éxito está bajo y, por consiguiente, a tu alcance.

—Si me estiro —dijo Colin.

Exacto.

Trabajos Descabellados (sin ninguna perspectiva de empleo)

Colin estaba entrando en un campo donde había relativamente pocos empleos, pero imaginad que tengáis una pasión que ni siquiera encaje en la definición de una ocupación. En otras palabras, el mundo os dice que no se os pagará por lo que, en el mejor de los casos, podría ser una afición. Entonces, ¿qué hacéis? ¿Abandonáis esa pasión y buscáis otra? Es una posibilidad. Pero antes de hacerlo, deberíais intentar averiguar si podéis convencer al mundo de que ofrecéis el suficiente valor como para ser remunerados. Como es natural, si no tenéis un plan bien meditado sobre cómo argumentarlo, lo mejor es que paséis a otra cosa, puesto que las posibilidades de éxito son remotas.

No obstante, he visto a personas convertir las pasiones con menos posibilidades en profesiones remuneradas. Conozco a un tipo que iba haciendo garabatos allá donde fuera. Actualmente se dedica al diseño de logotipos para empresas. ¿Y qué hay de la persona que dirigía una próspera empresa que se dedicaba a vender componentes para teléfonos obsoletos? (Resulta que hay un gran mercado de personas que reparan teléfonos antiguos. ¿Y quién lo sabía? Las personas a las que les fascinaba la historia y la elegancia de la tecnología de antaño, esas son las que lo sabían.)

Un antiguo alumno mío, Bartosz, director general de la Snow School en la mundialmente famosa estación de esquí de Whistler Blackcomb, Canadá, me escribió lo siguiente: «Después de casi tres años estudiando ingeniería en Waterloo, decidí matricularme en su curso de introducción a la economía... Resumiendo, dejé la ingeniería para ejercer mi pasión por el esquí. Aun así necesitaba un título, y después de intentarlo durante tres trimestres, acabaron admitiéndome en el departamento de gestión de instalaciones recreativas. Bueno, no le aburriré con el resto, pero... *¡tengo una profesión fantástica!*»

A Miranda le encantaba hacer punto y tenía buen ojo para el diseño. ¿Qué suponéis que hizo? ¿Pensáis que tricotaba patucos de bebé para vender en el mercadillo local a las madres urbanas que no pagarían más de cuatro dólares por ellos? Puede que eso lo hiciera alguien sin un plan, simplemente para cubrir en parte el coste de lo que no era más que una afición. Pero si tienes una verdadera pasión y eres organizado y reflexivo, podrías adoptar un planteamiento completamente distinto.

De hecho, Miranda no era una habitual del mercadillo local. Antes bien, emprendió una campaña a nivel de Estados Unidos y Canadá de charlas, enseñanza en talleres y publicación de libros para aprender a hacer punto generosamente ilustrados. ¿Quién compraba los libros y asistía a los talleres? *Aquellos que compartían su pasión.*

Aquí la lección es doble. Si queremos ganarnos la vida con una actividad insólita, tenemos que ponernos en contacto con aquellos que comparten nuestra pasión, ya sea el punto, ya el esquí, ya los teléfonos antiguos. O bien encontramos a aquellos que pagarían por nuestro servicio solo una vez cada diez años, como el diseñador de logotipos. Los interesados no necesitan tener en nómina a un artista que haga logotipos, pero pagarán por sus servicios. Encontrad al número suficiente de clientes y tendréis un negocio.

Y eso representa la segunda lección. La mayoría de estas oportunidades son ocupaciones «creadas», ejercicios de emprendimiento. Esta es apenas una idea novedosa: si no hay nadie que nos contrate, pues contratémonos a nosotros mismos. Primero aparece la pasión, y luego la «empaquetamos» para que el mundo pueda utilizarla, teniendo presente que hay muchas clases de paquetes. Si nuestra pasión no está conectada con una ocupación, tenemos que considerar si estamos preparados para llevar la vida de un emprendedor. Si no es así, entonces busquemos otra pasión.

La virtud de la flexibilidad

Dejad que os cuente dos últimas historias sobre personas que siguen sus pasiones «arriesgadas». Joe quería ser actor y había aprendido a ser tanto disciplinado como flexible. Tenía un plan minucioso, pero también estaba abierto a aceptar diferentes clases de trabajo. El resultado fue que llegó a considerar su pasión de manera más amplia; no se concentró solo en la interpretación, sino en todo el sector del espectáculo. Así que llevaba a cabo —y disfrutaba— una diversidad de funciones, desde director de escena a productor/creador, pasando por representante.

Por otra parte está Dakota, una administradora de una gran empresa privada que se sentía atraída por un empleo como coordinadora de una ONG que trabajaba con los ancianos. Pero se mostraba reticente a lograr el puesto porque estaba mucho peor pagado que el empleo que tenía, y no estaba segura de que pudiera llegar a fin de mes. Lo que pensaba sobre el problema era parecido a lo que pensaban muchas de las personas que habéis conocido a lo largo de este capítulo; desde Kelly, que suponía que solo podía escoger entre blanco y negro, hasta Carolyn, que estaba segura de que debía escoger entre venderse y vender sus obras de arte. Nunca es tan sencillo. *Jamás hay solo un camino, puesto, situación o patrón.* Buscad con ingenio y creatividad vuestra pasión y un sueldo decente. Dakota tenía que encontrar una manera de poner sus talentos al servicio de los ancianos que también le permitiera llevar la vida que amaba, un trabajo en un grupo de presión, quizás, o un empleo en la administración. El caso es que nunca hay únicamente un trabajo.

Para terminar, a menos que podáis controlar vuestras aspiraciones económicas —y los conceptos erróneos al respecto—, estaréis eternamente en desventaja. Si oscilÁis entre la codicia de tener todo el dinero que podáis conseguir y el miedo a no tener nada, vuestra maquinaria mental no arrancará. Por supuesto que debéis querer aseguraros unos ingresos decentes. Pero no podéis permitir que la tentación del dinero os distraiga u os ciegue.

Preguntas difíciles, respuestas sinceras

1. ¿Cuáles son vuestras suposiciones acerca del dinero y la profesión?
2. ¿Estáis siendo estratégicamente creativos para hacer que vuestra profesión fantástica resulte viable desde el punto de vista económico?
3. ¿Sois realmente amplios de miras y flexibles acerca de en qué podríais trabajar en vuestro campo?

12

Cuando la pasión entra en conflicto con los temores

Este capítulo no va destinado a eliminar el miedo de vuestra vida. No podría hacer eso ni aunque quisiera; es sencillamente ilusorio. Además, el miedo es demasiado útil para que *quisiera* hacer tal cosa. Permitidme que señale lo evidente: no queremos vivir en un mundo de personas temerarias. Los temerarios inician las guerras. Los emprendedores sin miedo van a la quiebra y malgastan enormes cantidades de tiempo y riquezas. Los niños valientes montan en bicicleta sin casco. Así que no quiero que vosotros ni yo seamos valientes. El miedo es bueno. El miedo nos protege. Pero no debemos dejar que nos paralice.

Creo que el miedo siempre debería ser tratado con el máximo respeto y que jamás habría de ser alejado a golpes ni ignorado como una plaga inconveniente. Todos hemos tenido miedo en un momento u otro, lo admitamos o no. Y a menudo, lo hemos tenido por buenas razones; hay mucho a lo que tener miedo en nuestro mundo, aunque no se tenga la costumbre de ver el telediario de la noche. Existen muchas razones legítimas por las que podríamos temer por nuestra familia, nuestra salud y nuestro bienestar económico. También hay fantasmas que nos acosan innecesariamente. El truco consiste en descifrar qué amenazas son reales y cuáles no.

A Sebastian los miedos lo asediaban por doquier. Cuando nos conocimos, tenía problemas tanto académicos como en relación con su profesión. A la sazón se debatía entre diferentes alternativas profesionales, y era capaz de encontrar múltiples razones para que cada una de ellas pudiera acabar en desastre. Una de tales alternativas —director de hotel— parecía una firme candidata a convertirse en verdadera pasión, aunque se negaba a considerarla con el suficiente detenimiento para saberlo. Estaba realmente paralizado por el miedo. Le pedí que me contara las razones de que temiera comprometerse con un plan de acción.

—Soy así, punto —respondió de inmediato. Entonces, añadió—: Y no me diga que sea valiente. No está en mi naturaleza serlo.

Pero yo no tenía la menor intención de decirle semejante cosa.

¿O creéis que debería habérselo dicho?

Lo cierto es que el miedo no es tan fácil de rechazar. Si unas pocas palabras bastaran, viviríamos en la tierra de los valientes. Darle una palmadita en la espalda y decirle algo como: «Sebastian, amigo mío, ¡sé valiente! ¡Puedes hacerlo!» habría sido tratarlo como si fuera un niño al que se le estuviera engatusando para que se metiera en la parte profunda de la piscina. O peor aún, habría implicado que consideraba que era débil o que realmente carecía de valor. Y eso habría sido profundamente irrespetuoso. Así que no le dije que fuera valiente. Pero sí le dije que me parecía que se estaba equivocando en algunas de sus suposiciones. Esto contribuye a mantener un diálogo menos dramático, aunque también es más eficaz por ser cierto.

Le pedí a Sebastian que tratara de entender su miedo. Cuando entiendes mejor algo, entonces puedes dar el primer paso para manejarlo. Y una vez que puedes manejar tu miedo, puedes tomar medidas que de lo contrario no habrías considerado. Esto no es valentía; es *raciocinio*.

En este capítulo estudiaremos algunos de los problemas más frecuentes que conducen al miedo. Estoy seguro de que se os ocurrirán formas de identificar y examinar vuestros miedos y estrategias que podéis utilizar para seguir adelante.

El miedo a perder el tiempo

—Sebastian —empecé—, ¿qué sucedería si optaras por estudiar gestión hotelera y luego decidieras que eso no era para ti?

—Que habría desperdiciado mucho tiempo, al menos un par de años —respondió con tristeza.

—¿Y habrías perdido todo ese tiempo? —pregunté—. ¿No habrías aprendido nada útil?

—Bueno, puede que hubiera aprendido unas cuantas cosas.

—¿Y qué podrías haber aprendido?

—Quizás hubiera comprendido algunas cosas sobre los recursos financieros —dijo él.

—¿Nada más? —insistí. Como podéis ver, hacer que reflexionara y reconociera las diferentes capacidades fue un proceso gradual lento y doloroso. Seguimos así durante un rato, hasta que de pronto Sebastian dio con la madre del cordero.

—Aprendería a tener contentos a los huéspedes del hotel y que tuvieran ganas de volver —dijo.

—Sí —admití—. ¿Y a qué otras cosas serían aplicables esas lecciones?

Entonces Sebastian vio el potencial, una vez que su cerebro superó el obstáculo y con un chasquido metió la directa. Su miedo le había distraído de pensar, y por mi parte, yo le había distraído de su temor. Y en ese momento era capaz de reconocer que aprender a satisfacer a los clientes en el exigente entorno de un hotel era perfectamente aplicable a una amplia variedad de los sectores de los servicios, desde el de los seguros hasta el de la venta minorista de viajes.

Aunque al final Sebastian decidió que la gestión hotelera no era para él, en un plan de estudios así adquiriría unas capacidades importantes y de enorme movilidad. Asimismo, adquiriría algunos conocimientos sobre financiación, marketing y gestión de personal. Y cualquier plan de gestión hotelera impartido de manera competente incluiría actividades de establecimiento de contactos, de manera que Sebastian podría contribuir a su potencial movilidad creando su red personal de contactos. Él ya sabía que la amplitud de dicha red contribuiría a sus posibilidades de contratación.

Dicho de otro modo, cuando examinó su miedo concreto —perder un tiempo precioso—, descubrió que la pérdida de tiempo no sería tan grande como había supuesto a la ligera. En realidad, el peligro era mucho menor de lo que había imaginado. Aunque llegar a esa conclusión nos exigió muchas horas de conversación, Sebastian se dio cuenta de que siendo realista un programa de gestión hotelera podría ayudarle a tener éxito. Seguía habiendo incertidumbre, pero en relación con el grado de éxito, no a la intensidad del peligro. Sebastian tomó medidas y se matriculó. ¿Sigue angustiado? Sí, pero ahora controla el miedo y sigue adelante.

El miedo a perder el tiempo es ubicuo. Y Sebastian acertó al tomarse la amenaza en serio; después de todo, uno solo tiene equis años de vida. Y una vez desperdiciado, un año desaparece para siempre.

—Profesor —protestan mis alumnos cuando les cuento cosas que suenan tan dramáticas como esta—, ¡lo está empeorando! ¡Ya estoy bastante asustado!

Pero el objeto fundamental de este análisis es que comprendáis que vuestro miedo debe basarse en la verdad y en el estudio exhaustivo de la misma. De lo contrario, si nunca os enfrentáis a vuestros temores, jamás sabréis lo que podríais haber conseguido realmente en vuestra vida.

Aquellos que con toda la razón no deseen perder tiempo tienen que hacer todo lo que puedan para, en vez de eso, ahorrarlo. Por ejemplo, Ophelia, que estaba decidida a intentar convertirse en diseñadora de moda, aunque sabía que era arriesgado. Así que quería invertir el menor tiempo posible en su tentativa; si no tenía éxito, el tiempo que hubiera perdido sería mínimo. Con el asesoramiento de varios profesionales establecidos, descubrió la manera más eficaz de poner a prueba la comerciabilidad de sus diseños. Colgarlos en Internet, por ejemplo, no era la manera de hacerlo: podría llevarle años abrirse camino por ahí o incluso determinar si tenía el talento necesario. Más bien necesitaba conseguir los comentarios de un grupo estratégico de compradores en tiendas selectas, lo que logró creando un equipo y consiguiendo presentaciones que le abrieron las puertas. Al final resultó que su prueba fue un éxito. Pero aunque hubiera fracasado, habría aprendido algo de la experiencia, y en el menor tiempo posible. En resumen, la eficiencia es algo hermoso y nos prepara contra el temor al tiempo perdido.

El miedo a las oportunidades perdidas

Hay otra manera de reducir la amenaza de perder el tiempo y que también mitiga el temor a las oportunidades perdidas. Lo que se dice matar dos pájaros de un tiro. Y en un sentido más concreto, hacer que las acciones de uno sirvan a muchos fines. Se parece un poco a una multitarea vuelta del revés: ¿cuántos objetivos puedes cumplir a lo largo de una sola reunión o una clase? Permitidme que me explique.

Winston se dio cuenta de que tenía que seguir un doble camino, porque el análisis financiero le apasionaba tanto como el diseño de videojuegos de alto nivel. Aunque tenía un empleo en el sector financiero, tenía miedo de que si continuaba con él y no desarrollaba el diseño de videojuegos, jamás sabría si había escogido al mejor de los dos. Pero si intentaba hacer ambas cosas de manera sucesiva, le preocupaba que semejante enfoque le llevara demasiado tiempo. Su miedo a perder tiempo se entremezclaba con el que sentía a perder su mejor oportunidad.

—¿Y por qué no ejerces el análisis y el diseño de juegos al mismo tiempo? —pregunté.

—Porque si no me centro, no haré bien ninguno de los dos —respondió.

¿De verdad? Bueno, a estas alturas se me da bastante bien detectar el pensamiento convencional, y esta afirmación era evidente.

—¿Así que te vas a limitar a suponer semejante cosa —dije—,

sin haber considerado siquiera cómo podrías hacer ambas cosas al mismo tiempo?

Winston no consideraba que su pensamiento fuera convencional, así que le sugerí que, por lo menos, elaborara un plan para determinar lo que podría ser viable. Le dije que tenía que descubrir qué actuaciones harían avanzar ambos objetivos al mismo tiempo. Le costó algún esfuerzo, pero cuando lo pensó detenida y creativamente, toda una nueva serie de posibilidades se abrió ante él. De hecho, Winston se convirtió en un fanático del «procesamiento paralelo». Por ejemplo, en una actividad de establecimiento de redes, hablaba con diferentes personas asistentes al acto sobre cuál de sus intereses era el adecuado. Winston también se daba cuenta de que algunas de aquellas personas incluso estaban interesadas en sus ideas. Como es natural, tenía preparados dos discursos del ascensor independientes. Cuando asistía a una conferencia sobre nuevos instrumentos financieros, se planteaba cómo podría aplicar aquellos principios al diseño de juegos. Cuando asistía a las conferencias sobre estos últimos, lo que hacía en su tiempo libre, especulaba sobre si algunas de las estrategias sugeridas se podrían aplicar al diseño de instrumentos financieros. A medida que fue avanzando en sus caminos paralelos, fue descubriendo cada vez más posibilidades de doble efecto. Así, se le ocurrieron modelos que podría reproducir en el diseño de juegos que en realidad estarían utilizando como valiosa aportación sus conocimientos sobre los instrumentos financieros. Ambos campos podrían combinarse para proporcionarle una ventaja fantástica.

—¿Te atrae más un campo que otro? —le pregunté la siguiente vez que nos reunimos.

—No —contestó—. De hecho, los dos se están volviendo más interesantes que nunca. Realizarlos simultáneamente no solo era eficaz —explicó— sino totalmente estimulante. Tengo la sensación de que mi cerebro está funcionando a toda máquina. —Winston también me confesó que ahora entendía el verdadero peligro que debía haber temido: que escogiendo erróneamente un camino u otro, se habría perdido hacer los dos—. Esa idea me asusta realmente —reflexionó—, aunque no es lo que ha pasado.

Yo mismo soy un activo practicante del procesamiento paralelo. Me entusiasma la arquitectura, por ejemplo. Si acudo a un acto relacionado con la economía en una ciudad diferente, a menudo aprovecho la oportunidad para visitar los edificios locales famosos. Llevo años leyendo y aprendiendo sobre las dificultades económicas que rodean a la arquitectura. Entonces, me di cuenta de que los estudiantes de arquitectura no se matriculaban en los cursos de economía por propia iniciativa. Y, sin embargo, la economía de la arquitectura es fundamental para su desarrollo profesional. Así que me reuní con el decano de la facultad de arquitectura y le sugerí dar alguna clase ocasional sobre la economía de la arquitectura, lo cual llevo haciendo ya desde hace años. La economía, la docencia y la arquitectura, todo en uno. No todos los ámbitos profesionales son lo bastante amplios para incluir muchas otras disciplinas, por supuesto, pero os dais cuenta del potencial.

En mi caso y en el de Winston, el procesamiento paralelo nos brindó las oportunidades de combinar pasiones dobles. Pero para otros, el procesamiento paralelo confirma que una elección es mejor que otra. ¡Fantástico! Ahora pueden seguir adelante sin darle más vueltas ni lamentarse. Intentaron desarrollar las dos, y por sí solos aprendieron qué profesión era la mejor para ellos.

El procesamiento paralelo es un planteamiento que entraña sus dificultades, un enfoque que exige planificación e investigación, pero que no exige valor ni la superación del miedo, tan solo decisión.

Miedo a lo desconocido

Otro de los miedos frecuentes, que a menudo cuesta describir, es el miedo a lo desconocido. Esto es, ignoras a qué le tienes miedo porque no conoces lo que no sabes, y ese es en sí mismo el miedo. ¿Seguís confundidos? Seguid leyendo.

Paula era la directora adjunta de una empresa de ventas al por menor, un empleo que detestaba. Así que se puso a investigar funciones de gestión que pensaba podrían resultarle más interesantes. La dirección de proyectos parecía prometedora, y había un camino profesional y educativo claro. Pero ¿y si hacía todo ese esfuerzo y terminaba siendo una mala directora de proyectos?

Cuando lo analizamos, quedó claro que Paula era una joven segura de sí misma. Esgrimió muchos argumentos lógicos para razonar que probablemente se le daría bien ser directora de proyectos. Aunque seguía asustada, y sus miedos la estaban frenando. ¿Por qué?

Entre los dos consideramos una serie de obstáculos, ninguno de los cuales pareció que podían aplicarse a ella. Por ejemplo, no estaba excesivamente preocupada por la pérdida de tiempo o de oportunidades; tampoco parecía faltarle confianza en sus aptitudes ni en su potencial de aprendizaje. Y aunque tenía un empleo que no le gustaba, cumplía de manera aceptable con el trabajo y sin demoras.

—¿Cómo es que piensas que no rendirías en el trabajo que probablemente más te haría disfrutar? —presioné.

—¡No lo sé! —exclamó, exasperada. No era capaz de definir su miedo; solo sabía que lo tenía y que le estaba impidiendo actuar.

Llegó el momento de jugar a los detectives. Teníamos que desentrañar realmente qué significaba ser director de proyectos y ver si podíamos discernir qué parte de ello hacía que Paula se sintiera tan incómoda.

Le pedí que me explicara paso a paso un típico encargo de dirección de proyectos. Me describió bien el proceso, puesto que había hecho sus deberes. Tardó solo unos minutos en ayudarme a entender en qué consistiría un proyecto completo. Y ese era exactamente el problema. Ella solo había *leído* sobre gestión de proyectos, así que como era natural estaba intranquila. Paula no tenía un conocimiento real y concreto del trabajo; la suya era una comprensión totalmente académica, no emocional. ¿Recordáis el equilibrio entre emoción y lógica del que hablamos en la primera parte? Ella no tenía ambas a partes iguales, así que estaba obligada a hablar con los que hacían el trabajo. Tenía que oír a alguien que amara la dirección de proyectos decirle por qué amaba ese trabajo. Y si lo que esa persona decía no encontraba eco en Paula, esta podría concluir entonces que esa no era la mejor elección que podía hacer.

Una vez localizado, el miedo de Paula resultó ser muy real y muy válido. Tenía razón en tener miedo de los aspectos desconocidos de su elección. La buena noticia era que podía hacer frente a esas preocupaciones y luego tomar una decisión fundamentada sin la pesada carga de la influencia del miedo.

En todos estos años no ha dejado de sorprenderme la cantidad de ocasiones en que la angustia de mis alumnos se fundamentaba en una información limitada sobre una profesión. Tienen razón en tener miedo, pero a menudo no hacen nada para corregir esa deficiencia. En vez de eso, dedican su tiempo a intentar convencerse de que tienen que superar su miedo. Entonces dicen cosas como: «Trato de ser una persona audaz» o «Tengo que armarme de valor y aventurarme». Así que dedican demasiado tiempo a reaccionar a sus sentimientos o a hablar de ellos, y demasiado poco a pensar en por qué los tienen.

En cualquier caso, no ignoréis vuestros sentimientos; simplemente no dejéis que os distraigan u obsesionen.

El miedo a la ambición

Como en el caso de Paula, a Trudy le asediaban unos miedos que tenía gran dificultad en expresar. Si puedo ponerme mi gorra de Sherlock Holmes un ratito, diré que este caso me tenía desconcertado. Trudy fue categórica al afirmar que había encontrado su pasión: le encantaba ser electricista. Ya había terminado la carrera, y estaba bien considerada por su empleador. Pero en realidad ella quería dirigir su propia empresa subcontratista. Esta elección combinaría tanto su amor por la tecnología eléctrica como su fascinación por la empresa. Pero no conseguía reunir el valor para poner en marcha su empresa.

—¿Tienes miedo de arruinarte? —pregunté.

—No —respondió—. Mi inversión inicial sería relativamente pequeña, y si la iniciativa fracasa, siempre puedo volver a mi actual empleo.

—¿Estás segura? —insistí—. ¿No te preocupa que no pudieras recuperar tu antiguo trabajo?

—No —dijo con aplomo—. Hay mucha demanda de personas con mi experiencia.

—¿Te preocupa que tu reputación ante la familia o los amigos pudiera resentirse si fracasas?

—Por supuesto que no —aseveró—. El mero hecho de que lo intentara ya les impresionaría.

Se me estaban agotando las posibilidades.

—¿Temes decepcionarte a ti misma?

Vaciló.

—Es posible —reconoció. Pero después de meditarlo, añadió—: No, tampoco se trata de eso.

Puede que penséis que a Trudy la atenazaba la negatividad. Pero sus respuestas eran muy claras y razonadas. Por desgracia, aquella conversación sobre el fracaso no estaba sirviendo de nada y más parecía que estuviera restando posibilidades de que pusiera en marcha su iniciativa.

Recordé que había dicho que su familia y sus amigos estarían impresionados si lo intentaba. Quizás había algo más en esa afirmación. ¿Acaso tenía miedo de volar demasiado cerca del sol, como hizo Ícaro, el personaje mitológico griego?

—Trudy —dije—, ¿conoces a alguien que haya puesto en marcha una empresa? Personalmente, me refiero.

—Ahora que lo pienso, no, no conozco a nadie. ¿Por qué?

Aquello era algo importante. Si no conocía a nadie que hubiera puesto en marcha su propia empresa, eso conduciría a un miedo real; después de todo, carecía de modelos. Eso supondría un desafío para cualquiera. Además, sería una mujer en un campo nada tradicional para las mujeres, y estaría complicando las cosas al poner en marcha una empresa en el mundo de las subcontratas de la construcción. Habría sido un milagro que no estuviera intranquila. Supongo que para animarla podría haberle soltado un discurso sobre la capacitación de las mujeres. Pero con eso simplemente estaría utilizando una emoción para combatir otra, y no sería distinto a decirle a su homólogo masculino que actuara como un hombre, y eso, como habéis visto, no viene a cuento.

En su lugar, le sugerí algo mucho más útil. Su problema era que carecía de modelos, así que debía intentar encontrar uno. Debía hablar con los dueños de otras empresas subcontratadas. Así lo hizo, y conoció a varios que eran los primeros de sus familias en poner en marcha una empresa. Uno incluso se alegró de poder hacerle de consejero. Resultó que ninguno era mujer, pero Trudy los veía ya como si fueran ella, con antecedentes parecidos. Su ambición dejó de parecerle una exageración. Y puso en marcha su empresa. Seguía estando nerviosa, pero había derrotado a sus dudas. Había derrotado al miedo a la ambición.

El miedo al fracaso

De los muchos miedos que ayudo a mis alumnos a diagnosticar, el miedo al fracaso es el más extendido. Y a veces lo encuentras en personas de las que jamás lo habrías esperado.

Sam recibió una oferta de trabajo excelente en un campo que lo fascinaba: la microbiología. La empresa que le había ofrecido el puesto tenía sus instalaciones en una ciudad donde deseaba vivir. Así que cuando vino a verme para hablar de los detalles de la oferta de empleo, pensé que nuestra reunión sería fundamentalmente de celebración. Pero entonces la conversación empezó a girar en torno a algunos detalles menores de la oferta, y se hizo muy evidente que Sam *quería* encontrarle algún defecto. Entonces podría rechazarla sin cargo de conciencia.

Cuando le sugerí esta posibilidad, lejos de negarla, dijo simplemente:

—Tengo miedo a cagarla.

Resultaba que su posible empleador tenía un perfil muy alto, y eso tenía a Sam al borde de un ataque de pánico. Objetivamente, no había muchos motivos para sus temores. Él era un especialista prestigioso que atesoraba una experiencia que era esencial para su futuro empleador. Pero semejante razonamiento objetivo le proporcionaba escaso consuelo psicológico.

Me tomé el miedo de Sam muy en serio, y nos dispusimos a intentar descubrir de dónde provenía su miedo a fracasar. Sabía que pertenecía a una familia muy unida, de la que era su orgullo y alegría. Quizá fuera ese el origen de su angustia.

—¿Te preocupa decepcionarlos? —pregunté.

—Pues claro —admitió.

—¿Hay algún licenciado más en tu familia?

—No —respondió—, nadie tiene ningún título universitario.

—¿Y piensas que este hecho podría estar relacionado con tu resistencia a aceptar un trabajo excelente? —le planteé—. ¿Es posible que para evitar cualquier posibilidad de decepcionar a tu familia prefieras aceptar un trabajo menos exigente?

Advertid que no se trata de psicología barata de aficionado. Son solo preguntas lógicas sobre las elecciones profesionales y las circunstancia familiares. Y las tengo que hacer a menudo.

En ese momento Sam no estuvo de acuerdo conmigo, aunque dijo que pensaría en mis preguntas.

Cuando volví a tener noticias de Sam, me dijo que había aceptado el empleo. Justificó su decisión comentando que, aunque su familia no hubiera sabido jamás nada sobre la oferta, él les estaría decepcionando no aceptándola. ¿No parece una forma demasiado fácil de que desviara su miedo? Tal vez, pero de acuerdo con mi experiencia, a veces una simple pregunta u observación pone en marcha una línea de pensamiento que conduce a un resultado notable. Sam fue uno de esos ejemplos.

El miedo al fracaso de Roxanne fue más difícil de diagnosticar. Cuando vino a verme, tenía un trabajo que amaba; era una diseñadora de gran talento con un historial de éxitos a sus espaldas. Pero su trayectoria profesional se había estancado. No le habían concedido el último ascenso que había solicitado, y la reciente y modesta evaluación de su rendimiento no estaba en consonancia con sus éxitos pretéritos. Roxanne trajo con ella la evaluación cuando vino a verme.

Su supervisor había calificado su rendimiento de «aceptable», y comentado que Roxanne tenía que dejar de escoger trabajos «indignos de ella». Roxanne me explicó que a su empresa le gustaba que los diseñadores escogieran los nuevos proyectos de diseño en los que querían trabajar. Tales preferencias se satisfacían siempre que fuera posible, y los diseñadores de mayor experiencia tenían prioridad a la hora de escoger el trabajo. El jefe de Roxanne la criticaba porque, aunque era una de las diseñadoras con más experiencia, escogía los proyectos nuevos más corrientes, lo cual implicaba que los diseñadores menos experimentados tuvieran que hacer frente a los proyectos más difíciles.

—¿Es eso cierto? —pregunté—. ¿Haces eso?

—Sí, es posible —admitió ella.

—¿Y por qué escoges los proyectos más corrientes? Deben de ser los menos interesantes.

Se encogió de hombros.

—Me gustan.

Pero esa es la clase de respuesta que esperarías de alguien que no amara su trabajo. Aquellos que aman su oficio normalmente quieren esforzarse y ponerse a prueba.

—¿Has perdido el interés por el diseño, Roxanne?

—¡No, en absoluto! —exclamó—. Me interesa más que nunca.

—¿Te puedes explicar? —pregunté—. Me resulta muy desconcertante que rechaces por norma los proyectos más exigentes y la oportunidad de ponerte a prueba.

Tras un instante de titubeo, al final dijo que sabía que siempre podría crear un gran diseño en los proyectos más rutinarios, que eran con los que se había labrado su fama. Eran seguros.

Roxanne tenía miedo de fracasar, pero en un sentido diferente al de Sam. No pensaba que no pudiera crear un *buen* diseño; de lo que tenía miedo era de no crear un diseño *fantástico*. Cuando era una joven empleada, le había preocupado no alcanzar la perfección en su trabajo. Pero lo había conseguido, y con el tiempo había llegado a descubrir una profunda sensación de éxito. Así que ahora no quería poner en peligro ese glorioso sentimiento abandonando la zona donde se encontraba cómoda. Resumiendo, se había convertido en prisionera de su propio éxito. Y esa no es una trampa de la que sea fácil escapar.

Le hice la pregunta evidente.

—¿No puedes ir asumiendo los proyectos más difíciles poco a poco? No cogerlos todos de golpe, sino poco a poco. De esa manera, puedes ir acrecentando lentamente tu reputación mientras minimizas los riesgos.

Roxanne parecía deprimida.

—Podría haber hecho eso. *Debería* haberlo hecho. Pero ya es un poco tarde. Hay rumores de que el estudio de diseño va a ser «reestructurado»; me parece que podría haber despidos pronto. Tengo que hacer algo rápidamente para proteger mi empleo.

La situación de Roxanne era completamente normal: había intentado eludir un peligro inmediato y había aumentado las probabilidades de tener un futuro con un peligro mayor. En ese momento tenía que enfrentarse a ese peligro mayor.

Pensó que tenía que escoger el problema más difícil que le ofreciera su empleador y esperar que todo saliera bien. Pero estaba tan inquieta, que su capacidad bien podría verse afectada. Sin embargo, había algunas buenas noticias para ella.

—Roxanne —dije—, déjame que te pregunte una cosa: ¿todos los demás diseñadores de tu empresa sienten el mismo grado de pasión que tú?

—Uno sí, seguro —respondió. Y después de pensar un poco, añadió—: En cuanto a los demás, se trata solo de un trabajo, me parece.

—Entonces, piensa en esto: en el departamento de diseño realmente solo tienes un competidor, solo una persona que con el tiempo podría igualar tus resultados.

Roxanne no había pensado en ello hasta ese momento. Eso le dio cierta tranquilidad cuando regresó al trabajo para abordar el proyecto más difícil que pudo, y la ayudó a manejar su miedo al fracaso.

Al cabo de un tiempo me enteré de que a Roxanne le había ido bien con el difícil proyecto que asumió, y que había sobrevivido a los despidos. Pero sería la primera en reconocer que se había salvado por los pelos y que podía haber evitado ponerse en aquella situación si se hubiera hecho la pregunta que todos debemos hacernos: ¿tengo miedo de salir de la zona donde estoy cómodo... solo porque se está tan cómodo? ¿Y temo el riesgo de fracasar que conlleva el verdadero crecimiento?

El miedo a los problemas económicos

Incluso con un plan sólido, incluso con una deconstrucción clara de las estrategias profesionales, incluso con modelos de conducta y un cerebro lleno de información, el miedo a lo desconocido nos puede paralizar, sobre todo en lo concerniente a los asuntos económicos.

Curiosamente, he descubierto que este miedo a los problemas económicos no se da exclusivamente entre aquellos que quieren ser actores o pintores, sino incluso entre aquellos que aspiran a trabajar en profesiones relativamente bien establecidas y con buenos sueldos.

Pongamos por caso a un diseñador de productos —alguien que diseña juguetes, por ejemplo— que no acepta un empleo en una empresa pequeña, aunque el trabajo le resulta interesante, y opta por un empleo más genérico en una empresa más grande. Veo esta circunstancia a todas horas. Cuando planteo objeciones (como sabéis que hago), la respuesta típica es: o 1) «Hay más seguridad en una gran empresa», o 2) «El sueldo es mayor». A veces, obtengo ambas respuestas.

Una vez más, debemos atacar el pensamiento convencional, porque tanto una respuesta como otra carecen de fundamento. Las grandes empresas están sometidas permanentemente a reorganizaciones y despidos, y solo porque lleven existiendo desde hace años no significa que vayas a estar con ellos para siempre. Y el sueldo es solo más elevado si lo consideras desde una óptica a muy corto plazo.

El miedo nos aleja del pensamiento racional, y a veces se tarda un tiempo en aclarar la raíz de la angustia. Mi alumno Foster, por ejemplo, parecía estar convencido de que sacrificaría gran parte de su pasión en aras de maximizar sus ingresos inmediatos. Foster era ingeniero. Cuando le pregunté por qué renunciaría a su pasión de esta manera, me dijo sin rodeos que tenía miedo de ser pobre.

—Hay una gran diferencia entre ser pobre y conseguir el máximo sueldo —señalé. En otras palabras, no necesitaba aceptar el empleo de seis cifras que sabía le haría infeliz solo por evitar la indigencia.

—Ya, pero cuanto más lejos esté de la pobreza, más seguro estoy —arguyó con bastante lógica—. Si más tarde algo va mal, tendré recursos para vivir.

Al igual que todos mis alumnos, Foster me había oído decir que la creciente competencia estaba obligando a las personas a seguir sus pasiones para trabajar en profesiones fantásticas. Convino conmigo en lo de la creciente competencia. Pero concluyó que la mejor manera de protegerse de sus rigores consistía en acumular la mayor cantidad posible de dinero mientras pudiera. No es una conclusión infrecuente. De hecho, es mi argumento puesto patas arriba. Y puede que os sintáis tentados a estar de acuerdo.

Pero Foster estaba equivocado por una razón muy sencilla. Su argumento era lógico solo si se aplicaba al futuro inmediato. Si no seguía su pasión específica dentro de la ingeniería, estaba destinado a convertirse en un ingeniero mercancía, alguien cuyos servicios podían subcontratarse fácilmente en el mercado laboral. O que incluso podía ser sustituido por un técnico bien adiestrado. A largo plazo, perseguir su pasión y no los ingresos inmediatos sería la mejor manera de asegurar su empleo y su capacidad para generar ingresos. Le recordé que él ya había oído este argumento.

Foster no reaccionó bien.

—Trata de asustarme —protestó. Y añadió—: Usted no comprende lo aterradora que es la pobreza para el hijo de una familia de inmigrantes.

Entonces se interrumpió y se sumió en el más absoluto mutismo. En efecto, era demasiado inteligente para no darse cuenta de que me había criticado por dos faltas que se excluían mutuamente. ¿Estaba tratando de asustarlo o solo de mitigar al máximo su miedo a la pobreza? En realidad, ni lo uno ni lo otro. Tan solo trataba de hacer que comprendiera su miedo a los problemas económicos y la razón de que se estuviera dirigiendo hacia ellos, en lugar de alejarse.

—Foster —dije para terminar—, escúchame. Me preocupan los próximos cincuenta años de tu vida, aunque no vaya a vivir para ver la mayoría de ellos. Por otro lado, a ti te preocupan los próximos dos años, aunque en realidad *sobrevivirás* a esos cincuenta años.

—De acuerdo, profesor —convino—. Pensaré en ello.

Eso es todo cuanto podría pedirle, o pediros: ¡que penséis en ello! Ignoro qué acabó haciendo Foster, aunque confío en que me siga oyendo cada vez que sienta el miedo a los problemas económicos. Obviamente, también le dejé con un montón de aterradoras fábulas que apoyaban mi argumento. Le hablé de John, del capítulo 1. ¿Os acordáis de él? Es el que tenía una casa fantástica y el trabajo seguro y aparentemente estable en una gran y prometedora empresa tecnológica. A John le interesaba su trabajo lo suficiente, pero realmente no le apasionaba, así que se llevó una sorpresa cuando lo despidieron porque no iba más allá de lo que le exigía su jornada laboral. Sí, durante años no le había ido mal, pero su potencial salarial a largo plazo recibió un duro golpe. ¿Y os acordáis de Jake, también del capítulo 1, que lo despedían de un buen trabajo tras otro, hasta que se decidió a realizar su pasión por los viajes y se convirtió en vendedor de multipropiedades? Entonces y solo entonces, como recordaréis, consiguió prosperar. No es mucho lo que puedes acumular a corto plazo, y cabe esperar que por delante haya una larga vida. Y tenéis que saber que si escribo este libro no es solo por vosotros, sino también por vuestros nietos. La mejor manera de combatir el miedo a los problemas financieros es considerar las cosas a largo plazo.

Miedo a la niebla

El tipo de miedo más difícil de tratar es aquel que no se puede definir ni precisar. Solo se puede empezar a comprender el miedo cuando se ha pasado de una sensación de angustia generalizada a concretar lo que la causa. Cuanto más exacto seas al describir tu miedo, más fácil será de comprender. El miedo impreciso es como la niebla, a través de la que es difícil ver y que es capaz de detenerlo todo. La respuesta parece sencilla, ¿verdad? Define tus miedos y encenderás una luz. Pero esto es más fácil de decir que de hacer.

Keith padecía este problema concreto. Estaba seguro de que trabajar como agente de policía le encantaría. Ya tenía experiencia en el campo de la seguridad y había llevado a cabo su formación policial. Pero no se atrevía a enviar la solicitud de una vez. Repasamos juntos una serie de posibilidades con relación a su resistencia. ¿Temía por su seguridad personal? ¿Por su reputación? ¿Por su eficacia?

Las tres cosas le preocupaban, pero no eran las razones que le estaban frenando. ¿Sería que no tenía suficientes referencias sobre el trabajo de aquellos que ya lo habían realizado? No, tampoco era eso. Ya había hablado con agentes de policía sobre su trabajo y se sentía bien informado. Ambos estábamos perdidos. Pero si eliminas todo lo demás, entonces lo que queda tiene que ser la respuesta. (Otra página del libro de Sherlock Holmes, del que como ya habréis supuesto soy admirador.) Si Keith no tenía un miedo concreto y significativo, entonces el peso de las preocupaciones menores tomadas *en su conjunto* debían de haber estado reteniéndole. Pero entonces, ¿cómo desviar el miedo? Fácil: combatiríamos el miedo generalizado de Keith con otro más grande.

El miedo mayor

Como habéis visto, hay varias maneras efectivas de reaccionar al miedo cuando comprendes su origen y naturaleza. Pero si todos los demás fallan, hay un planteamiento que casi siempre da resultado. Este no es un planteamiento que sustituya al resto de los enfoques, pero si necesitáis recurrir a él, hacedlo.

Keith se enfrentaba a lo que en realidad son dos miedos. En primer lugar, estaba el miedo generalizado que rodea al trabajo policial. El segundo miedo era el que le enseñé yo. «Si le das la espalda a ser policía —dije—, estarás renunciando a lo que parece ser la mejor manera de utilizar tu talento, además de a la satisfacción que te reportaría.» Keith tenía que tomar una decisión: podía temer aquellas cuestiones directamente relacionadas con ser policía, o podía tener miedo de lo que perdería por no realizar su pasión. Había que enfrentarse a uno u otro miedo, y solo él podía decidir cuál era el más grande.

Aparte de plantearle la disyuntiva, no le presioné más, pero me alegra informar que en la actualidad Keith es efectivamente agente de policía. Y gracias a ello, nuestro mundo es un lugar más seguro.

Podría haber en juego muchas combinaciones de miedos, como era el caso de Keith. Algunos sopesan el miedo a perder su empleo de manera inmediata con el de perderlo en el futuro. Algunas personas se enfrentan al miedo a una pequeña pérdida económica o al miedo a un quebranto económico mayor. Otras contrastan el miedo a fracasar en un pequeño cometido con el temor a hacerlo en uno de mayor entidad. En la mayoría de estas situaciones, de forma natural solemos tener miedo del peligro inmediato y desechamos el temor futuro. Pero en el ámbito profesional, el futuro no se puede marginar. Este libro no tiene que ver únicamente con encontrar un empleo; trata sobre sentirse feliz y satisfecho durante toda la vida.

Este debería ser el mayor temor para todos nosotros: el de no conseguir sacarle la máxima utilidad a nuestro talento. En mi caso, tenía miedo a no poder vencer mi timidez, miedo a verme superado por mi situación y circunstancias. Pero decidí que un miedo supera a los demás. Tenía más miedo de desperdiciar mi talento y energía en segundas mejores alternativas que de fracasar. Así que utilicé ese miedo para superar los obstáculos.

En otras palabras, temed las consecuencias del camino *no* escogido. Si este resulta ser el camino que debería haberse tomado y no se tomó, el coste es realmente alto.

El miedo como excusa... o no

Como dije al comienzo de este capítulo, creo que el miedo debe ser tratado con sumo respeto, porque suele ser bastante real. Pero los miedos también se pueden transformar sin dificultad en excusas. Cuando surja el impulso de sentir miedo, hay que examinarlo, comprenderlo e investigarlo para encontrar las formas de superarlo. Resistid la fuerte tentación de utilizar el miedo para evitar pensar y actuar. Pensar en el miedo es en sí mismo angustioso, y actuar requiere esfuerzo; así que el miedo suele servir de práctica justificación para evitar semejante fastidio. No paro de ver personas que aceptan sus temores encogiéndose de hombros, al tiempo que afirman: «Soy quien soy», como intentó hacer Sebastian, y luego se retiran a un territorio aparentemente más seguro.

Sin excepción, deberíamos intentar especificar y comprender los miedos a los que todos inevitablemente nos vamos a enfrentar. Pero para algunos, nuestros miedos no pueden abordarse con lógica, pruebas y reflexión. En tales circunstancias los miedos surgen de razones complejas y motivos desconocidos. En estos casos, debería buscarse la ayuda profesional tan pronto se ponga de manifiesto que el miedo se ha vuelto invalidante y que uno no puede comprenderlo por sí mismo. Algunos miedos son reflejo de la enfermedad mental. Si pensáis que ese podría ser el caso, por favor, buscad ayuda inmediatamente. Hay muchas alternativas terapéuticas.

Recibo correos electrónicos de personas de todo el mundo en los que me describen sus miedos. Los remitentes utilizan palabras como *paralizado, aterrorizado* y *asustado*. El miedo es muy real, y jamás les diría a estas personas: «¡Sé fuerte! ¡Supéralo!» Para combatir eficazmente a tu enemigo, para hacer de tu miedo un recurso útil en lugar de una fuerza invalidante, primero debes comprenderlo, has de desenmascararlo. Poner al miedo en el lugar que le corresponde, un lugar donde sea útil, es un proceso poderoso. Así que tomaos el miedo con seriedad y examinadlo bien.

Preguntas difíciles, respuestas sinceras

1. ¿Qué es lo que más os asusta? ¿O afirmáis que jamás habéis tenido miedo?
2. ¿Qué sucede cuando examináis ese miedo?

CONCLUSIÓN: ADOPTAR MEDIDAS

En este libro habéis leído unas cuantas historias sobre las dificultades profesionales de otras personas. (Y si disponéis de algunas horas, podría llenarlas con muchas más. Tengo cientos de ejemplos disponibles.) Pero leer y estudiar solo os llevará hasta ahí; ha llegado el momento de que toméis medidas. Utilizando las preguntas que os he hecho a lo largo del libro, deberíais haber perfeccionado vuestra propia línea de actuación. No os paréis cuando hayáis leído la última página. Hay mucho que hacer. Seguid tomando medidas. Seguid avanzando.

Este libro trata sobre el *talento*: cómo encontrarlo, alimentarlo y utilizarlo. Sí, habla de profesiones y trabajos, de redes de contacto y entrevistas, de innovación y discursos. Pero todo redunda en interés de la realización del propio talento. Todo el que lea este libro tiene un talento. El talento es más que la capacidad y el conocimiento, más que la suma de la propia experiencia. El talento movilizará todo lo que se sabe, se ha hecho y se puede hacer con un único propósito: *el éxito*. Impulsado por vuestra pasión, vuestro talento proporcionará los logros que os importan. Y, lo más importante de todo, vuestro talento se alimentará de sí mismo, al ser cada logro más fuerte que el anterior.

Soy muy consciente de que muchos siguen creyendo que las palabras precedentes carecen de sustancia. *De hecho*, piensan, *lo único que todos queremos de verdad es un trabajo decente y bien remunerado. Y los fines de semana será cuando disfrutemos de la vida.* Pero mi experiencia de años con miles de estudiantes me cuenta una historia muy distinta. La mayoría de las personas no saben en qué consiste una profesión fantástica ni tienen la menor idea de cómo conseguirla. Pero tan pronto se les enseña lo que es posible y lo que han hecho los demás, la mayoría vuelve a considerar radicalmente sus alternativas. La mayoría de las personas ve una gama de opciones mucho mayor que la que veía antes. Es esperanzador; yo mismo estaba muy esperanzado. Hasta que veía lo que sucedía a continuación una y otra vez.

Muchas de esas personas veían su camino hacia unas profesiones fantásticas, pero dudaban. Al mirar atrás, supongo que no debería haberme sorprendido. Vivimos en un mundo que no fomenta las profesiones fantásticas, excepto con una retórica vacía. La familia y los amigos brindan escasos consejos prácticos más allá de las habituales perogrulladas: *consigue un trabajo seguro, esfuérzate y tus sueños se harán realidad.*

Lamentablemente, esta clase de pensamiento convencional y cauteloso puede resultar paralizante.

Con los indecisos veía cómo surgía una avalancha de excusas profesionales. Evitaban la reflexión y el esfuerzo, y el camino fácil se transformaba en la única ruta que parecía quedar: consigue un trabajo seguro. Muy conveniente.

Que uno pase por alto su verdadera vocación por no saber que existía semejante opción es una desgracia, pero que encuentre el camino que conducirá a un logro fantástico y luego le dé la espalda es una verdadera tragedia. Peor aún, sabrá que lo hizo, y la duda sobre lo que hubiera podido ser puede que le persiga hasta el final de sus días.

Hay otro grupo situado en el extremo opuesto del espectro al de los indecisos. Es el grupo de los que están hipnotizados por su pasión, con exclusión de todos los demás. Esta gente se lanza de cabeza sin ninguna verdadera idea o plan consciente. El desastre resultante habitualmente solo sirve para reforzar la prudencia de los inquietos. Y se pierde todavía más talento. En consecuencia, la reserva de talento de la humanidad se menoscaba cuando los individuos consiguen menos de lo que podrían, y todos somos más pobres por ello.

Sé que en este libro he recomendado una línea de actuación compleja. Os he dicho que una profesión fantástica no tiene que ver *solo* con la pasión o la educación o los conocimientos o la experiencia. Cada uno de estos aspectos es esencial, como lo es un plan cuidadosamente elaborado y debidamente investigado. No es fácil, y sin duda no es rápido; puede ser frustrante, y ocasionalmente habrá que volver sobre los propios pasos. Pero la conclusión es que funciona, tal como me han confirmado una legión de exalumnos.

Admito que he sugerido una gama de acciones que pueden antojarse intimidatorias, cuando no sobrecogedoras. Llevo en esto mucho tiempo, pero a veces yo mismo me siento abrumado por la complejidad de las profesiones fantásticas en un mundo en constante cambio. Un alivio para esta sobrecarga es el apoyo de los que tenemos cerca y, sin embargo, muchos de mis alumnos no tienen ni la menor idea de cómo conseguirlo. Cuando los jóvenes y los que no son tan jóvenes intentan lidiar mentalmente con estas ideas y decidir si actúan y de qué manera, a menudo me preguntan cómo pueden explicar una decisión «sorprendente» a su familia o a sus amigos. Y a veces ni siquiera parecen estar seguros de cómo explicársela a sí mismos. Dejadme sugeriros cómo podríais contarles a vuestras familias, parejas y amigos las elecciones profesionales que hagáis.

¿Qué le diré a mi familia?

A lo largo de los años, son muchas las personas que me han hablado de sus planes profesionales, en ocasiones envueltos en las metas de sus vidas. Hablan con pasión y elocuencia. Aun cuando no están seguras de su futuro, generalmente son capaces de explicar el origen de su incertidumbre. A veces tengo que dejarlas hablar durante un rato mientras dan vueltas a la idea que quieren expresar. Y en otras ocasiones, tengo que hacerles preguntas para llegar al meollo de la cuestión. Estas conversaciones son muy importantes para mí, halagado como me siento de que unos casi extraños compartan conmigo detalles íntimos de sus sueños.

Lamentablemente, a menudo me cuentan que sus padres se oponen categóricamente a las trayectorias profesionales que se proponen desarrollar. A veces el estudiante está furioso, y otras triste. Como es natural, si están hablando conmigo, es probable que se deba a que les parece que no pueden hacerlo sinceramente con sus familias, así que no es sorprendente que se refieran a estas de manera poco halagüeña. Si algunos padres oyeran las confidencias que me hacen sus hijos a mí y no a ellos, se les partiría el corazón. Sé que a mí se me partiría si estuviera en su lugar.

Así que si sois padres y resulta que estáis echándole un vistazo a este libro, de la misma manera que algunos padres escuchan disimuladamente mis conversaciones con sus hijos, os pido, en nombre de los miles de hijos a los que he dado clase: por favor, escuchad. Por favor, dejadles que terminen lo que quieren decir. Dejad claro con vuestros actos que escucharles no es solo una forma de esperar a que os llegue el turno de hablar. Recordad lo que sabéis que es verdad: que aunque cuando tenían quince años hicieron cosas estúpidas e inmaduras, ahora ya son mayores. Debéis tratarlos con verdadero respeto, o no obtendréis respeto a cambio. Y no os dejéis engañar por la apariencia del respeto; algunos de vuestros hijos son buenos actores.

Si sois los hijos, no penséis que no tenéis ninguna culpa. A menudo me contaréis con sumo detalle las razones por las que queréis conseguir una determinada profesión, razones que demuestran bien a las claras tanta madurez como seriedad. Entonces os pregunto si os tomasteis la molestia de contarle a vuestra familia vuestros planes con tanto detalle como me los contasteis a mí. Los jóvenes a menudo me dicen: «No exactamente». Eso, claro está, significa que no, y algunos tienen la delicadeza de aparentar una ligera vergüenza.

Y no me digáis que vuestras familias no escuchan. Puede que no. Entonces pedidles explícitamente que lo hagan. ¡Comunicaos! Reconoced que durante la mayor parte de vuestra vida, si vuestros padres decían: *Haz X*, vosotros replicabais: *No* por principio. Admitid que muchas veces en el pasado, habéis reivindicado vuestro derecho a hacer lo que queríais sin discusión. Así que no estáis acostumbrados a exponer un argumento razonado, y ellos no están acostumbrados a oíroslo. Aceptad que podríais tener que esforzaros en establecer vuestra credibilidad. Dedicad el tiempo y el esfuerzo necesarios. Si el intento fracasa, como podría ocurrir, sabréis al menos que lo habéis intentado. Y la culpa no será vuestra.

Sin embargo, también tenéis que recordar que el diálogo es un intercambio recíproco. Si vuestra familia se opone a algo que dijisteis, escuchad sus razones para ello. Si no explican lo que piensan, preguntádselo. No olvidéis una estrafalaria posibilidad: *puede que realmente tengan razón*. Podría ser que estuvierais equivocados acerca de algún aspecto de la profesión que aspiráis a seguir, y si es así, tenéis que saberlo. Tenéis que reconocer que este libro os ha pedido que deis muchos pasos para alcanzar una profesión fantástica. Mientras hacíais vuestros deberes, deberíais haber elaborado un poderoso argumento para justificar vuestra elección. Ese sería todo el propósito: tomar una decisión fundamentada que abarque todos los aspectos. Así que debéis tener el fundamento que necesitáis para justificar vuestra línea de actuación prevista.

Este diálogo podría llevar algún tiempo. Estáis hablando de vuestra vida, así que es un asunto serio. Y los asuntos serios no se tratan deprisa durante el desayuno o al final de una charla informal sobre la colada, cuando vuestro padre está distraído. Sí, la estrategia de la distracción tal vez os haya funcionado cuando queríais que la hora de regreso a casa se retrasara, pero esto no es una chiquillada. Si queréis que se os escuche y se os tome en serio, tenéis que comportaros como adultos. Así que aseguraos de que las conversaciones sobre vuestra profesión se llevan a cabo sin limitaciones de tiempo ni teléfonos que zumban.

Si sois hijos de una familia partidaria de una elección profesional prudente y conservadora, tened presentes las posibles razones de esa forma de pensar. ¿Vuestros padres padecieron una situación muy desfavorable en el pasado? ¿Siguen asustados por lo que les pasó y no quieren que os ocurra a vosotros? Respetad esa preocupación y hablad de ella, no permitáis que sea el tema ignorado de la conversación, el tema que desbarata el diálogo. Si sois hijos de una familia de inmigrantes que asumieron un gran riesgo al abandonar un lugar familiar para reasentarse en una tierra extranjera, reconoced el sacrificio que hizo vuestra familia por vuestro bien. Como es natural, sois libres de señalar lo inconsistente de su postura: ellos no quieren que asumáis ningún riesgo, aunque ellos asumieron uno muy importante. Si vuestros padres os presionan para que os encarguéis del negocio familiar, daos cuenta de que para los padres significa mucho ver que sus negocios duran generaciones.

Permitid que vuestros padres sepan que sus sacrificios y cuidados no han pasado desapercibidos, y ayudadles a entender que han criado a un hijo inteligente, prudente y valiente. Tenéis que ayudarlos a aceptar que ya estáis preparados para asumir la responsabilidad de vosotros mismos y de vuestro destino. Y pedidles que os sigan queriendo y apoyando.

Comprendo muy bien las razones de que cualquier padre cabal solo quiera lo mejor para su progenie, y aquí vuelvo a dirigirme a esos padres que escuchan a escondidas: queréis que vuestro hijo sea feliz y esté seguro y queréis saber que tal cosa siga siendo cierta mucho después de que hayáis abandonado el escenario. Pero daos cuenta de que si empujáis a vuestro hijo hacia una elección profesional obsoleta o indeseada, si insistís en que adopte decisiones que otrora funcionaban pero ya no, lo estáis poniendo en el mismo peligro que queréis que evite. Vuestros hijos no pueden seguir el camino que escojáis vosotros, y estos no son ya los tiempos de vuestra infancia. Guardaos de las ideas convencionales que vosotros y vuestros amigos compartís pero que lleváis años sin examinar. No supongáis tan fácilmente que vuestros hijos os son infieles; simplemente están tratando de ser fieles a sí mismos. Si los obligáis a seguir una profesión para la que no son adecuados, os suplico que entendáis que podéis perjudicarles más de lo que podáis imaginar.

Por favor, comprended que las notas de la universidad no os indican para qué están capacitados vuestros hijos, en qué tendrán éxito ni qué será lo que les haga felices. Yo soy uno de los que ponen tales notas y sé a ciencia cierta que la calificación no es más que una simple parte de unos datos momentáneos, a veces precisa y a veces no, a veces de importancia y a veces no.

En el fondo, sabéis que esto es verdad: *cuando vuestro hijo utiliza al máximo su talento, lo más probable es que sea feliz y tenga éxito.*

¿Qué le diré a mi cónyuge?

Las conversaciones difíciles sobre la profesión también pueden darse entre cónyuges. Tales conversaciones las suele iniciar, a veces inopinadamente, un cónyuge que desea realizar un importante cambio profesional. Es posible que medie un traslado, un ascenso o el regreso a la universidad. Otras veces, el cónyuge no puede soportar más su actual trabajo y solo quiere dejarlo por el medio que sea necesario.

Cambiar de profesión es, incluso en las mejores circunstancias, perturbador. Y hablar de ello con un cónyuge o pareja es especialmente difícil debido a lo interrelacionadas que están vuestras vidas; la decisión puede tener efectos adversos en el tiempo del otro o en la economía familiar. Un ascenso podría conllevar mayor carga de trabajo y más presión sobre la pareja al tener que arreglárselas con todos los demás aspectos de la vida familiar, incluido el cuidado de los hijos. Un traslado puede implicar un trayecto más largo para ir al trabajo y menos tiempo para la familia, o podría ser tan perturbador como cambiar de ciudad.

Si estáis planeando alterar vuestra vida familiar aceptando un traslado y lo hacéis exclusivamente por el beneficio económico, entonces deberíais tener en cuenta cuánto dinero más le supondrá a la familia. Como es natural, en este caso tendréis que confiar en que vuestro cónyuge valore el dinero más que la felicidad. Sin embargo, podría ser que estuvieras aceptando un ascenso porque disfrutáis de vuestro trabajo. Entonces tendréis que explicar por qué vale la pena la alteración de la vida familiar.

A tal fin, podríais empezar haciendo hincapié en la importancia que tiene para vosotros y la familia hacer que todos realicen un trabajo o unos estudios que les gusten. Reiterad a vuestro cónyuge que en un caso equivalente también la/lo apoyaríais. Mencionad explícitamente las razones de que este nuevo puesto esté tan en consonancia con vuestras metas para alcanzar una profesión fantástica. (Si hacéis esto concienzudamente, tal vez lleguéis a la conclusión de que vuestro actual cargo es igual de satisfactorio. Y si es así, entonces, ¿por qué trasladarse?) Hablad de la manera de atenuar conjuntamente el efecto perturbador del ascenso o el traslado. En pocas palabras, pedir explícitamente el apoyo del otro. No podéis dar por sentado como si tal cosa que su apoyo comparecerá de forma automática.

Además de asesorar a la gente sobre sus ascensos, también veo a muchas personas mayores que desean realizar un cambio grande y tal vez arriesgado en aras de encontrar o asegurar el trabajo que aman. Estas personas están impacientes por hacer este cambio porque durante años decidieron trabajar por dinero, posición social, seguridad o glamur, y lentamente el trabajo los ha ido haciendo polvo. ¿Y ahora, qué?

La conversación que deseáis evitar es la inesperada, aunque es algo que veo ocurrir permanentemente. En esta circunstancia, el cónyuge que ya no puede soportar su trabajo lo deja de pronto y sin hablarlo previamente con su pareja. Esto puede resultar especialmente angustioso, puesto que provoca que los ingresos familiares desciendan bruscamente, dejando que una persona soporte la mayor parte de la carga económica, al menos durante un tiempo.

No existen palabras perfectas para decir en tales circunstancias. Pero antes de nada, podríais disculparos por no contarle antes a vuestro cónyuge que el trabajo se os estaba haciendo intolerable y explicar que os parecía que eso estaba afectando a vuestra salud o sensación de bienestar. Y estad también preparados para explicar con todo detalle lo que queréis hacer a continuación. De lo contrario, dará la sensación de que dais este paso caprichosamente. Describid el plan que habéis discurrido para encontrar un empleo que os haga más dichosos. Pedid a vuestro cónyuge que haga sugerencias para elaborar vuestro plan *conjunto*, y pedidle paciencia, puesto que esta situación transitoria puede alargarse durante algún tiempo.

¿Qué les digo a mis amigos?

Los amigos son fuerzas que influyen poderosamente en nuestras vidas, y jamás deberíamos olvidar esto. En algunos casos, su influencia rivaliza o supera a la de la familia y, de hecho, los hijos adultos pueden pasar mucho más tiempo con sus amigos que con sus familias. A menos que el tirón familiar sea muy fuerte, los adultos jóvenes no tardan en verse atrapados por una pandilla de gente de su edad, un círculo de amistades con escasa experiencia y mucha influencia. A mayor abundamiento, los jóvenes están notablemente influenciados por la cultura popular y sus normas. Una y mil veces, he visto a mis alumnos tener al menos tantos problemas con sus amigos como con sus familias.

¿Pensáis que no es así? ¿Cuál suponéis que será la reacción de los amigos cuando uno de los de su grupo recibe una oferta de trabajo de una gran y poderosa empresa y la rechaza para ir a la universidad? O que la rechace porque no le atraiga o no se ajuste a sus metas profesionales. «¿Estás loco?», es la respuesta más habitual. El pensamiento convencional nunca tiene tanta fuerza como entre los amigos que se ven frecuentemente, donde el mensaje del acomodamiento siempre está presente: busca el dinero, busca la seguridad, busca el poder. Y un poco de glamur es un extra. ¿Y qué deberíais decirles a vuestros amigos cuando decidís seguir una profesión fantástica y algunos de vuestros pasos se les antojan aparentemente «idiotas»?

Explicad vuestras decisiones y metas. No, *no estáis obligados* a hacerlo, pero el apoyo de los amigos en los desafíos futuros no debe ser rechazado y puede ser tan valioso como el respaldo de vuestra familia. Vuestra explicación puede ser similar a lo que les contaríais a vuestra familia, con dos salvedades: en primer lugar, podéis ser más insistentes de lo que sería apropiado en la mayoría de las familias. En segundo lugar, en vez de intentar convencerles de que tenéis razón, explicadles en qué están equivocados ellos. Tratad de ayudarles a comprender que *su planteamiento está poniendo en peligro su futuro profesional.*

Explicad los riesgos presentes en nuestra economía excesivamente competitiva. Puede que el intento no funcione, pero haréis bien en probarlo.

Esto puede requerir tiempo y práctica. Tal vez no estéis muy versados en abordar cuestiones de fondo ni con la familia ni con los amigos. (Los resultados deportivos, las estrategias de los videojuegos y las fantasías amorosas no cuentan como conversaciones serias.) Sin embargo, hay tres consecuencias de estas conversaciones que hacen que merezca la pena el esfuerzo: primero, vuestros amigos podrían estar de acuerdo con vosotros y alterar sus propios planes profesionales. Segundo, podrían rechazar vuestros argumentos y vosotros reparar en los errores en que incurrieron al exponer los suyos: podrían rebatir a la ligera las evidencias, o aferrarse a sus ideas convencionales sin una justificación real, o repetir las mismas afirmaciones como si de alguna manera la repetición fuera a poner de manifiesto la verdad, o incluso hacer gala de falta de seriedad. Tercero, podríais descubrir que tenéis problemas para rebatir sus argumentos. Puede que no tengáis buenas respuestas para sus preguntas o preocupaciones, en cuyo caso consideradlo un aviso de que deberíais retroceder y reconsiderar vuestra decisión. Como llevo manteniendo a lo largo de este libro, debéis tener muchísimo cuidado a la hora de elegir la forma de seguir una profesión fantástica. Puede haber errores, y un debate intenso con vuestros amigos os puede alejar del peligro o reafirmaros en vuestros criterios.

¿Qué me diré a mí mismo?

El mayor beneficio de tener que justificar tu decisión ante los demás es que gracias a eso llegáis a comprender plenamente vuestra decisión. Desde el mismo momento en que escogéis seguir vuestra pasión y asumís la difícil labor de crear una profesión fantástica, empezáis a caminar a contracorriente de la sociedad contemporánea. Ni por un momento subestiméis lo poderosa que será esa fuerza enemiga, que tratará de desgastaros, que intentará distraeros y retrasaros. Por consiguiente, tenéis que recordaros tanto vuestras metas como las medidas que estáis tomando para alcanzarlas. Y sin duda tenéis que explicaros las razones de que podáis confiar en el éxito. Puesto que estáis persiguiendo una idea radical, vuestra mente tiene que volver sobre esa idea una y otra vez y analizarla desde todos los ángulos. Básicamente, vuestra mente tiene que sentirse a gusto con esa elección radical. Y cuanto más penséis en ella, más os acostumbraréis a esa decisión.

Tenéis que mantener un diálogo exhaustivo con vosotros mismos en el que confirméis la identificación de vuestra pasión. Recordad que no podéis dejar de pensar en ella y sus implicaciones; discutid con vosotros mismos todas las alternativas relacionadas; revisad toda vuestra investigación para aseguraros de que estáis bien provistos de una información rigurosa; revisad vuestro plan, y haced frente a vuestra angustia, incluso a vuestro temor. Y preguntaos de qué tenéis miedo exactamente.

Acordaos de que ante vosotros se abren dos alternativas diferentes, las queráis reconocer o no. A menos que sigáis los pasos descritos anteriormente, avanzaréis sin rumbo por el camino del mínimo esfuerzo, donde vuestro talento se desperdiciará en parte o en su totalidad. El otro camino, sin embargo, conduce a una profesión fantástica. No hay ningún camino intermedio.

Puesto que vuestro destino es una profesión fantástica, haceos a la idea de cómo va a ser esta. Imaginaos impacientes por ir a trabajar; sentíos profundamente satisfechos con el resultado de vuestro trabajo, orgullosos de lo que hayáis creado; valorad la influencia que ejerceréis en la parte del mundo que habéis escogido como propia; imaginad que habéis llevado vuestro talento lo más lejos que podáis. Imaginad una vida bien empleada. Imaginad eso.

AGRADECIMIENTOS

Todo logro provechoso siempre es más fácil cuando puedes contar con el apoyo y el talento de los demás. Estoy profundamente agradecido a todos aquellos que me ayudaron a elaborar esta obra. El apoyo y el aliento de mi familia, directo y amplio, ha sido, como siempre, inestimable. Estoy especialmente en deuda con Carly Watters, mi agente literario, que tuvo que convencerme de que este era un proyecto que merecía la pena. Tanto Kate Cassaday como Rick Wolff, mis dos editores, me dieron sabios consejos, gracias a lo cual alumbramos un libro mejor. También les estoy muy agradecido a aquellos que consintieron en ser citados en el libro. Por último, mi colaboradora, Jenna Land Free, desempeñó un papel indispensable al ayudarme de tantas maneras diferentes a darle voz a este mensaje.

APÉNDICE
La preparación del plan

Ahora que tenéis un retrato de lo que podría ser un plan, es hora de que empecéis a elaborar el vuestro. Veamos lo que incluimos en el formulario gradual de la segunda parte. Pero en lugar de pensar en Heather, Trent, Ricardo, Yolanda, Bart o cualquier otro, pensad en vuestra propia manera de proceder. Si todavía no tenéis preparado papel y lápiz o vuestro portátil, tengo que preguntaros a qué esperáis.

Vuestro plan

Paso 1: Determinar el destino

- ¿Cuáles son vuestras metas en la vida?
- ¿Qué objetivos os planteáis para vuestra profesión?
- ¿Estáis siendo rigurosos, pero sin identificar algo con toda precisión?

Paso 2: Distinguir las prioridades

- ¿Cuáles de vuestras metas son las más importantes para vosotros?
- ¿Y las menos importantes?
- ¿Hay alguna meta que podáis posponer durante algún tiempo? (No existe la respuesta correcta o incorrecta.)

Paso 3: Identificar los obstáculos concretos para alcanzar las metas

- ¿Cuáles son los verdaderos obstáculos para que logréis vuestros objetivos? No los temáis, limitaos a relacionarlos.

Paso 4: Investigar los obstáculos y revisar las metas si fuera necesario

- ¿Cómo encuentran otros la manera de sortear los obstáculos?
- ¿Algunos de vuestros objetivos son ajustables?
- ¿Estáis tratando de ajustar vuestra pasión a la descripción de un trabajo convencional?
- ¿Hay alguna manera de abreviar un proceso prohibitivamente largo?

Paso 5: Identificar, adquirir y reforzar los conocimientos necesarios

- ¿Qué conocimientos necesitáis?
- Aparte de retomar los estudios, ¿qué podéis hacer para apuntalar vuestras habilidades?
- ¿Habéis determinado la manera de poder mejorar vuestros conocimientos de forma permanente?

Paso 6: Crear el propio equipo

- ¿Cuáles son los parámetros de vuestra red de contactos?
- ¿Quién integra vuestro equipo? ¿Cómo utilizáis vuestro equipo?
- ¿Mantenéis una relación de reciprocidad con los miembros de vuestro equipo?

Paso 7: Encontrar la propia ventaja

- ¿Qué estáis haciendo que no haga nadie más?
- ¿Podéis identificar y resolver un problema importante?
- ¿Sabéis utilizar una herramienta o técnica que nadie más esté utilizando?

Paso 8: Venderse vendiendo la propia idea

- ¿Cómo vais a promocionar vuestras ideas?
- ¿Cuál es vuestro discurso del ascensor?
- ¿Cuál es vuestra primera frase?
- ¿Cuál es vuestro documento básico?

Paso 9: Ejecutar y revisar

- ¿Cuáles son vuestros puntos de referencia?
- ¿Habéis establecido intervalos durante los cuales revisar vuestros puntos de referencia?
- Si revisáis vuestro plan, ¿estáis seguros de que este se acercará más a vuestro objetivo primordial?
- ¿Estáis seguros de que el tiempo que exigirá la ejecución del plan estará en consonancia con el beneficio?
- ¿Estáis seguros de que vuestro plan no limitará innecesariamente vuestras opciones?

ECOSISTEMA DIGITAL

NUESTRO PUNTO DE ENCUENTRO

www.edicionesurano.com

2 AMABOOK
Disfruta de tu rincón de lectura
y accede a todas nuestras **novedades**
en modo compra.
www.amabook.com

3 SUSCRIBOOKS
El límite lo pones tú,
lectura sin freno,
en modo suscripción.
www.suscribooks.com

DISFRUTA DE 1 MES
DE LECTURA GRATIS

1 REDES SOCIALES:
Amplio abanico
de redes para que
participes activamente.

4 APPS Y DESCARGAS
Apps que te
permitirán leer e
**interactuar con
otros lectores**.